Christian Kölle

ein Basler Missionar
in der Kolonie Goldküste

Ein Enkel auf der Suche nach eigenen Wurzeln zeichnet den Lebensgang seines Großvaters Christian Kölle nach: Vom Schreinergesellen, der sich entschloss, Missionar in Afrika zu werden, von militärischer Disziplin bei der Ausbildung im Basler Missionshaus, von der Braut, die dem Missionar in Übersee unbekannterweise zugeführt wird und vom Verlust des ersten Kindes und seiner ersten Frau im mörderischen Tropenklima. Welche Erfahrungen der junge Missionar mit den einheimischen Initiationsritualen machte, wie er mit europäischen Augen auf die traditionelle Kultur und Religion schaute, und wie er als Leiter einer Missionsschule eine strenge Hand in der Erziehung führte, das alles lässt sich aus seinem reichhaltigen Nachlass nachvollziehen.

Um seine Persönlichkeit im historischen Kontext zu verstehen, wird im zweiten Teil die rassistische Ideologie zu Zeiten des Kaiserreichs mit drastischen Zitaten belegt, Willkürherrschaft und Verbrechen in deutschen Kolonien Afrikas nachgezeichnet und die Rolle der Mission in den Kolonien hinterfragt. Zum Abschluss kommen Protagonisten des antikolonialen Widerstandes und Zukunftsvisionen afrikanischer Autoren zu Wort.

Hannes Kölle – Enkel des Missionars Christian Kölle, geboren 1951 in Bad Hersfeld, war politisch aktiv in der 68er Bewegung. Er studierte Soziologie, Philosophie und Psychologie in Frankfurt und Humanmedizin in Mainz. Motiviert durch eigene Erkrankung setzte er sich mit seiner religiösen Traumatisierung in der Kindheit auseinander. Bis 2016 Arbeit als Allgemeinarzt und Facharzt für Psychosomatische Medizin und Psychotherapie im ganzheitsmedizinischen Krankenhaus Lahnhöhe und in eigener Praxis. Der systemische Blick auf die eigene Familiengeschichte führte ihn zu den Erziehungsmethoden und pietistischen Überzeugungen seines Großvaters. Freude am Schreiben darüber und die nötige Zeit dafür fand er im Ruhestand in einem Schreibseminar.

Christian Kölle

ein Basler Missionar
in der Kolonie Goldküste

Spurensuche des Enkels Hannes Kölle
mit historischen Fotos

Inhaltsübersicht

Teil I

Teil II

Geleitwort

Ich erinnere mich noch gut, welche Überwindung es uns Studierende am Historischen Seminar der Universität Basel in den frühen 1990er Jahren kostete, den Schritt ins Archiv der Basler Mission zu wagen und uns auf die Berichte einzulassen, die Missionare ab den 1820er Jahren von der Westküste Afrikas nach Basel schickten. Über Jahrzehnte hatte die Wissenschaft die Auseinandersetzung mit diesen Quellen abgelehnt und sich auf eine pauschale Verurteilung von Mission als Akteur von Kolonialismus und Imperialismus beschränkt. Doch griff dies offensichtlich zu kurz und verdeckte zudem die Handlungsmacht der afrikanischen Gesellschaften, in denen die Mission tätig war, reduzierte sie zu Opfern.

Wir hatten damals das Glück, vom Archivar der Basler Mission, Paul Jenkins, zur Arbeit an den originalen Berichten eingeladen zu werden, die Missionare Mitte des 19. Jahrhunderts von der Goldküste nach Basel schickten, und vielen von uns Studierenden hat es den Ärmel reingenommen, wie wir hier in der Schweiz zu sagen pflegen (es hat uns so fasziniert, dass wir uns voll reingekniet haben). In einwöchigen Blockseminaren arbeiteten wir bis zur Erschöpfung – ich erinnere mich, dass eine Mitstudentin bei der Abschlusspräsentation tatsächlich vom Stuhl fiel. Eine Erkenntnis, die uns damals richtiggehend erschreckte war, dass praktisch jede und jeder von uns bei genauem Hinschauen einen Bezug zur

Mission in der eigenen Familiengeschichte entdecken konnte. Missionswerke wie die Basler Mission haben europäische und transkontinentale Netze gesponnen, und mit den „Brüderverzeichnissen" lassen diese sich auf faszinierende Weise nachzeichnen. Die Familie Kölle ist ein typisches Beispiel dafür.

Die vorliegende Arbeit setzt sich mit diesem Erbe auseinander und zeigt auf dramatische Weise, wie der Einsatz für die Mission in Übersee sich auf eine Familie auswirkte und noch über Generationen nachwirkt. Die Familie Kölle hat sich schon seit langem mit dieser Geschichte auseinandergesetzt, hat Dokumente in Basel eingesehen und auch die ehemaligen Wirkstätten von Christian Kölle in Ghana besucht. Es ist der Verdienst von Hannes Kölle, den Versuch einer Konsolidierung der Versatzstücke zu versuchen und dies alles zwischen zwei Buchdeckeln zu vereinen. Es ist ein gewagtes Unterfangen und alles andere als einfach. Wie sollte der Autor mit der Stimme des Missionars und Patriarchen umgehen, die uns immer wieder die Haare zu Berge stehen lässt? Den Entscheid, Christian Kölle möglichst selber sprechen zu lassen, nicht zu kaschieren, sondern seine Stimme den nachfolgenden Generationen zugänglich zu machen, erachte ich als richtig. Auch ich suche als Nachkomme die ungefilterten und ungeschönten Stimmen meiner Vorfahren, um mich an ihnen zu reiben und mich so meinen Vorfahren zu nähern.

Bei meiner Forschung zur Geschichte von Krobo, wo Christian Kölle gewirkt hat, bin ich dem Missionar oft begegnet, habe seine Berichte entziffert und transkribiert und bin auf seinen Spuren gewandelt. Ich danke dem Autoren Hannes Kölle für die Gelegenheit, mir über die mir bekannten Jahre auf der Goldküste hinaus, Einblick in das Leben und Nachwirken von Christian Kölle zu gewähren.

Basel, 10. Februar 2022, Veit Arlt

Dr. Veit Arlt ist Wissenschaftlicher Mitarbeiter der Philosophisch-Historischen Fakultät der Universität Basel und Geschäftsführer des Zentrums für Afrikastudien Basel. Er schrieb seine Dissertation über die Geschichte von Krobo unter dem Titel: „Christianity, Imperialism and Culture. The Expansion of the two Krobo States, c.1830-1930" (2005)

Teil I

Vorbemerkung

In diesem Lebensbild über meinen Großvater Christian Kölle, Missionar der Basler Mission, halte ich mich eng an überlieferte Quellentexte, aus denen ich ausgiebig zitieren werde, um ein möglichst authentisches Bild der damaligen Zeit und ihrer Sicht- und Denkweisen entstehen zu lassen. Die mündliche Familientradition über Christian Kölle ist für mich nur eine sekundäre Quelle, da sie zum einen auf dem Hörensagen beruht und zum anderen mehr als 80 Jahre nach seinem Tod und 16 Jahre nach dem Tod aller seiner Kinder nur noch aus dritter oder vierter Hand in selektiven und subjektiv gefärbten Erinnerungen gegenwärtig ist. In den zitierten Texten werden immer wieder Begriffe verwendet, die heute eindeutig als rassistisch klassifiziert werden müssen oder einen überheblichen oder abwertenden Beigeschmack haben, sie erscheinen daher in Anführungszeichen. Ansonsten habe ich mich bemüht, sie im Text durch wertschätzende Begriffe zu ersetzen. Unrichtigkeiten und Fehler bei der Verwendung der Quellen gehen ausschließlich auf mein Konto.

Ich verwende im Text vorwiegend die grammatisch männliche Form, also Schreiner, Missionare, … statt SchreinerInnen, MissionarInnen, … was den Lesefluss erschwert. In den stark patriarchalen Zeiten, von denen der Text handelt, geht es tatsächlich meist um männliche Akteure, über die Aktivitäten der Frauen berichten die Quellen viel zu wenig. Je nach Kontext sind jedoch alle Formen weiblich/männlich/

divers mit gemeint, oder ich setze die weibliche Form ein. Ich folge überwiegend Christians Sprachgebrauch, der die Formulierung „*auf*" der Goldküste verwendete, und schreibe „*an*" der Goldküste nur, wenn es sich um die unmittelbare Küstenregion handelt.

Christians Kinderjahre und Schulzeit

„Kinder, die Steine schluckt man mit, sonst sieht das stolz und schleckig aus!" Das sagte der Vater zu seiner Kinderschar, als er mit ihr einmal dem Pfarrhaus in Ispringen einen Besuch abstattete, erzählte Christian in seinen Erinnerungen, die er vermutlich 1919 aufgezeichnet hatte (1). Die Haushälterin des Pfarrers hatte den Besuchern Kirschen frisch vom Baum serviert, einen besonderen Leckerbissen, und so, wie sie es zuhause gewohnt waren, hatten sie die Steine fein säuberlich auf den Tellern aufgehäuft. Nach Vaters ungewohnter Ansage schluckten sie schnell eine Hand voll Steine nach der anderen herunter, bevor der Pfarrer zurückkam. Vater Gottfried, ein frommer Goldschmied mit pietistischem Hintergrund, war an einem Sonntag mit den Kindern eine Stunde zu Fuß vom Wohnort Pforzheim ins kleine Nachbardorf gewandert, um eine gute Predigt zu hören. Als sie durch Wald und Flur gingen, sangen die Vögel, und der Vater erklärte ihnen, wie sie hießen. Manchmal führte die Sonntagswanderung auch zur Kirche nach Weißenstein und anschließend zu einem kurzen Besuch beim Großvater Adam oder einer Tante. Schon mit 3 Jahren war der kleine Christian auf diesen Ausflügen dabei, und nach der Kirche gab es eine Brezel, wie er später notierte (1).
Eine weitere Kindheitserinnnerung von Christian gilt dem Obst vom eigenen „Äckerle": *„Die Obsternte war immer ein*

Fest, wenn einem auch beim Schütteln die Birnen auf den Kopf fielen und das schwere Säckchen bis nach Pforzheim ordentlich drückte. War man allein, so galt es manchmal auch einen Strauß mit den Weißensteiner Buben auszufechten." (1)

Geboren wurde Christian Adam Friedrich am 8. Februar 1864 in Pforzheim und er starb am 28. Februar 1936 in Calw. Er war das siebte Kind von Gottfried und Katharina Kölle, geborene Stanger. Seit Christians ersten Lebensjahren war der Tod ein häufiger Gast in der Familie. Seine Mutter brachte zwischen 1855 und 1868 insgesamt elf Kinder zur Welt (siehe Stammbaum 1). Von den sechs älteren Geschwistern überlebten nur drei: Johannes Gottfried (1855–1933), Gotthilf (1858–1918) und Anna Maria (1861–1946). Drei waren schon im ersten Lebensjahr gestorben: Gottlieb (1856–57), Luisa Marie (1860–61) und Gottfried (1862–63). Auch die nach ihm geborenen Brüder Paul Gottfried (1866–67) und Heinrich (Februar bis Juni 1870) starben früh, während zwei weitere Geschwister das Erwachsenenalter erreichten: Katharina Magdalena (1867–1910) und Immanuel Gottfried (1868–1952). Auch wenn der Tod von Kindern in dieser Zeit nicht ungewöhnlich war, so war der Verlust doch für Eltern und Geschwister immer mit großem Schmerz verbunden, Christians Familie bildete hier keine Ausnahme.

Seine Kindheit fiel in die Zeit des deutsch-französischen Kriegs 1870/71. Dieser Krieg war der Vater des deutschen Kaiserreichs, das dann im Krieg 1914/1918 in Schutt und Asche fiel; und die Demütigung der französischen Nation bei der Kaiserproklamation im Versailler Spiegelsaal war die Mutter der vereinten deutschen Nation.

Das Ehepaar Gottfried und Katharina Kölle (geb. Stanger) mit Kindern. Christian steht rechts hinter dem Vater. Hintere Reihe: Johannes und Gotthilf (von links). Vorne: Marie, Immanuel und Käthe; Familienarchiv

Zur Erinnerung an den Sieg über Frankreich in der Schlacht von Sedan wurde der 2. September zum Nationalfeiertag erhoben – eine aggressive Siegermentalität prägte die Erinnerungskultur. Auch die Kinder versuchte man für Krieg, Reich und Kaiser zu begeistern: Schon mit den Vorschulkindern wurde der Sechsjährige eingesetzt zum „Charpie zupfen". Charpie war ein Verbandsmaterial für die Verwundeten des 70er-Krieges, das aus zerzupften Leinen- oder Baumwollstoffen gewonnen wurde. Als siebenjähriger Erstklässler sang er mit seinen Schulkameraden nach jeder gewonnenen Schlacht gegen Frankreich den Choral „*Nun danket alle Gott*". Nach dem Krieg wurde jährlich mit festlicher Beleuchtung über der Pforzheimer Ross-Brücke der Sedantag gefeiert; der Ortsteil, in der sie sich befand, hieß von da an „Vorstadt Sedan". Die Treue zu Gott und Vaterland stand hoch im Kurs.

„*In der Schule ging es mir gut, ich nahm immer einen der ersten Plätze ein*", erinnerte sich Christian. Im Religionsunterricht musste Christian den Mitschülern oft eine von den vielen biblischen Geschichten erzählen, die er von klein auf von seiner Mutter gehört hatte: „*Der Lehrer nannte mich nur den ‚Geschichtenprofessor'.*" Auch im Kopfrechnen und anderen Fächern kam er gut zurecht. Er entwickelte ein besonderes Interesse für Anatomie, konnte 130 Knochen des Menschen benennen und wäre gern Arzt geworden.
Aber die Eltern sahen das anders. Sie meinten, es wäre besser, Christian bliebe im „einfachen Stande". Ihrer Ansicht nach war nämlich das Gymnasium daran schuld, dass seine zwei älteren Brüder nicht fromm werden wollten, und das sollte im Fall von Christian unbedingt verhindert werden. Dazu wurde sein Bruder Johannes damit beauftragt zu prüfen, ob er für Sprachen begabt sei. Täglich gab Johannes ihm einige Vokabeln aus seinem Lateinbuch zur Aufgabe. Wenn jener nachts um 11 Uhr vom Turnverein heimkam, wurde der kleine Bruder geweckt und abgefragt. „*Dass das nicht glänzend ging, lässt sich denken, und nach acht Tagen war der Beweis erbracht, dass ich mich nicht fürs Gymnasium eigne.*" (1)

Sodann reifte ein neuer Gedanke in Christian heran. Spannende Geschichten vom verwandtschaftlich verbundenen Afrikamissionar Johannes Olpp und von Onkel Johannes Stanger, dem Bruder der Mutter, der als Missionar auf der Goldküste wirkte, faszinierten ihn – Missionar in Afrika könnte er werden! Nach der Volksschule entschied er sich, eine Lehre als Schreiner zu beginnen, hatte er doch schon bei einem anderen Bruder der Mutter gern in der Schreinerwerkstatt hantiert. Und er hatte gehört, dass dieser Beruf auch für einen Missionar von großem Wert sei. Er wurde ein lernbegieriger Schüler bei einem Meister, der auf Pünktlichkeit und Sauberkeit der Werkstatt großen Wert legte. Sein Gesellenstück, eine kunstvoll gefertigte Kommode, wird bis heute nach 140 Jahren als Erbstück von seinem Enkel Volker geschätzt.

Als Christian beim Sortieren der Späne eine Seite des Jahresberichts der Basler Mission fand, galt ihm das als ein Wink Gottes. Der Tod eines Kameraden aus dem christlichen Jünglingsverein hatte ihm zusätzlich Anlass zum Innehalten und Nachdenken gegeben. Wenig später fühlte er sich „am Herzen getroffen", als bei der Neujahrsfeier 1882/83 im Jünglingsverein vom Altpietisten Mürrle der Bibelvers Jesaja 66, 19 verlesen wurde: Gott sendet seine Boten zu den Völkern, die noch nichts von seiner Herrlichkeit wissen. „Aber erst als ich mich zu klarer Erkenntnis durchgerungen hatte, dass [das] kein eigener Weg, sondern Gottes Wille sei, offenbarte ich mich den Eltern. Merkwürdigerweise hatten sie in jenen Tagen selbst schon davon gesprochen, welche Freude es für sie wäre, wenn eines ihrer Kinder in die Mission ginge." (1) Mit 19 Jahren begann er die sechsjährige Ausbildung im

Basler Missionshaus und erhielt dadurch die Möglichkeit, seine wahren Begabungen zu entfalten. Zusammen mit rund 120 jungen Männern fing er ein neues Leben an.

Basler Missionshaus und Aussendung zur Goldküste

„Mir ist alle Macht gegeben, im Himmel und auf Erden. Darum geht hin und macht alle Völker zu Jüngern: tauft sie auf den Namen des Vaters und des Sohnes und des Heiligen Geistes, und lehrt sie, alles zu halten, was ich euch befohlen habe." (Matthäus 28, 19–20, zitiert nach der Luther-Bibel, revidierter Text 1975)

Um das Milieu zu verstehen, in dem Christian beruflich sozialisiert wurde, muss man sich etwas mit der Geschichte des Basler Missionshauses beschäftigen. Es wurde 1860 vor den Toren von Basel gebaut und im Volksmund „die Schwabenkaserne" genannt, kamen doch die meisten Ausbildungsbewerber aus dem pietistischen Schwabenland.
Der Innenhof hieß „Exerzierplatz", weil es dort auch militärisch zuging. Vom Aufstehen bis zum Schlafengehen war der Schulalltag bis ins kleinste Detail reguliert:
„Im Sommer, das heißt vom 1. April bis 30. September, wird um 5:00 Uhr früh mit der Glocke das Zeichen zum Aufstehen gegeben. Im Winter, das heißt vom 1. Oktober bis 31. März, um 5:30 Uhr. Die Zöglinge waschen sich im Waschsaal. Von 6:00 bis 7:00 Uhr ist Bet- und Arbeitszeit. 7:00 Uhr Morgenandacht. 7:30 Uhr Frühstück. 7:45 Uhr Runde der Wöchner bei den Lehrern. 8:15 Uhr Lektionen bis

12:15 Uhr und Arbeitszeit. 12:15 Uhr Mittagessen. Nach dem Essen bis 2:15 Uhr Freizeit, beziehungsweise arbeiten die Beorderten in den Werkstätten, im Holzschopf, im Garten oder auf dem Acker. 2:15 Uhr bis zum Nachtessen Studierzeit oder Lektionen. 7:00 Uhr im Sommer, 8:00 Uhr im Winter Nachtessen. Nachher bis 9:00 Uhr Freizeit oder körperliche Arbeit. 9:00 Uhr gemeinschaftliche Abendandacht, welche der Inspektor und die Hausväter in derselben Weise wie die Morgenandacht abwechselnd halten. Nach der Abendandacht Studier- und Betzeit. 10:00 Uhr, spätestens 10:30 Uhr Schlafengehen." (2, S. 35)

Missionshaus in Basel; Stich J. J. Stehlin 1860/61; Quelle: Basler Missionsarchiv (BMA), Signatur QS-30.018.0030

Missionar Heinrich Stahl schrieb 1894 über seinen Alltag in der Basler Ausbildung: „Von Zeit zu Zeit ist ein ,Arbeitstag'.

Mehrere Klassen werden im Garten oder auf dem Acker be-
schäftigt, soweit sie sonst keinen Beruf haben. Ich zum Bei-
spiel befinde mich meist in unserer Buchbinderwerkstatt
(Schlosser-, Tischler-, Schneider-, Schuhmacherwerkstätten
sind auch da). Normalerweise hat jeder wöchentlich 3 Stun-
den in seinem Handwerk zu arbeiten. Ich habe letzte Woche
mehr Arbeitsstunden gehabt, da es für unsere Klasse vieles
einzubinden gab. Wir sind gut eingerichtet in unserer Buch-
binderei, wir haben sogar zwei schöne Maschinen." (3, S. 37)

Seit 1816 bildete die im Vorjahr begründete Basler Mission
ihre Missionare aus. Ihre ersten Einsatzgebiete lagen in Ar-
menien, Liberia, Sierra Leone und auf der Goldküste. 1834
kamen Südindien und 1847 China dazu. In der Ausbildung
wurden bevorzugt junge Handwerker und Bauern aufgenommen. Das bedeutete für sie auch einen sozialen Aufstieg,
konnte man doch danach ohne Studium zum Pfarrer ordi-
niert werden. Zugelassen wurden nur unverheiratete Männer, die während der sechs Jahre im Missionshaus keine
Kontakte zu Frauen zwecks Heirat aufnehmen durften.
„Ein Missionar muss seine Neigungen dem Werke Christi
unterordnen und nöthigen Falls opfern." (2, S. 27)

Auf dem anspruchsvollen Lehrplan des Missionsseminars
standen *„nebst Bibelkunde, Predigten und Rhetorik auch*
Englisch, Französisch und Niederländisch, allgemeine
Sprachanalyse, Handelskorrespondenz, Arithmetik, Ge-
schichte der Kulturen, Geographie und Kartographie,
Grundkenntnisse in Medizin und einfachster Chirurgie,
Botanik und elementare Landwirtschaft; später kam auch
die Vermittlung von Kenntnissen im Bauhandwerk dazu.

Nach ein paar Jahren beschloss die Missionsleitung auf Drängen der Londoner Church Missionary Society, in einem zusätzlichen vierten Ausbildungsjahr noch Latein, Griechisch und Hebräisch zu vermitteln, um so ein volles Studium der Theologie zu ermöglichen." (4, S. 37) Auch Klavierspielen konnte man lernen.

Das Leben im Haus war von der Außenwelt abgeschirmt, die Pädagogik folgte pietistischen Grundsätzen, in denen Disziplin und puritanische Genügsamkeit eine große Rolle spielten. Freiwilliger Gehorsam gegenüber Gott, dem Komitee (Vorstand der Basler Mission) und jeglicher geistigen und weltlichen Autorität wurde den angehenden Missionaren vermittelt und von diesen eingeübt.

Alle Lebensbereiche waren in der Hausordnung genau geregelt, und ihre Befolgung wurde streng kontrolliert. In §6 wurde das Verhalten der Missionszöglinge untereinander festgelegt. Der sogenannte Wöchner und der Senior jeder Klasse waren zuständig für die Überwachung der Mitschüler. Jeden Sonntag legte der „Wöchner" seinen „Wochenzettel" den Lehrern und dem Inspektor zum Abzeichnen und zur Weitergabe an das Komitee vor. Er enthielt alle Vorkommnisse einschließlich Regelverletzungen oder Streitigkeiten. Der Senior war auch Streitschlichter, der *„beide Theile mit Ernst und Liebe brüderlich ermahnen* [sollte], *sich miteinander als Erlöste Christi ohne Aufschub auszusöhnen."* (2, S. 37) Verstöße gegen §6 waren immer wieder der Grund für Austritte oder Entlassungen aus der Missionsausbildung, vor allem dann, wenn sich der „Schuldige" nicht einsichtig zeigte und die Konfrontation suchte. Zum „freiwilligen Gehorsam" gehörten eben auch das freiwillige Geständnis und die aufrichtige Reue. Erst dann konnte man auf ein mildes Urteil durch das Komitee hoffen.

„Die Comitee", so lautete die damalige Bezeichnung, bestand ausschließlich aus Männern. Es waren überwiegend Angehörige der Basler Oberschicht, die aus Kaufmanns-, Bankiers- und Unternehmerfamilien stammten. Der Inspektor war der Vorsitzende des Komitees und hatte somit die höchste Position in der Hierarchie. Missionsinspektor Joseph Friedrich Josenhans prägte den Satz: *„Du erkennst den Willen Gottes am Willen des Komitees."* (2, S. 32) Damit wurde das patriarchale Komitee zur unanfechtbaren und unfehlbaren Instanz erhoben.

Ausbildungsteilnehmer des Basler Missionsseminars demonstrieren ihre erlernten Handwerksberufe, 1890/91; BMA QS-30.013.0013

Christian fügte sich mit Eifer in die straff geregelte Männergemeinschaft. Aufgaben, bei denen der Verstand gefordert war, fielen ihm leicht; jetzt konnte er seine verkannten Begabungen entfalten und endlich beweisen, was in ihm steckte. Er zeigte viel Talent für lebende Sprachen und für das Unterrichten, während ihm alte Sprachen und das Predigen schwerer fielen. Nach drei Jahren wurde ihm attestiert: *„Bruder Kölle verdient sowohl was Fleiß, als auch was Charakter betrifft, das Lob eines fleißigen, gewissenhaften und im Betragen untadelichen Zöglings."* (5)

Am Ende seiner Ausbildung erfolgte 1889 die Einsegnung im Basler Münster und die Ordination zum Pfarrer in der Pforzheimer Schlosskirche. Beim Abschied vom Missionshaus sangen die Missionare wie üblich gemeinsam dieses Lied (2, S. 35):

> *„Zieht fröhlich hinaus*
> *zum heiligen Krieg!* [sic!]
> *Durch Nacht und durch Graus*
> *erglänzet der Sieg.*
> *Ob Wetter auch toben,*
> *erschrecket nur nicht;*
> *blickt immer nach oben:*
> *bei Jesu ist Licht* [...]"

Es war für Christian eine große Freude, dass er zur Ausreise in die damalige englische Kronkolonie Goldküste bestimmt wurde, die sich weitgehend mit dem südlichen Teil des heutigen Ghana deckt, weil dort schon seine beiden Onkel mütterlicherseits, Johannes und Andreas Stanger, gewirkt hatten. Der Ausreise ging ein dreimonatiger Sprachaufenthalt in England voran. In seinem Lebensbericht vermerkte er, wie er einmal nachts in London auf dem Heimweg in einer Kutsche saß, die ihn in immer einsamere, düstere Stadtteile brachte. Da fiel ihm auf, dass irgendetwas nicht stimmte, und geistesgegenwärtig machte er sich lauthals bemerkbar, als er am Straßenrand einen Schutzmann sah, der ihn aus der drohenden Gefahr rettete. Hinterher erfuhr er, dass in London ausländische Reisende oft von Kriminellen in dieser Weise entführt, ausgeraubt und zum Verschwinden gebracht wurden.

Die sechswöchige Schiffsreise auf der alten „Congo" führte von Liverpool zunächst nach Teneriffa, wo Christian furchtbar seekrank an Land ging. Am 12. Dezember 1889 betrat er erstmals in Accra afrikanischen Boden. Er begann zunächst mit dem Studium der dort gesprochenen Sprache Ga. Schon ein halbes Jahr nach seiner Ankunft wurde er als Leiter der Knabenschule in Christiansborg mit 200 Schülern eingesetzt, nachdem sein Vorgänger plötzlich an Schwarzwasserfieber verstorben war.

Auch er selbst erkrankte an Malaria, die sich infolge der Chinin-Behandlung zu einem Schwarzwasserfieber auswuchs, bei dem Hämoglobin im Urin ausgeschieden wird, der sich dann dunkel bis schwarz färbt. Er litt unter schweren Fieberschüben, die über lange Zeit mindestens einmal pro Woche auftraten, verbunden mit schmerzhaften Gallen- und Nierenkoliken. Erst die von Missionar Gottlob Josenhans beantragte Versetzung weiter landeinwärts nach Odumase am Fuße der Akuapem-Togo-Bergkette mit ihrem kühleren Klima brachte eine gesundheitliche Wende. In Odumase arbeitete er von 1891–1900, unterbrochen von einem kurzen Einsatz in Abokobi 1895/96, wo dann auch der weitere Wirkungsort von 1901-1908 war.

In Odumase siedelten die Krobo, eine ethnische Gruppe, die

in die beiden Sektionen Manya und Yilo eingeteilt ist und zur Sprachgruppe Ga-Adangme im Südosten der Goldküste gehört. Dort betrieb die Basler Mission eine Mädchenschule, jedoch war Christians Auftrag zunächst die Evangelisation. In seinen ersten Arbeitsjahren zog er in die umliegenden Dörfer und widmete sich der Verbreitung des Christentums. Außerdem leitete er den Bau des Daches der Kapelle in Sra, wo er seine Kenntnisse des Schreinerhandwerks nutzen konnte. Nene Akrobetto I, der König der Yilo Krobo, hatte für den Bau Land, Geld und Arbeitskräfte zur Verfügung gestellt.

Missionshaus in Odumase, Missionarsehepaar Mohr auf Fahrrädern, um 1900; BMA D-30.06.009

Krankheiten und früher Tod war ein häufiges Schicksal der Missionare und ihrer Frauen im tropischen Afrika. Von den ersten vier Missionaren der Basler Mission, die 1828 an die Goldküste geschickt wurden, waren drei innerhalb der ersten acht Monate den tropischen Krankheiten erlegen. Eine lange Liste von Namen verstorbener Missionare ist in der Kirche von Akropong verewigt, darunter findet sich auch Christians Onkel Andreas Stanger. Westafrika wurde damals aufgrund der geographischen und klimatischen Bedingungen „das Grab des weißen Mannes" genannt.

Das Calwer Missionsblatt hatte 1881 im Gedenken an die „heimgegangenen Missionare" gereimt:

> *„Es fallen viele Kämpfer im heiligen Streit*
> *uns scheinet es eitel Verderben,*
> *wenn also verkürzt wird der Säemänner Zeit,*
> *doch selig, wem Christus die Krone verleiht:*
> *die Seele, die Ihm sich dienstwillig geweiht,*
> *die geht ja zum Leben durch Sterben [....]*
>
> *Es fallen viele Kämpfer im heiligen Streit,*
> *ist das nicht ein herrliches Sterben,*
> *im Dienste der Liebe, dem Höchsten geweiht?*
> *Wer ist nun die Lücken zu füllen bereit?*
> *Ihr Jünglinge, kommt, verliert nicht die Zeit,*
> *dem Bräutigam Seelen zu werben."*

Kolonie Goldküste

Es ist die Frau, die den Mann gebiert
Ghanaisches Sprichwort

Goldküste nannten die europäischen Händler einen Bereich der westafrikanischen Küste, die heute ungefähr dem Gebiet der Küste Ghanas entspricht. 1471 landeten die Portugiesen an der Goldküste und trieben einen ertragreichen Handel mit Gold, Pfeffer und Elfenbein. Papst Nikolaus V. (1447–55) erlaubte in zwei päpstlichen Bullen dem portugiesischen König Alfons V. (1438–81) die Eroberung und Versklavung heidnischer Gebiete. Die Portugiesen versuchten ihr Monopol später mithilfe von Papst Sixtus IV. (1471–84) zu verteidigen, der *„alle ‚Unbefugten‘, die Handel trieben oder Heiden und islamische ‚Irrgläubige‘ bekehren wollten, mit der Exkommunikation"* bedrohte (6, S. 54).

Schon kurz nach der Landung von Columbus auf den Bahamas 1492, der sogenannten „Entdeckung Amerikas", begann der transatlantische Handel mit afrikanischen Sklaven. 1517 hob Karl V. als König von Spanien das von ihm 1503 erlassene Verbot der Einfuhr afrikanischer Sklaven in die spanischen Kolonien in Amerika wieder auf (63, S. 80). Die portugiesische Festung Fort Elmina an der Goldküste wurde zu einem wichtigen Umschlagplatz des transatlantischen

Sklavenhandels. Trotz päpstlicher Androhungen kam dort rasch Konkurrenz im lukrativen Handel auf: Holländer, Engländer, Franzosen, Dänen, Schweden und Preußen kämpften um ihren Anteil.

Zu Anfang des 19. Jahrhunderts waren nur noch die Dänen, Holländer und Engländer im Handel aktiv. 1821 stellten die Engländer Gebiete der Goldküste unter ihre Kontrolle und kauften 1850 die Besitzungen der Dänen und 1872 die der Niederländer auf. 1874 gründete die englische Krone die „Gold Coast Colony", die das gesamte Territorium des heutigen Südghana umfasste.

Das Königreich Asante im Landesinneren mit der Hauptstadt Kumasi leistete jedoch erbitterten Widerstand gegen die britische Herrschaft und brachte der britischen Armee empfindliche Niederlagen bei. Erst nach mehreren Kriegen in den Jahren 1824, 1826, 1873, 1898 und 1901 und nach vielen Intrigen gelang es den britischen Soldaten, Kumasi einzunehmen. Der König (Asantehene) Otumfuo Agyemang Prempeh I. wurde 1896 gefangen genommen und in die Verbannung geschickt. Die Briten forderten im Jahr 1900 nach der Einnahme von Kumasi die Herausgabe des Goldenen Stuhls, der ein wichtiges Staatssymbol des Königreichs ist und die Einigkeit, Macht und Stärke der Asante verkörpert. Gleichzeitig gilt er als Schrein der Ahnen in ihrer Gesamtheit und damit als Sitz der „Seele der Nation". Da rief die Königinmutter Yaa Asantewa von Edweso die Asante zum letzten Widerstand gegen die Eindringlinge auf. Unter ihrer Führung konnten sie acht Wochen lang die Engländer in ihrer Festung einschließen (4, S. 86). Den Goldenen Stuhl konnten sie in einem Dschungelversteck in Sicherheit bringen.

Queen Mother Yaa Asantewa, eine heute noch verehrte Heldin im Kampf gegen die Engländer, um 1900; Foto aus P. A. Schweizer: Mission an der Goldküste (4)

Die Asante gehören zu den Akan-Völkern, bei denen die Frau traditionell eine starke Rolle einnimmt. Abstammungsrecht, Erbrecht und die Nachfolge des Königs sowie von Klan- und Lineage-Chiefs laufen bei ihnen über die mütterliche Linie, während die Ga-Adangme-Völker patrilinear organisiert sind. *„Die besondere Bedeutung der Frau drückt sich auch in der politischen Rolle aus, die die Königinmutter bei den Akan- und Ga-Völkern spielt. Das ist nicht notwendigerweise die leibliche Mutter des Königs oder Häuptlings, sondern ‚die alte Frau' (Aberewatia) der Linie, die*

in der traditionellen Gesellschaft bei allen schwierigen Ent-
scheidungen das letzte Wort sprach. Auf ihren Rat hin wird
auch heute noch ein Häuptling eingesetzt und wurden frü-
her Kriege geführt." (7, S. 31)
Eine ghanaische Redensart lautet: *Ein Haus ohne Frau ist*
kein volles Haus, und das Feuer in dem Haus ist erloschen.
Die Kolonisierung unterminierte die sozio-politische Position der Frauen und versuchte europäisch-patriarchale Struk-
turen einzuführen.

Die britische Herrschaft über die Goldküste war stets von
Gegenwehr und Aufstandsbewegungen begleitet. Bereits
1868 gründeten die Oberhäupter der Fanti, die zur Volksgruppe der Akan gehören, die Fanti Confederation, die als
antikoloniale Bewegung auch andere Gruppen zum Widerstand inspirierte. Im 20. Jahrhundert folgten zahlreiche andere Organisationen und schließlich auch politische Partei-
en, die im Namen der Selbstbestimmung gegen den britischen Kolonialismus kämpften. Am 6. März 1957 wurde
Ghana als erste afrikanische Kolonie unter der Führung des
Präsidenten Kwame Nkrumah unabhängig mit Accra als
Hauptstadt.

Evangelischer Zölibat, die Basler
Heiratsordnung und die Missionsbräute

Während der Basler Missionarsausbildung in reiner Männergemeinschaft war eine Kontaktaufnahme zum anderen Geschlecht zwecks Heirat untersagt (2, S. 24) – was man heute als eine Form emotionaler Deprivation bezeichnen könnte. Auch gegenüber der Verheiratung der ausgebildeten Missionare hatte das Komitee ursprünglich eine komplett ablehnende Haltung. Nachdem 1822 mehrere Missionare vor ihrer Ausreise beschlossen hatten, sich zu verloben und zu heiraten, kam es zu Diskussionen im Komitee, das feststellte, *„dass wir durch unsere sichtbare Abneigung gegen die Verheiratung unserer Brüder zu ihrer Verschlossenheit gegen uns in dieser Sache Anlass gegeben hätten"*, berichtet Dagmar Konrad in ihrer Untersuchung über die Pietistinnen in der Basler Mission mit dem Titel „Missionsbräute" (2, S. 22). Infolge dieser Überlegungen wurden 1837 die zwölf Heiratsregeln des ersten Direktors der Basler Mission, Inspektor Christian Gottlieb Blumhardt, beschlossen.
Im sogenannten „Verlobungsparagrafen" wurde festgelegt, dass der Missionar erst nach zwei Jahren Bewährung auf dem Missionsfeld das Komitee um Erlaubnis zur Heirat ersuchen durfte. *„Die Einwilligung des Comitees kann nur in dem Fall ertheilt werden, wenn es eine genaue Kenntnis von dem christlichen Charakter und der Tauglichkeit einer vor-*

geschlagenen Missionarin erlangt hat [...]
Wer ohne Genehmigung heirathet, ist als entlassen anzuse-
hen [...]. Diese Grundsätze sind von jedem Missionszögling
zu unterschreiben", heißt es in den 12 Regeln (2, S. 27).

Somit waren die Missionare, bezieht man die Ausbildungs-
zeit mit ein, insgesamt acht Jahre zur sexuellen Enthaltsamkeit verpflichtet – eine Verpflichtung, die in der evangelischen Kirche sonst nicht üblich ist. Dem Komitee ging es
darum, die Disziplin der Missionare durch langjährige Enthaltsamkeit zu stärken und den Vorrang der missionarischen Pflichten gegenüber persönlichen einschließlich sexuellen Bedürfnissen in Fleisch und Blut einzuschreiben. Die
Unterdrückung persönlicher Bedürfnisse sowie der damit
verbundenen Emotionen und Lebensfreude war der hohe
Preis, den man entrichten musste, wollte man seiner Beru-
fung zum Missionar folgen.

Vor dem Hintergrund unseres heutigen Wissens über den
strukturell angelegten sexuellen Missbrauch in der katholischen wie auch in der evangelischen Kirche, der unsägliches
Leid über Gemeindemitglieder und Schutzbefohlene beiderlei Geschlechts gebracht hat, kann man sich fragen, wie weit
auch Missionare an Übergriffen beteiligt waren. In dem
Buch „Missionsbräute" wird über einen Missbrauchsfall an
Missionsschülerinnen durch den ersten in Basel ausgebildeten afrikanischen Missionsgehilfen George Thompson berichtet. Das passte natürlich in das europäische Stereotyp
vom lasterhaften Afrikaner. In einem Brief aus Akropong
von vom 21. Juni 1849, der von sechs Missionaren unterschrieben war, wurde über ihn berichtet: *„Vor acht Tagen*

nun kamen wir ihm auf die Spur, dass er wieder aufs Neue Ehebruch mit einer erwachsenen Person getrieben hat, und es ist schröcklich – sogar einige von unseren älteren Schulmädchen hat er verführt." (2, S. 241) Seine Frau Catherine Mulgrave, von der später noch die Rede sein wird, ließ sich daraufhin von ihm scheiden, er selbst verließ den Missionsdienst. Mir ist nicht bekannt, inwieweit die Basler Mission das Thema sexueller Übergriffe durch ihre Mitarbeiter im Lauf der Geschichte jemals aufgegriffen und untersucht hat.

Nach den Basler Regeln war auch eine Korrespondenz zwischen Missionar und künftiger Braut so lange verboten, bis das Komitee dazu seine Einwilligung gab. *„Gewöhnlich kannten die Frauen"*, so berichtet Dagmar Konrad *„den Mann, den sie heiraten sollten, nicht persönlich, hatten außer einer Fotografie nebst einigen wenigen Briefen keine genauere Vorstellung von ihrem ‚Zukünftigen'."* (2, S. 19)

Die Frauen waren in der Basler Mission keineswegs gleichberechtigt. Inspektor Josenhans, der die Basler Mission von 1850 bis 1879 leitete, äußerte einmal, dass *„Frauen ein Hemmschuh für die Mission"* seien (4, S. 41). Missionarsgattinnen wurden nicht als gleichrangige Fachkräfte, sondern *„als ein mehr oder weniger notwendiges Übel angesehen, das nun einmal – um der menschlichen Schwäche willen – hingenommen werden musste."* (Waltraut Haas-Lill, zitiert nach 4, S.42)
Dementsprechend legte das patriarchale Männerkomitee in seinen Leitsätzen zur Wahl der Missionarsfrau fest:
„Die Frau muss a) gesund sein, b) begabt, c) gebildet, d) hauswirtschaftlich […]

Die Frau muss demütig, sanftmütig, geduldig, nicht ehr-
süchtig sein [...]
Der Missionsdienst erfordert nicht nur volle körperliche
und seelische Gesundheit der Frau, sondern auch lebendi-
gen und bewährten Glauben und die rechte Dienstbereit-
schaft zur Missionsarbeit." (2, S. 41)

Die Frau sollte „Gehilfin" des Mannes sein, sie war nach
Dagmar Konrad „*seine Haushälterin, seine geistige und*
moralische Stütze, war in gewissem Sinn sein Mutterersatz
und zugleich die Mutter seiner Kinder [...] Die Lorbeeren
sollten dem Mann vorbehalten bleiben." (2, S. 53 f.)

Wie man sich die Auswahl einer künftigen Frau für einen
Missionar in Übersee vorstellen kann, beschreibt Dagmar
Konrad folgendermaßen: „*Bei der Entscheidung für eine*
bestimmte Frau konnten Gefühle nur eine untergeordnete
Rolle spielen, sie waren nicht das bestimmende Moment,
denn die Missionare kannten ihre zukünftigen Frauen zum
Zeitpunkt ihrer Werbung meist nur über Informationen
Dritter, vom Hörensagen." (2, S. 42) Nicht das persönliche
Glück des Missionars, sondern das Gelingen des Missions-
auftrags hatte absoluten Vorrang. Und die Frauen waren da-
bei nachgeordnet:

„Bis die Frauen zu Wort kommen, ist der größte Teil bereits
ohne sie ,über die Bühne gegangen'. Bis dahin handelt es
sich um reine Männersache.
Die ersten Akteure sind Männer, die Missionare stellen eine
prinzipielle Anfrage um Heiratserlaubnis an das Komitee.
Nach Erhalt der Erlaubnis besprechen sich die Missionare
brieflich mit den eigenen Eltern oder mit befreundeten Mis-
sionaren, um zu entscheiden, bei wem geworben werden
könnte. Sie teilen ihre Entscheidung dem Komitee mit.

Nachdem sie den ‚Stein ins Rollen gebracht haben‘, treten sie von der Bildfläche ab und verharren in ‚Warteposition‘. Nun tritt das Komitee in Erscheinung. Wurde eine bestimmte Frau genannt, oder auch mehrere – was häufig der Fall ist – werden Erkundigungen eingezogen. Informanten, Personen die die Frauen und deren Verhältnisse näher kennen, treten auf. Im anderen Fall, wenn der Missionar keine bestimmte Frau vorgeschlagen hat, fungiert das Komitee als Heiratsvermittlung – eine Rolle, die es nicht gern einnimmt – und sucht mit ‚väterlichem Wohlwollen‘ eine passende Frau aus. Wenn zum Schluss eine positive Beurteilung über die Frau vorliegt, tritt die Hauptperson ins Rampenlicht.“ (2, S. 56)

Solche Informanten des Komitees, die die vorgeschlagenen künftigen Missionarsfrauen kannten, waren zum Beispiel Pfarrer, Missionarsfrauen oder Missionarswitwen aus dem pietistischen Netzwerk. Mit den Informationen wurde eine Akte über die Frau angelegt, dann entschied das Komitee, ob sie für würdig befunden wurde, und schließlich wurde sie persönlich nach ihrer Einwilligung gefragt. Gelegentlich lehnte das Komitee eine vorgeschlagene Frau ab, weil sie den Kriterien nicht entsprach. Waren alle Prozeduren durchlaufen und die Frau nach mehrwöchiger Schiffsreise auf dem Missionsfeld angekommen, kam es *„äußerst selten vor, dass eine Braut wieder zurückgeschickt wurde oder dass sie von sich aus in die Heimat zurückkehrte.“* (2, S. 44) Da sich beide Partner dem Gesetz Gottes unterstellt hatten, war Gott das Bindeglied zwischen beiden und damit der Dritte im Bund der Ehe. Das dahinter stehende Ehemodell finden wir bereits bei Graf von Zinzendorf (1700–1760), dem

Begründer der pietistischen Herrnhuter Brüdergemeinde: *„Von seiner Ehe sprach er als ‚Streiter-Ehe‘, Streiter für das Reich Gottes auf Erden: Eine Auffassung der Ehe als Gemeinschaft zweier Menschen, die für das Werk, für ein höhergerichtetes Ziel kämpfen, wie sie uns auch in der Basler Mission begegnet."* (2, S. 461)

Während die meisten Missionare sich diesen Regeln konform verhielten, gab es andere, die sich gegen die Bevormundung wehrten. Einer, der den Basler „Verlobungsparagrafen" unterschrieben und sich auch daran gehalten hatte, war China-Missionar Wilhelm Maisch. Kurz vor seinem Tode jedoch schrieb er 1922, nachdem er als Distriktpräses (Vorsitzender der Missionare eines Distrikts) eine höherrangige Stellung eingenommen hatte: *„Die Basler Verlobungsordnung schließt für Europäer eine starke Unnatur in sich, indem Mann und Frau sich heiraten sollen, ohne sich persönlich zu kennen. Man verlangt dabei von beiden einen Glauben, wie er sonst auch von den frömmsten Christen nicht verlangt wird."* (2, S. 39)

Schon 1890 bekannte der Goldküsten-Missionar Balthasar Groh: *„Ferner erschien es mir immer als etwas zu Großes, an eine Jungfrau das Ansinnen zu stellen, einem ihr unbekannten Mann die Hand zu reichen zum unauflöslichen Bunde. Verlangt Gott solche Opfer von mir? [...] Nun muss ich gestehen, dass ich wenig Freudigkeit verspüren würde, einer Person die Hand zu reichen, welche die Überzeugung hätte: Ja, ich gehe nicht um des Bruder Groh's willen nach Afrika, sondern um des Herrn willen. Da müsste ich doch sagen: dem Herrn kannst du auch in Europa dienen."*

(2, S. 39)

Ein anderer Rebell gegen die Basler Obrigkeit war Missionar Johannes Zimmermann. Dieser scheute die Regelverletzung nicht, musste dafür aber auch seinen Preis bezahlen. Der Gerlinger Bauernsohn landete 1850 nach seiner Missionarsausbildung an der Goldküste. Kurz darauf erkrankte er am gefürchteten „Afrikafieber", der Ruhr, die auch nach einem halben Jahr nicht ausheilen wollte. Mehrfach setzten sich seine Mitbrüder für die Heimkehr nach Europa ein. Schließlich schrieb er selbst an das Komitee:
„Baldiger Tod oder Nachhausereise sind, menschlich gesprochen, die zwei Wege, deren einen ich gehen muss [...] Nun, teure Väter. Stellen Sie sich ein wenig in meine Lage! [...] Es raten nicht allein alle Brüder, sondern auch andere erfahrene Männer der Küste zu schleuniger Heimreise – was soll ich dann tun? Ist das dann recht für mich zu bleiben und vielleicht zu sterben? Darf ich das als den Willen des Herrn anerkennen?" (2, S. 246)
Die teuren Väter aus Basel reagierten nicht auf diesen Hilferuf. Erst etliche Monate später (!) verwiesen sie in ihrer Antwort darauf, dass laut den Regeln ein kranker Missionar, auch wenn die Gefahr bestehe, dass er stürbe, so lange auf seinem Posten ausharren solle, bis er die Erlaubnis zur Heimreise erhalte. Diese Erlaubnis wurde in dem Antwortschreiben jedoch nicht erteilt. Was war der Grund dafür? Wollte man die Reisekosten sparen? Schließlich suchte Zimmermann, nachdem alle europäische Medizin nicht geholfen hatte, die Hilfe eines afrikanischen Heilers, der ihn tatsächlich kurieren konnte.

Nach einer Konferenz der auf der Goldküste stationierten Missionare im Jahr 1851, auf der auch die Basler Heiratsregeln besprochen wurden, brachte Zimmermann die Kritik einiger Teilnehmer in einem Brief an das Komitee zum Ausdruck: „*Als wir vor einem halben Jahr kamen und drei Brüdern Bräute mitbrachten, tat es mir gleich wehe, diese Brüder, besonders Bruder Stanger, so geschwächt zu sehen, und damals schon kam mir der Gedanke, es sei doch schwer, dass das Heiraten einem Bruder erst dann erlaubt werde, wenn er durchs hiesige Klima schon so geschwächt ist, dass er, menschlich gesprochen, dem Grabe 10 bis 15 Jahre näher ist als bei seiner Ankunft, dass er kaum hoffen kann, kräftige Kinder zu zeugen ...*“ (2, S. 244)

In eigener Sache schrieb er im selben Brief: „*Im Begriff gegen eine Ihrer bestimmten Verordnungen zu handeln, ergreife ich diesmal mit etwas schwerem Herzen die Feder [...]. Ich habe im Sinne, [...] mich in den nächsten Tagen mit unserer Schwester, Frau Mulgrave, zu verehelichen, ohne zuvor Ihre Erlaubnis eingeholt zu haben, und ohne zuvor zwei Jahre hier gewesen zu sein.*“ (2, S. 247) Er stellte damit das Komitee vor vollendete Tatsachen.

Catherine Mulgrave hatte bereits ein bewegtes Leben hinter sich. Sie wurde als Tochter einer christlichen Frau, die europäischer und afrikanischer Herkunft war, und eines Afrikaners, der Sohnes eines Chiefs war, vermutlich in Angola geboren. Im Alter von sechs Jahren wurde sie am Meeresstrand von Sklavenjägern gefangen. Das Sklavenschiff erlitt Schiffbruch vor Jamaika, wo bereits die Sklavenbefreiung in Kraft getreten war, die Schiffsbesatzung wurde verhaftet. Sie hatte das Glück, dass das englische Gouverneursehepaar Mulgrave sie adoptierte und christlich erzog. Nach der pietistischen Ausbildung an einer Schule der Herrnhuter Brüdergemeinde auf Jamaika lernte sie in Kingston den aus Liberia stammenden George Thompson kennen. Dieser war als erster Afrikaner in Basl zum Missionsgehilfen ausgebildet und dann nach Jamaika geschickt worden, um dort afrikastämmige Christen für den Einsatz auf der für Europäer gesundheitlich gefährlichen Goldküste zu werben. Sie heirateten und reisten 1843 zum Missionseinsatz zur Goldküste. Dort wurde sie zur Leiterin der Mädchenschule in Osu ernannt. 1849 liess sich die 22-jährige Catherine, die bereits zwei Kinder geboren hatte, von George wegen seines wiederholten Ehebruchs scheiden.

Mit seinem Brief setzte sich Zimmermann nicht nur über die Regel hinweg, sich vor seiner Heirat mit Catherine die Erlaubnis des Komitees einzuholen. Hinzu kam das in der Mission unausgesprochene Verbot der „Mischehe" mit einer Frau, die als „Mulattin" kategorisiert wurde (4, S. 44). Er riskierte einen Skandal und seine Entlassung als Missionar, indem er ohne vorherige Erlaubnis ankündigte, eine geschiedene „Schwarze" mit zwei Kindern zu heiraten.

Zimmermann setzte dann noch eins obendrauf: Auch die anderen Missionare hätten es als unnatürlich empfunden, dass er in Basel um Heiratserlaubnis hätte ersuchen sollen, ohne Catherine vorher gefragt zu haben, ob sie seine Ehefrau werden wolle. *„So ging ich, nachdem der Herr noch einige andere Hindernisse aus dem Weg geräumt hatte, zu Frau Mulgrave und fragte sie um ihre Hand mit Vorbehaltung der Genehmigung des Komitees [...] Zugleich aber hielt ich mich verpflichtet, dass im Falle, die liebe Comitee uns ihr Ja-Wort nicht gebe und sie [Catherine Mulgrave] es nicht* *vorziehe, ihr Wort zurückzunehmen, ich ihr mein Wort halte.*" (2, S. 248)

Das Komitee war empört über diese Kampfansage und überlegte, wegen Zimmermanns Verstoßes gegen die Basler Heiratsordnung mit voller Härte gegen ihn durchzugreifen und ihn sofort aus dem Missionsdienst zu entlassen. Allerdings wollte man in Basel auf den letzten Endes doch wertvollen Missionar und seine Frau nicht verzichten. Nachdem sich die Aufregung etwas gelegt hatte, rang man sich dazu durch, ihn *„samt seiner Braut (Frau) als unsere Missionsmitarbeiter bei[zu]behalten.*

Familie Zimmermann-Mulgrave, ca. 1872; BMA QS-30.002.0237.02

Die Comitee hält in Übereinstimmung mit Bruder Zimmermann dafür, dass durch diese Heirath die heimatlichen bürgerlichen Verhältnisse aufgelöst seien und sich derselbe von nun an als definitiv in Afrika stationiert anzusehen habe." (2, S. 250)

Mit diesem Beschluss musste Zimmermann auf die Wiedereingliederungshilfe der Mission verzichten, die ihm nach der Rückkehr in die Heimat zugeständen hätte, womit ihm selbige unmöglich gemacht wurde. Er wurde damit zur Persona non grata in Basel und sozusagen mit *„lebenslanger Verbannung nach Afrika"* bestraft (2, S. 251).

Später wurde Zimmermann dafür bekannt und bis heute hoch geehrt, dass er als erster die Ga-Sprache in Schriftform gebracht, eine Grammatik und Rechtschreibung entwickelt und die Bibel sowie ein Gesangbuch mit 500 Liedern in Ga übersetzt hat.

Die wesentlichen Regelungen der Heiratsordnung von 1837 blieben bis 1913 bestehen. Danach wurde immerhin erlaubt, dass Missionare nach Abschluss der Ausbildung und vor der ersten Aussendung brieflichen Kontakt zu einer Frau aufnehmen durften. Auch sogenannte „stille Verlobungen" wurden geduldet, doch blieb die Heirat weiterhin von der Zustimmung des Komitees zwei Jahre nach der Aussendung abhängig. Erst nach dem Ende des Zweiten Weltkriegs wurden die Regelungen hinfällig – der allgemeine gesellschaftliche Wandel hatte inzwischen auch die Basler Mission erreicht.

Christians erste Ehe

Christian hielt sich getreu an die Basler Regeln – und 1891 waren für ihn die acht Jahre der Enthaltsamkeit endlich vorbei. Nach seiner in Ga verfassten und gehaltenen Examenspredigt schrieb er als 27jähriger nach Basel:

„Geehrte Comite! Da ich nun zwei Jahre hier im Lande bin, habe ich mich, wie ich glaube, akklimatisiert. Mein Gesundheitszustand, der in der ersten Zeit etwas bedenklich war, hat sich wieder bedeutend gebessert und ist schon ein ganzes Jahr lang recht befriedigend, so dass ich meiner Arbeit ungestört nachgehen konnte. Auch hat die Erfahrung gelehrt, dass ich bei richtiger Verpflegung im Stande bin, selbst größere und anstrengende Predigtreisen, ohne nachteilige Folgen, zu unternehmen. Daher kann ich mich nicht entschließen, von der Heimkehrerlaubnis nach zweieinhalb Jahren behufs Verheiratung Gebrauch zu machen […]

Andererseits ist es aber einem Bruder wohl nicht zu verdenken, wenn er sich sehnt, der Junggesellenwirtschaft endlich einmal den Abschied geben zu dürfen, zumal wenn derselbe schon an Jahren ist. Auch erhoffe ich von meiner Verheiratung nicht nur kein Hindernis in der Arbeit, sondern vielmehr eine starke Förderung und Unterstützung in derselben. Bin daher der guten Zuversicht, dass die verehrte Comite mir die Bitte um Heiratserlaubnis gewähren wird.

In dieser Erwartung möchte ich Herrn Inspektor Oehler bitten, bei Herrn Oberlehrer Käser um die Hand seiner Tochter Lina für mich anzufragen. Mit hochachtungsvollem Gruß." (5, S. 8)

Christian als junger Missionar 1889; Familienarchiv

Christian bat den Inspektor selbst, den Vorsitzenden des Komitees, um die Brautwerbung. Es ist nicht überliefert, ob Christian die spätere Braut Friederike Magdalene (genannt Lina) Käser schon einmal gesehen hatte. Möglicherweise war sie ihm unbekannterweise empfohlen worden, wie es in der Basler Mission häufig üblich war, denkbar ist auch, dass er sie zumindest schon gesehen hatte, da seine Schwester Marie einen Bruder von Lina Käser geheiratet hat (das Heiratsjahr ist mir nicht bekannt). Linas Eltern hatten im Waisenhaus Markgröningen gearbeitet. Nach Christians Anfrage erkundigte sich das Komitee bei verschiedenen Brüdern und Schwestern des pietistischen Netzwerkes nach dem Leumund der jungen Lehrerin und legte eine Akte an, um zu prüfen, ob Lina den Anforderungen an eine Missionsbraut gewachsen und dieser Rolle würdig wäre. Erst nachdem sie diese Prüfung bestanden hatte, wurden der Herr Oberlehrer Käser und sie selbst befragt, ob sie mit der Eheschließung einverstanden seien.

Lina Käser; Familienarchiv

Im Herzen der jungen Frau muss es, wie bei anderen Missionsbräuten, viel Für und Wider gegeben haben. In solcher

Entscheidungsnot wartete man in pietistischen Kreisen auf einen Fingerzeig Gottes, in der Hoffnung, die innere Klarheit für einen solchen Schritt zu gewinnen. Dem Finger Gottes konnte man etwas nachhelfen, wie Dagmar Konrad beschreibt, mit dem „… ,Däumeln‘, das beispielsweise bei der Herrnhuter Brüdergemeinde sehr beliebt war und täglich praktiziert wurde. Es handelte sich dabei um das zufällige Aufschlagen einer Seite der Bibel, um in den jeweiligen Bibelzitaten Wegweiser und Lebenshilfen zu finden." (2, S. 60) Fiel die Entscheidung positiv aus, begann auf beiden Seiten das Bangen und Warten. „Abgesehen davon, dass die meisten Männer eine ziemlich genaue Vorstellung davon hatten, wie ihre zukünftige Frau sein sollte, könnte dennoch in manchen Fällen in der Ungewissheit der ,Heiratslotterie‘ auch ein lustvoller Nervenkitzel gelegen haben – boshaft formuliert – ,Niete oder Hauptgewinn‘?" (2, S. 44), oder, so könnte man den Gedanken weiterspinnen, vielleicht nur ein „Trostpreis"?

Lina Käser jedenfalls entschied sich für den Missionar im fernen Afrika, der ihr bestenfalls flüchtig bekannt oder womöglich gänzlich unbekannt war. Der Oberlehrer schrieb nach Basel: „Wenn ihr der Herr durch das verehrl. Comite ruft, wird sie diesem Rufe, als vom Herrn gekommen, freudig folgen." (5) Lina fasste hier einen großen Entschluss, bedeutete dieser doch, sich von Beruf, Familie und Freunden auf lange Zeit oder womöglich auf immer zu verabschieden, alles Vertraute und Bekannte hinter sich zu lassen und sich auf die Gefahren und Abenteuer eines völlig neuen Lebens einzulassen.

Am 5. März 1892 reiste Lina Käser mit dem Schiff nach Accra. Was für Gedanken und Gefühle mögen die junge Frau während der Wochen auf dem weiten Meer beherrscht haben? Welche Hoffnungen und Ängste mögen sie bewegt haben, als die Ufer der Goldküste bereits in Sicht waren und die erste Begegnung mit dem ihr unbekannten künftigen Ehemann immer näher rückte? Und wie mag das erste Zusammentreffen zweier Menschen abgelaufen sein, die sich zuvor nicht persönlich nähergekommen waren und sich doch für den Rest ihres Lebens einander versprochen hatten? Darüber ist nichts überliefert. Um einen Geschmack davon zu bekommen, sei aus den Berichten zweier anderer Frauen zitiert, die sich auf dasselbe Wagnis eingelassen hatten, ihnen unbekannte Basler Missionare in Übersee zu heiraten.

Die Missionsbraut Elisabeth Heimerdinger schrieb ihre Gedanken auf der Schiffsreise in ihr Tagebuch: *„Auf dem Schiff habe ich manch stille Stunde, nach dem bewegten Leben der letzten Monate eine Wohltat – Zeit! Zeit zum Nachdenken und zur Einkehr. Die Heimat liegt hinter mir, die Brücken sind abgebrochen und ich frage mich oft zweierlei: habe ich wirklich die Kraft es hinauszuführen? Habe ich kein zu großes Opfer gebracht, als ich ja gesagt habe und verlassen, was mir das Theuerste war: die Heimat, Eltern, Geschwister, Freundinnen? Und dann das andere: bin ich's wert, Gottes Arbeit zu treiben? Bin ich's auch wert, hinauszureisen zu meinem Bräutigam, der mir an jedem Hafenplatz ein Zeichen seiner Liebe zukommen lässt?"* (2, S. 145)

Die 24jährige Missionsbraut Christiane Burkhardt berichtete über ihre Ankunft 1867 an der Küste von Christiansborg (heute Accra): *„Mit wehmütigen Herzen verließen wir* unsere ‚Palme‘ und ließen uns in zwei Booten von den Schwarzen, die eine große Freude an uns hatten – wir uns aber kaum getrauten, sie recht anzusehen, da sie alle nur ein kleines Tuch um die Lenden hatten, ans Land führen [...] Da sprangen die Neger nur geschwind aus den Booten und jeder nahm flugs eine von uns auf den kräftigen Arm und trugen uns schnell, als hätten sie irgendetwas erbeutet, etwa zehn Schritte weit ans Land. Das ging alles so rasch, dass ich mich gar nicht besinnen konnte, was mit mir nur vorging [...] Bruder Zerweck kam auf mich zugelaufen und sagte, er habe den Auftrag von meinem lieben Bräutigam, mich zu ihm zu führen. Er führte mich nun ins Missionshaus in sein Zimmer. Dort fragte er, ob er meinen Bräutigam rufen dürfe. Ich sagte, nur einen Augenblick möchte er doch verzeihen, dass ich mich noch ein wenig fassen könne. Er ging. Ich schickte noch einige Seufzer gen Himmel und der liebe Gott schenkte mir Kraft, dass ich mich schnell beruhigen konnte. Es war auch nötig, denn nach 10 Minuten kam Bruder Zerweck wieder, fragend, ob er ihn jetzt rufen dürfe. Ich sagte ja. Er kam, grüßte mich herzlich und betete kniend mit mir. Hierauf setzten wir uns noch ein wenig zusammen und erzählten, was jedem gerade zunächst lag. Es war bald, als ob wir uns schon lange kannten.“ (2, S. 166)

Am 20. April 1892 fand eine Doppelhochzeit in Abokobi statt: Christian heiratete Lina und gleichzeitig heiratete Andreas Bauer, mit dem Christian die Basler Ausbildung geteilt hatte, seine Braut. Aus der „Missionsbraut“ Lina wurde nun eine „Missionarsfrau“. Über sein Eheleben breitete Mantel des Schweigens, doch vermerkte er immerhin: Nach der Hochzeit „begann ein fröhliches Arbeiten, meist

Heidenpredigt, und Besuch der vielen Außenstationen und Schulen." (1) Im Januar 1893 wurde dem Paar ein Sohn geboren, der jedoch nach einer schwierigen, langen Geburt tot zur Welt kam.

Über die Situation der Frau auf der Goldküste schrieb die Missionarsfrau Schrenk aus Christiansborg 1868: *„Zwei Dinge hat eine Frau, die nach Afrika kommt, zuerst und richtig zu lernen: eine seltsame neue Sprache und krank zu sein."* (2, S. 342)

Und so erging es auch Lina. Christian erzählte später seinem Sohn Adolf: *„Der Anfang des neuen Jahres [1893] brachte schlimme Wochen: Leid statt der erhofften Elternfreuden. Tagelang hohes Fieber machten sie zunichte. Drei Monate ging es so weiter, da ließ eine plötzliche wunderbare Wendung die junge Frau genesen"* (5).

Während der Fieberschübe, verbunden mit Venenentzündungen und einer Thrombose, musste Lina lange Zeit liegen, *„sodass ich meinen Dienst oft nicht versehen konnte und mehr Krankenwärter sein musste"*, vermerkte Christian (1). Missionsarzt Dr. Fisch glaubte, der Zustand könne sich bessern, wenn Lina ein neues Kind gebären würde. Ein Jahr später war es dann auch so weit, und ein gesundes Töchterchen kam zur Welt. Die Mutter jedoch starb unerwartet drei Wochen nach der Geburt am 12. Mai 1894, es hieß, an einem Blutgerinnsel, das in das Herz oder Gehirn geschwemmt worden sei. Einen Tag später, an dem Tag, an dem sie 30 Jahre alt geworden wäre, wurde sie beerdigt und das Neugeborene am Sarg der Mutter auf deren Namen Lina getauft. Zwei schlichte rostige Eisenkreuze stehen heute noch auf dem Friedhof von Abokobi.

Friedhof Abokobi; eigene Aufnahme 1995

Auf dem einen steht in schwarzen Lettern auf einem ovalen weißen Emaille-Schild: *„Hier ruht Kölle's Erstgeborner – Abokobi, 10. Jan. 1893 – Hiob 1,21".* Im Buch Hiob lesen wir an angegebener Stelle: *„Der Herr hat's gegeben, der Herr hat's genommen, gelobt sei der Name des Herrn".* Der Tod eines Kindes ist gottgegeben und gottgewollt – so hatte es Christian schon als Kind erfahren müssen, als viele seiner Geschwister früh starben. Ein Name des Sohns ist auf dem Kreuz nicht vermerkt.

Das zweite Kreuz trägt die Inschrift: *„Hier ruht Lina Kölle, geb. Käser, geb. 13. Mai 1864, gest. 12. Mai 1894 – Röm. 8.17".* Im 8. Kapitel des Römerbriefes heißt es: *„Sind wir aber Kinder, so sind wir auch Erben, nämlich Gottes Erben und Miterben Christi; denn so gewiss wir mit ihm leiden, werden wir auch mit ihm zur Herrlichkeit erhoben werden."*

Jetzt war Christian am Ende seiner Kräfte und beantragte seinen ersten Heimaturlaub. Die drei Monate alte Lina nahm er im Sommer mit nach Deutschland und übergab sie dort seiner Schwester Marie zur Erziehung.

„Als alter Mann war ich mit 30 Jahren heimgekehrt; aber ich erholte mich rasch", ist in seinen Erinnerungen zu lesen. Nach einer Kur in Bad Herrenalb und einem dreimonatigen Englandaufenthalt dachte er erneut ans Heiraten und verfasste im Mai 1895 ein neues Bittschreiben: *„Geehrter Herr Inspektor! [...] Schon seit Jahren bin ich nun mit einer gläubigen Familie, der des Hrn. Hauptlehrer Schmidt, eines warmen Missionsfreundes hier, bekannt, und seit kurzem versichert worden, dass die älteste Tochter mir nach Afrika folgen würde. Fräulein Elisabeth Schmidt ist gesund, 24 Jahre alt, hat einen gediegenen christlichen Sinn und Charakter, gute Bildung, Erfahrung in der Haushaltung, und nach allem was ich gehört und gesehen, bin ich überzeugt, dass sie eine tüchtige Missionsfrau werden wird. Erlaube mir daher die ergebenste Bitte, diese Sache dem Comite vorzulegen, und mir gestatten zu wollen, dass ich diese Verbindung eingehe."* (5)

In seinen Erinnerungen vermerkte er: *„Man riet mir zu Elise Schmidt, die derzeit in Graz als Stütze der Hausfrau war [...] Sie kam kurz darauf zurück, und bald fand sich das Herz zum Herzen."* (1)

Elisabeth Kölle, geb. Schmidt

Über Christians zweite Frau Elisabeth, genannt Elise, ist schriftlich leider wenig überliefert. Ihre jüngere Schwester Sophie berichtete über ihre und Elises Kinderjahre in ihren nicht veröffentlichten Lebenserinnerungen, auf die ich mich mit Fakten und Zitaten stützen werde (8).

Elise wurde am 14. Mai 1871 als älteste Tochter von sechs Kindern des Hauptlehrers und Schulverwalters Johann Jakob (genannt „JJ") Schmidt (1845–1918) in der Rastätter Festung geboren. Ihre Mutter Katharina Burkhardt (1845–1890) wohnte mit den Eltern in einer Lehrerwohnung im Rastatter Schloss, das damals unter anderem die Kommandantur der Festung beherbergte, und arbeitete als Haushaltslehrling in der Festung. Während des Krieges 1870/71 war die Festung Sammelpunkt süddeutscher Truppen und später Gefangenenlager für 10. 000 französische Kriegsgefangene. Die Mutter Katharina war bekannt für ihren Mutterwitz, der Vater „JJ" war sehr fromm, aktiv in der Altpietistischen Gemeinschaft und arbeitete als Lehrer in Rastatt, Kandern und Schopfheim, zuletzt als Rektor in Pforzheim. Über ihn wurde erzählt, dass er viel Geduld mit Kindern hatte, er war musisch begabt, schrieb Gedichte, malte und spielte Klavier und Orgel. Elise und ihren Geschwistern wurde von ihren Eltern viel Liebe und Fürsorge entgegengebracht. Allerdings wurden sie auch, wie dies in jener Zeit üblich war, mit der Rute bestraft, wenn das als nötig erachtet wurde.

Elise fand viele Freundinnen, mit denen sie sich gern verkleidete und in andere Rollen schlüpfte „*Niemand konnte sich so schöne Spiele ausdenken wie Elise. So fühlte sich auch jede ihrer Spielkameradinnen glücklich, wenn sie zu ihr kommen durften*", schrieb Sophie. Als Elise siebenjährig auf Geheiß der Mutter auf die drei Jahre jüngere Sophie aufpassen sollte, teilte sie dem lästigen Schreihals beim Mutter-Kind-Spiel die Rolle des Babys zu, dann wurde sie auf ein Kissen gelegt und mit dem Schnuller ruhiggestellt.
In der Kindheit erkrankte Elise an „Nervenfieber". Früher bezeichnete man damit die Salmonellenerkrankung Typhus, weil Bewusstseinstrübungen und Kopfschmerzen auftraten neben wochenlangem hohem Fieber, Bauch- und Herzsymptomen. Über lange Zeit musste sie isoliert werden. Der Arzt sorgte persönlich für eine Krankenschwester, die tagsüber die Pflege übernahm, während nachts abwechselnd Vater oder Mutter über ihre Tochter wachten. Groß war die Erleichterung, als sie, wenn auch abgemagert und noch bleich im Gesicht, die Krankheit überstanden hatte.

Elise lernte eifrig und war eine gute Schülerin. Ein besonderer Tag im Jahr war immer der Schulausflug; die oberen Klassen durften zur Hassler Höhle, die jüngeren gingen zur nahegelegenen romantischen Burgruine. In Reih und Glied marschierten die Schüler, vorneweg zwei Trommler und ein Fahnenträger in der Mitte, dann folgten erst die Jungs und anschließend die Mädels. Mit dem Lied „Wer will unter die Soldaten" marschierten die Ausflügler durchs Städtchen.

Wer will unter die Soldaten,
der muss haben ein Gewehr,
das muss er mit Pulver laden
und mit einer Kugel schwer.
Büblein, wirst du ein Rekrut,
merk dir dieses Liedlein gut!
Pferdchen munter, immer munter,
lauf Galopp, hopp, hopp, hopp!

Als Elise elf war, ließ sich der Vater nach Pforzheim versetzen, wo die Kinder bessere Schulen besuchen konnten. Wegen
ihrer alemannischen Aussprache wurde sie in der neuen Klasse erst einmal ausgelacht, doch mit der Zeit fand sie wieder
Freundinnen. Sie war eine begeisterte Leserin, und *„ihr größ-*
ter Kummer war, wenn sie ihre Lernbücher zumachen mus-
ste". Mit ihrem *„stillen, feinen Wesen"* war Elise allseits beliebt.

„Weltliche Vergnügungen" wie beispielsweise das Tanzen
waren in der pietistischen Familie nicht erwünscht. Stattdessen unternahm der Vater mit der Familie viele Wanderungen in den Schwarzwald und lehrte seine Kinder, die Natur
zu lieben. Man sammelte Bucheckern oder Brombeeren für
die Marmelade, besuchte das Kloster Maulbronn, und die
Kinder streiften auch gern ohne den Vater durch Felder und
Wälder. Abends gab es Hausmusik, die Kinder sangen und
der Vater begleitete sie dazu am Klavier. Elise hatte, wie sich
Sophie erinnerte, eine wunderbare Stimme.

Im Winter saß die Familie gern am Kachelofen, und Sophies
Mutter erzählte Geschichten über die badische Revolution
1848/49 und davon, wie sie als kleines Mädchen mit den
Dorfkindern gesungen hatte: *Hecker, Struve, Robert Blum:*

kommt und bringt die Preußen um!
Friedrich Hecker und Gustav Struve waren revolutionäre
Führer, die sich mit ihren Freischärlern Gefechte mit der preu-
ßischen und der großherzoglich-badischen Armee lieferten.
Ihre letzte Bastion war die Festung Rastatt, deren badische
Truppen sich nach einer Meuterei mit der revolutionären
Rastatter Bürgerwehr verbrüdert und der demokratisch ge-
wählten Regierung unterstellt hatten. Die Festung wurde am
23. Juli 1849 von den Preußen eingenommen – das Ende der
Revolution.
Oder sie erzählte davon, wie sie als junge Frau während des
Kriegs 1870/71 in der Festung Rastatt als Haushaltslehrling
gearbeitet und sich dort verlobt und unter Kanonendonner
geheiratet hatte. Als die französischen Gefangenen 1870 zur
Festung geführt und dort in Zelten untergebracht wurden,
hatten manche Rastatter ein Herz für sie, wie Sophie berichtete: *„Eine ganze Abteilung Turkos und Zuaven* [algerische
Soldaten der französischen Armee]*, schwarze Afrikaner, waren auch unter den Gefangenen. Manchen kamen die Tränen beim Anblick der Besiegten. Wie leicht hätte ein solches
Los die Deutschen treffen können! Für dieses Mal hatte Gott
es gnädig abgewandt. Aber womit hatten dies die einzelnen
verdient? Es gab doch bei den Franzosen ebenso tapfere Soldaten und fromme Leute wie bei den Deutschen."* (8, S. 94)
Da der Vater gut französisch sprach, sprachen ihn französische Offiziere mit ihren Anliegen an, und er konnte einige in
leeren Wohnungen der Festung unterbringen.

Nach ihrer Konfirmation musste Elise in der Strickschule
Nähstunden nehmen. Sie besuchte eine höhere Töchterschu-
le, hatte stets sehr gute Noten, in der Regel durchgängig die

Note 7 (entspricht heute der Note 1), und durfte gleich zwei Klassen überspringen, da der Vater sie bestens in Französisch unterrichtet hatte. Am liebsten wäre sie Lehrerin geworden. Sophie erinnert sich, der Vater habe ihrer Schwester diesen Wunsch verweigert mit der Begründung, dass alle Lehrerinnen an der Schwindsucht sterben würden. In jener Zeit war der Lehrerberuf für Frauen noch Neuland. So musste sie also auf ihren Berufswunsch verzichten und im Haushalt mithelfen. Ihre Mutter fand sie oft hinter einem Vorhang auf dem Boden sitzen und lesen, anstatt dass sie Staub abwischte.

Als ihr Bruder Karl Seminarist wurde, brachte er in den Ferien Freunde mit nach Hause, die musikalische und geistige Anregungen in die Familie brachten. Einer davon war Hermann, der eine herrliche Tenorstimme hatte und mit ihr singend die Hauskonzerte bereicherte. Er verliebte sich in Elise, und diese erwiderte seine Liebe. Der Vater hatte einer Verlobung zugestimmt, doch Hermanns Mutter lief Sturm: Niemals würde sie ihren Sohn die Tochter eines Pietisten heiraten lassen. Sie fühlte sich verbunden mit den Anschauungen ihres Bruders, der Pastor im Bremer Dom war und liberale Ansichten hatte – Christenzwist! Alle Vermittlungsversuche seitens Elises Eltern blieben ergebnislos, die Liebe musste schlussendlich begraben werden.

Mit 17 kam Elise als Zimmermädchen in eine fromme Familie. Nach einem Jahr musste sie zurück nach Hause, da die schon länger an Schwindsucht (Tuberkulose) erkrankte Mutter immer hinfälliger wurde. Mit 44 Jahren erwartete diese noch ein Kind. Als im Winter 1889/90 die Influenza sich ausbreitete, starb sie 14 Tage nach der Geburt der kleinen Käthe, die dann neun Monate später an einer schweren

Sommerdiarrhoe ebenfalls verstarb. Elise erklärte sich bereit, auf eine Heirat zu verzichten und dem Vater den Haushalt zu führen, doch der Vater wollte dieses Opfer nicht. Später heiratete der Vater wieder, aber den Kindern fiel es schwer, sich in die neue Situation einzufinden.

Von li.: vorne Elise und Sophie, hinten Christian und sein Bruder Immanuel, ca. 1895; Familienarchiv

Elise ging als Kindermädchen nach Graz, wo ihr Bruder Karl als Hauslehrer in der Familie eines Evangelisten tätig war, der mit ihrem Vater befreundet war. Sie lernte dort die Haushaltsführung, das Kochen und das Backen der feinen österreichischen Küche, was ihr später im großen Haushalt auf der Goldküste sehr zugute kam.

In Graz erreichte sie 1895 die Anfrage des Missionars Christian Kölle, ob sie seine Frau werden wolle. Er war gerade als junger Witwer von der Goldküste in die Heimat zurückgekommen. Nach der Erinnerung von Sophie war es Christians Schwester Marie, die ihn auf Elisabeth aufmerksam gemacht hatte. Die pietistischen Kreise in Pforzheim, wo die Eltern von Christian und von Elise lebten, waren gut miteinander vernetzt, so dass man sich unter den Familien über potentielle Heiratskandidaten und -kandidatinnen austauschte und Ehen anzubahnen versuchte.

Da sie gut aussah, ein heiteres Gemüt und ein gewinnendes Wesen besaß, kamen die beiden schnell zusammen: *„Bald fand sich das Herz zum Herzen."*, erinnerte sich Christian. Nachdem sie ihn näher kennengelernt hatte, willigte sie in die Ehe mit ihm ein. Sie verlobten sich an ihrem 24. Geburtstag, und am 22. August 1895 fand in Pforzheim die Heirat statt. Die Hochzeitsreise führte sie ins 11 km entfernte Neuenbürg (Schwarzwald). Auch wenn es Elise schwer fiel, von Heimat und Freundinnen Abschied zu nehmen, trat das frischvermählte Paar bald danach die Schiffsreise nach Accra an.

Elises Schwester Sophie heiratete den Missionar Karl Spiess aus Bremen und arbeitete später als Missionsschwester in Togo mit ihrem Mann, der dort Missionsinspektor der Bremer Mission wurde. Das Paar besuchte Christian und Elise mehrmals im Nachbarland Goldküste, und es gab immer wieder eine große Wiedersehensfreude.

Rückblickend auf seine Zeit mit Elise sprach Christian von einer harmonischen Ehe. Was er darunter verstand, hat er in Versen festgehalten. Das Idealbild einer emanzipierten, autonomen, selbstbewussten und selbstständigen Frau sucht man dort vergebens.

Tischlied
Melodie: Ein getreues Herz zu wissen

„Eine Frau sein eigen nennen
ist des Mannes Glück fürwahr
wer wollt das nicht anerkennen
war es doch schon Adam klar
nur muss es die rechte sein
die „Gehilfin" ists allein.

Sie sucht darin ihre Ehre
was ihm Herz und Sinn erhebt
Leib und Seele wohl ernähre
Aug und Geist erfreut, belebt
solch ein Heim ist Goldes wert
ein Stück Himmel schon auf Erd!

Und ein edler Mann wird sagen
auch die Frau soll glücklich sein!
Wird sie auf den Händen tragen
zart bestrebt, sie zu erfreun
ehren sie durch Wort und Tat
als sein bester Kamerad.

Wo so beide sind beflissen
sich dem Liebesdienst zu weihn
wird man Gott im Bund nicht missen
Lieb ist Gottes Widerschein

reicher Segen bleibt nicht aus
wo die ewge Lieb zuhaus." (9)

In ihrem Elternhaus hatte Elise gelernt, sich dem Vater unterzuordnen, eigene Wünsche zurückzustellen und dem künftigen Mann dienende Gehilfin zu sein. Sie wuchs in einer patriarchalen Zeit heran, in der es für Frauen der Mittelschicht
keine freie Berufswahl gab, Frauen sich nicht politisch frei
betätigen konnten und kein Wahlrecht besaßen, das in
Deutschland erst nach der Novemberrevolution von 1918
eingeführt wurde.

Elise und Christian, ca. 1909; Familienarchiv

Kinder der zweiten Ehe

Zehn Monate nach der Hochzeit wurde Christian und Elise 1896 in Odumase der Sohn **Theodor** („Gottesgeschenk") geboren (siehe Stammbaum 2). Nach einem halben Jahr trat bei ihm ein plötzlicher Entwicklungsstillstand ein. Die Eltern mutmaßten, er sei an Meningitis erkrankt oder ein leichtfertiges Kindermädchen habe das Kind womöglich fallen lassen oder es zu lang der tropischen Sonne ausgesetzt. Im Alter von zwei Jahren – Theodor konnte zu dieser Zeit noch nicht laufen – nahmen ihn 1898 Missionsbrüder mit nach Deutschland. Er kam dort bei Missionsfreunden unter und wuchs später zusammen mit der älteren Halbschwester Lina bei Christians Schwester Marie auf.

1899 „*erhielten wir Ersatz durch die kleine **Gertrud**, sie brachte viel Freude ins Haus*", erzählte der stolze Vater (1). An ihrer Tauffeier nahm sogar Nene Emmanuel Mate Kole, der König der Manya Krobo, teil und brachte ein Schaf als Gastgeschenk. Nach dem Heimaturlaub 1900/01, in dem die Eltern die „Schwere in den Gliedern" von der Malaria im Berner Oberland kurierten, wurde die noch nicht Zweijährige 1901 ebenfalls bei Tante Marie zurückgelassen, was die Mutter schmerzte, weil sie sich von ihrem Kind für lange Zeit trennen musste. In der Familie wurde erzählt, die Eltern hätten ihre Kinder vor Tropenkrankheiten schützen und ihnen eine europäische Schulbildung ermöglichen wollen.

Marie Käser, geb. Kölle (1861–1946) war die ältere Schwester von Christian, die den Bruder von Christians erster Frau Lina geheiratet hatte. Dieser war homosexuell und von seinen pietistischen Eltern zur Heirat gedrängt worden, da sich diese durch die Heirat „Heilung" erhofften. Diesem „Heilungsversuch" widersetzte sich der junge Mann, indem er Marie kurz nach der Hochzeit verließ und für immer in Amerika verschwand. Marie verdiente danach durch Kinderbetreuung ihren Lebensunterhalt.

Theodor und Gertrud erinnerten sich später liebevoll an ihre Ziehmutter, die sich tagsüber Zeit zum Spielen und für Ausflüge mit ihnen nahm und abends den Haushalt erledigte. Später arbeitete sie als Hausmutter in der höheren Handelsschule in Calw.

1902 wurde **Emma** geboren, ein *„zartes hübsches Wesen"*, wie Christian notierte, das von den einheimischen Hausmädchen fließend Ga sprechen lernte. Sie liebte die Tiere und bekam von ihrem Patenonkel Paul Hühner und ein Äffchen geschenkt. Nachts machte ihr das Gebrüll des Ochsenfroschs Angst, bis sie der Vater mit einer Laterne in den Garten mitnahm, um den Frosch „zu begrüßen". Von da an schlief sie beim Froschkonzert mit den Worten „Gute Nacht, Fröschle" ruhig ein.

1904 folgte **Hedwig** als fünftes Kind. Während des Heimataufenthalts 1906–08 wohnten alle Kinder mit den Eltern zusammen in Calw. Vor der Ausreise nach Afrika wurden die drei Mädchen im Missionskinderheim in Basel untergebracht. Dies war ein schwerer Einschnitt vor allem für Hedwig, die damals gerade dreieinhalb Jahre alt war. Da das Aufnahmealter bei sechs Jahren lag, argumentierte Christian der Heimleitung gegenüber: Entweder nehmt ihr alle drei oder gar keins der Kinder. Sie nahmen alle, und es sollte sechs Jahre dauern, bis sie ihre Eltern wiedersahen.

Von li.: Lina, Theodor, Gertrud, Emma und Hedwig; 1908; Familienarchiv

Hedwig erzählte später etwas über die Hausregeln im Kinderheim: Was auf den Tisch kommt, wird gegessen, und der Teller ist leerzuessen. Falls doch etwas übrig blieb, kam das Essen so oft wieder aus der Küchenklappe, bis es aufgegessen war; der Nachtisch wurde selbstverständlich so lange erst einmal ausgesetzt. Die schönen „Kleidle", die die Eltern aus Afrika schickten, verschwanden wieder auf dem Speicher, nachdem sie zum Fototermin getragen werden durften. Der Aufenthalt im Kinderheim führte zu einer Entfremdung von den Eltern, und als diese zum Heimaturlaub kamen, waren sie für die Kinder fremde Leute. Aus eigener Erfahrung äußerte Emma später, zur Haltung ihrer Eltern: *„Es wäre besser gewesen, keine Kinder zu bekommen, als seinen Kindern das anzutun!"* Sie selbst blieb jedenfalls ledig und kinderlos.

Als die Eltern 1908 auf die Goldküste zurückkehrten, wurde ihnen noch im selben Jahr die kleine **Ruth** geboren. Sie konnte bis zur Heimatreise 1914 und danach noch zwei Jahre in Emmishofen bei den Eltern bleiben. Sie erinnerte sich gerne an ihre afrikanische Heimat, in der sie als Kind einen kleinen Affen, eine dreibeinige Antilope und einen Hund als Spielgesellen hatte. 1916 kam sie achtjährig für drei Jahre ins Missionskinderhaus und lebte danach wieder im Haushalt der Eltern. Nur **Adolf** (geboren 1911) wuchs bis zum allzu frühen Tod seiner Mutter 1920 ganz bei den Eltern auf.

Was in Christian als Vater vorging, als er wiederholt seine Kinder in die Obhut seiner Schwester Marie oder ins Missionskinderheim abgab, ist nicht überliefert. In seiner eigenen Kindheit und Jugend hatte er die Gemeinschaft seiner vielen Geschwister in einer intakten Familie erlebt und darin wohl auch emotionale Geborgenheit gefunden. Auf der Schiffsreise, die ihn 1909 ohne Familie zur Blinddarmoperation nach Deutschland brachte, flossen seine liebevollen Gefühle zu seiner Frau und der kleinen Ruth in ein Gedicht mit dem Titel

„Allein":

„Ich weiß einen Schatz, der die Schätze der Welt,

die edelsten, besten in Schatten stellt.
Gott gebe, dass stets mir's erhalten bleib
Mein Glück, meine Krone, mein treues <u>Weib.</u>

Ich weiß eine Knospe, so lieblich erblüht
Ihr Anblick erfreut mir stets Herz und Gemüt
oh himmlischer Gärtner, so mild und lind
Pfleg treulich dies Blümchen, mein liebes <u>Kind</u>."
(9, Hervorhebungen im Original)

Ein Foto vor dem Missionshaus in Abokobi zeigt Christian und Elise, beide sitzend vor vier einheimischen Frauen und zwei einheimischen Jugendlichen, die vielleicht zum Hausstand gehörten. Die Eltern schauen lächelnd und stolz auf die kleine Emma hinab, die als vielleicht Dreijährige im weißen Kleidchen mit strahlendem Lächeln ganz im Mittelpunkt steht. Betrachtet man sich dieses Foto, kann man vermuten, es sei Christian wahrscheinlich nicht leicht gefallen, die Kinder ins Missionshaus zu geben, aber er hatte die Basler Regel verinnerlicht, dass der Dienst an Christus Vorrang vor dem privaten Glück hat. Den dadurch ausgelösten inneren Widerstreit mag er dadurch für sich gelöst haben, dass er sich mit dem Gedanken tröstete, seine Kinder seien in der Heimat besser aufgehoben, vor Malaria und anderen Krankheiten sicher, und könnten dort eine bessere Schulbildung bekommen. Die Entscheidung, die Kinder immer wieder für längere Zeit fortzugeben, ist positiv gesehen als Ausdruck seines hohen Idealismus zu verstehen, d. h. seiner Bereitschaft, sich mit großem persönlichen Einsatz in den Dienst einer höheren Sache zu stellen und dafür die eigenen Bedürfnisse zurückzustellen. Kritisch betrachtet könnte man sagen, seine Ideologie verstellte ihm die empathische Wahrnehmung der Gefühle seiner Kinder. In seiner Begeisterung für diese „höhere Idee" nahm er vielleicht nicht wahr, dass er vor allem auch den Kindern ein großes Opfer abverlangte, die familiäre Geborgenheit gebraucht hätten, stattdessen sich aber seinem Lebensentwurf unterordnen mussten und dabei keine Wahl hatten; hier war Christian ganz und gar „Patriarch". Er war dem Erziehungsstil seiner Zeit verpflichtet, seine Tochter Ruth berichtete, dass er auch Schläge als Strafe und Mittel zur Erziehung seiner Kinder einsetzte.

Freudige Eltern mit Emma; ca.1904; Familienarchiv

Ruth erzählte über ihre Mutter Elise, wie sehr deren Mutterherz litt, wenn sie eins oder mehrere der Kinder in Europa zurücklassen musste, wie sehr sie in Gedanken und Gefühlen bei ihnen im fernen Basel war und welch großes Heimweh nach ihnen sie immer wieder spürte. Ihre ganze Liebe konnte sie umso mehr den beiden jüngsten Kindern, Ruth und Adolf, widmen, die die meiste Zeit bei den Eltern aufwachsen durften.

Missionskinderhaus

Die Journalistin Ulrike Kägi resümiert im *„Kirchenboten für den Kanton Zürich"* vom 2. Februar 1990, dass das 1952 geschlossene Missionskinderhaus *„vielleicht das problematischste Kapitel in der Geschichte der Basler Mission"* gewesen sei; so liest man in einem Rundbrief ehemaliger Missionshauskinder (10). Darin wurde die Pädagogik des Missionskinderhauses als *„pietistisch streng"* beschrieben. Als Erwachsene berichteten einige ehemalige „Zöglinge" über seelische Verletzungen, die ihnen als Kinder zugefügt wurden:

„Ich war gerade drei Jahre alt, als meine Eltern erneut ausreisen mussten, ohne Kinder. Meine ältere Schwester kam zu den großen Mädchen, mein Bruder zu den Buben und ich zu den Kleinen. Außer an Weihnachten und an Geburtstagen war ein gegenseitiger Kontakt kaum möglich [...]. Meine Eltern waren total überfordert, erhielten sie doch aus dem Kinderhaus drei milieugeschädigte Kinder zurück. Ich war unterernährt, Bettnässerin, Daumenlutscherin, staggelte [stotterte] *und lispelte."* (Luise F., Name geändert)

„Um 12:30 Uhr war Mittagessen, doch auch da saß man getrennt. Kaum jemals hatte man Gelegenheit, sich mit den Geschwistern zu verständigen, und ging man mal den Bruder aufsuchen, so hieß es: du hast hier bei dem Buben nichts suchen [...]. Nach der Schule war bis 5:00 Uhr Ves-

69

perpause, anschließend 1 Stunde Aufgaben. Wehe wenn da geschwätzt wurde, schon war die Älteste bereit, uns eine Strafe zu erteilen, denn sie hatte die Pflicht, neben dem Fräulein uns zu überwachen." (Maria E.)

Es gab aber auch positive Rückblicke: *„Dass wir nicht immer glücklich waren, wissen wir, aber alle die positiven und negativen Erlebnisse haben uns Kinder zu einer tragenden Gemeinschaft zusammengeschmiedet, die uns geholfen hat, diese elternlose Zeit zu überstehen"* (Hilde H.).

„Rückblickend muss ich sagen, für mich war es eine gute Zeit. Mit Höhen und Tiefen." (Dorothee H.)

Anneliese K. berichtete: *„Mein Blumenstrauß ist gebunden: viele helle Blumen – viele dunkle Blätter. Das Helle überwiegt zum Glück."* (alle Zitate aus 10)

Missionskinderhaus ca. 1940; Familienarchiv

Auch Hermann Hesse verbrachte 1884 als Sechsjähriger viereinhalb Monate im Basler Missionskinderhaus. Sein Vater Johannes Hesse war Basler Missionar in Indien und wurde 1881 als Herausgeber des Missionsmagazins nach Basel berufen, wo die vorher in Calw ansässige Familie dann fünf Jahre lebte. Bereits Hesses Mutter Marie, eine Tochter des Indien-Missionars Gundert, wurde als Vierjährige von den Eltern einem Basler Missionsfreund übergeben, als diese wieder nach Indien ausreisten. Als sie selbst Mutter war, schrieb sie über den vierjährigen Hermann: *„Der Bursche hat ein Leben, eine Riesenstärke, einen mächtigen Willen, und wirklich auch eine Art ganz erstaunlichen Verstand für seine vier Jahre. Wo will's hinaus? Es zehrt mir ordentlich am Leben, dieses innere Kämpfen gegen seinen hohen Tyrannengeist, sein leidenschaftliches Stürmen und Drängen."* (11, S. 15) Vater Johannes schrieb im November 1883: *„Hermann, der im Knabenhaus fast für ein Tugendmuster gilt, ist zuweilen kaum zu haben. So demütigend es für uns wäre, ich besinne mich doch ernstlich, ob wir ihn nicht in eine Anstalt oder in ein fremdes Haus geben sollten. Wir sind zu nervös, zu schwach für ihn, das ganze Hauswesen nicht genug diszipliniert und regelmäßig."* (12, S. 231) So kam Hermann ins Basler Missionskinderhaus, und nach dieser Zeit schrieb Marie Hesse in ihr Tagebuch: *„Er hielt sich dort brav, aber bleich und mager und gedrückt kam er heim. Die Nachwirkung war entschieden eine gute und heilsame. Er ist jetzt viel leichter zu behandeln."* (10) Hier fragt man sich heute unwillkürlich: heilsam für wen?

Natürlich gab es wie überall und zu jeder Zeit solche und solche Erzieherinnen. Eine von ihnen schrieb über ihre Zeit als Erzieherin auf der Bubenabteilung von 1943–45. Es ist Veronika Meister, die später Christians Jüngsten, den Missionar Adolf Kölle, heiratete. *„Kinderhauszeit – glückliche Jahre für mich. Ich hatte anfangs für 12 Buben in ganz verschiedenem Alter Erzieherin zu sein, sah mich aber vor allem als Ersatzmutter. Viele der Kinder litten doch sehr unter dem jahrelangen Getrenntsein von den Eltern. Durch die Kriegszeit dehnte sich für manche die Trennung über acht, ja in einzelnen Fällen bis zu 10 Jahre aus [...]. Einige ‚meiner' Kinder sind bis heute anhänglich an mich geblieben, auch von der Mädchenabteilung."* (13)

Religion und Rituale im Krobo-Land

Zurück zum „Missionsfeld". Auf der Goldküste widmete sich Christian mit Eifer seinem Auftrag, die christliche Botschaft zu verbreiten. Bei seiner Missionierungsarbeit in den Dörfern rund um Odumase, wo er ab Juli 1891 stationiert war, kam er intensiv in Kontakt mit Religion und Ritualen der Krobo. Über seine ersten Erfahrungen berichtete er an die Basler Zentrale:

„Nacht deckt weithin noch das Land. Wäre mir das nicht schon vorher klar gewesen, so hätte der erste Rundgang durch die umliegenden Dörfer genügt, mich davon zu überzeugen. Nirgends habe ich die Leute so in Aberglauben, Zauberei, Fetischismus und Sünde verstrickt und geknechtet gefunden als gerade hier. An einem Vormittag kamen wir auf unseren Besuchen mit nicht weniger als fünf bedeutenden Fetischpriestern zusammen, in deren verschiedenen Häusern und Hütten eine Menge blutbespritzter Fetische und hässlicher Götzen aufgestellt waren, während an den Wänden zahlreiche Schädel, heilige Schnüre, Amulette etc. hingen. Selbstverständlich wurde diesen Verführern und Betrügern, die sich ihrer versuchten [eventuell soll es heißen: verruchten] *Thaten wohl bewusst sind, auch ein rechtes Wort gesagt, was sie aber meist uns mit einem finsteren Blick oder Hohnlachen erwiderten."* (14)

„Fetischpriester in seinem Beruf" (Originaltitel); BMA D-30.23.003, ca. 1900

Dieser Bericht ist bezeichnend für Christians Haltung zur Religion der lokalen Bevölkerung. Schon im ersten Satz (*„wäre mir das nicht schon vorher klar gewesen"*) teilt er uns mit, dass er seine Urteile bereits vorher in Europa gefällt hatte. Diese „Vor-Urteile" im Wortsinne fand er dann in der durch die Missionsbrille betrachteten Realität bestätigt. Die verwendeten Begriffe wie Aberglaube, Zauberei, Götzen usw. entsprechen der damals üblichen rassistischen Abwertung afrikanischer Religionen. Die Priester werden als Betrüger und Verführer hingestellt, Götterfiguren und Ritualobjekte, denen eine spirituelle Kraft innewohnte, wurden in diesem Sprachgebrauch als „Fetische" bezeichnet, die mit dem Vergießen von Blut und Menschenopfern in Verbindung gebracht wurden. Es lag im natürlichen Interesse der Mission, afrikanische Religionen als „Reich der Finsternis" zu verteufeln, in das man das heilspendende christliche Licht bringen musste:

„Der ‚Fetischismus‘ wurde in der kolonialeuropäischen Perspektive auf Afrika zu einem grundlegenden Indikator für angebliche Rückständigkeit, Naivität, Barbarismus, Blutgier und Fatalismus afrikanischer Gesellschaften, der zudem in der Hand betrügerischer Priester_innen und Despot_innen gelegen hätte, die als regelrechte Inkarnation des Bösen den Aberglauben der Afrikaner_innen schüren und für ihre eigenen Machtansprüche ausnutzen würden. Als Synonym für afrikanische Religion an sich erschien den Europäer_innen der ‚Fetischismus‘ somit als letzte Zuflucht afrikanischer Auflehnung, die sich einer ‚zivilisatorischen‘ Missionierung entgegenstellte. Die Abstrakta ‚Fetisch‘ und ‚Fetischismus‘ waren in der kolonialen Konstruktion des Anderen ausschließlich außereuropäischen Kontexten zugeordnet und dienten somit einer begrifflichen Segregation der Kolonien von den europäischen Metropolen. In der Analyse europäischer Religionsgeschichte wurden vergleichbare Erscheinungen einer kultischen Verehrung wirkmächtiger Objekte, wie Reliquien, Heiligenbilder, Talismane und Glücksbringer, nicht mit dem Konzept des ‚Fetischismus‘ in Verbindung gebracht.“ (15, S. 636, Hervorhebung im Original)

Hauptangriffsziel auf dem Missionsfeld waren die einheimischen Priester. Darüber schrieb Christian immer wieder in seinen Quartalsberichten nach Basel, seinen Aufzeichnungen „Sitten und Gebräuche“ im Kroboland, „Von Gott, Fetischen, Sünde und Jenseits im Ga-Gebiet“ und in der Erzählung „Der Kopfjäger und sein Sohn“. In diese Abhandlungen flossen neben den in der Basler Ausbildung vermittelten Vorurteilen eigene Beobachtungen ein, die genau mit dieser Vorurteilsbrille vorgenommen wurden, hinzu kamen von ihm wiedergegebene Erzählungen der Einheimischen und Aufsätze von Missionsschülern, die sich mit sog. „Volksbräuchen" befassten. Insofern sind all seine Berichte über die Krobo mit kritischer Distanz zu lesen.

Durch Christians Brille gesehen ergab sich folgendes Bild: Die Krobo glaubten an den Schöpfergott Mawu oder Oboade, der Himmel und Erde und die Geister (Gottheiten) geschaffen hatte. Der allmächtige Gott wurde als geistiges Wesen verstanden, das in der Luft wohnt, also überall anwesend ist und sich in Blitz, Donner, Wind und Regen manifestiert. Der Himmel wurde als Gesicht Gottes verstanden. Auch glaubten die Krobo an das Fortleben der Seele nach dem Tod. Beim Tod eines Königs sollen früher angeblich auch Menschen, meist „Sklaven", geopfert worden sein, die ihm in der anderen Welt dienen sollten. Die Ahnen erschienen den Nachfahren (wohl wenn diese sich irgendwelcher Vergehen schuldig gemacht hatten) manchmal als böse Geister oder konnten in einem Sohn oder Enkel wiederkehren, der dann entsprechende Ähnlichkeiten im Aussehen und/oder Charakter zeigte.

Der Schöpfergott, dessen Name im Gebet mit Ehrfurcht ausgesprochen wurde, spielte im alltäglichen Leben der Krobo keine große Rolle. Es handelte sich hier wohl um einen „deus otiosus" (untätigen Gott), der sich nach der Erschaffung der Welt in die Wolken zurückgezogen hatte, nachdem die Menschen ihn erzürnt hatten, aber noch auf sie herabschaute, ohne in die Entwicklung seiner Schöpfung einzugreifen. Die Sorge für die Welt und die Menschen hatte er stattdessen den Ahnen und den erwähnten Geistwesen („Geistern"/„Gottheiten") übertragen, die durch Bildnisse

(im damaligen abwertenden Sprachgebrauch: „Fetische") re-
präsentiert wurden und unter denen es gute wie böse, starke und schwache, große und kleine, männliche und weibliche gab. Ein Verstoß gegen ihre Gebote oder Verbote galt
als Sünde, so dass sie mithilfe von Opfergaben, durch Geld-
beträge oder, wenn die Mittel fehlten, durch die „Verpfän-
dung" von Menschen versöhnt werden mussten (was man
sich unter Letzterem vorzustellen hat, bleibt unklar, vielleicht ging es um eine Zeit, in der sie einen Geldbetrag abarbeiten mussten).

An diese Geistwesen wandte sich der Mensch in allen Lebens-
lagen und versuchte sie günstig zu stimmen, so beispielsweise bei Krankheit, Kinderwunsch oder ausbleibendem Regen. Der Priester oder die Priesterin der Geistwesen/Gotthei-
ten galten als deren Mund und Vermittlerin. Sie teilten den
Menschen mit, was zu tun sei, um die betreffende Gottheit
freundlich zu stimmen, ob etwa ein Schaf oder ein Huhn
geopfert werden musste. Einen Teil der Opfergaben, die der
jeweiligen Gottheit vor dem Ritualbild dargebracht wurden, verzehrte der Priester. In manchen Fällen soll der Priester zur Besänftigung der Gottheit auch ein heiratsfähiges
Mädchen verlangt haben, das er sich dann zur Frau nahm.
In diesem Zusammenhang gab Christian den Fall eines Säug-
lings mit Gedeihstörungen wieder. Es ist davon auszugehen,
dass er hier eine Erzählung wiederholt, die er gehört hatte.
Der erste Priester habe Opfer verlangt, die keine Wende
brachten. Als das Kind zwei Jahre alt war und sich sein
Zustand immer noch nicht verbessert hatte, brachte man
es zu einem anderen Priester. Dieser habe es in einem Teich
ertränkt und dann erzählt, das Kind habe sich in der Nähe
des Teiches in ein Tier verwandelt und sei ins Wasser ge-

sprungen. Ob es sich hier um eine wahre Begebenheit in unserem Sinne, eine Erzählung über eine mythische Vergangenheit oder um eine Schauergeschichte handelt, die gewisse Krobo Christian erzählten, weil sie Groll gegen einen bestimmten Priester oder dessen Familie hegten oder sich Christian gegenüber als brave Christen ausweisen wollten, die mit der „heidnischen Vergangenheit" gebrochen haben, kann im Nachhinein nicht mehr geklärt werden.

Der Krobo-Berg; BMA QD-30.003.0004

Das ursprüngliche Siedlungs- sowie spirituelle und sakrale Zentrum der Krobo war der majestätische, weithin sichtbar aus der Ebene herausragende Krobo-Berg. Veit Arlt, Historiker an der Universität Basel, forschte über die Rituale der Krobo und die Bedeutung, die dieser Berg früher für die Krobo hatte (18). Auf der Höhe des Berges lagen die Städte Yilo und Manya, die aus großen, zum Teil zwei- bis dreistöckigen Steinhäusern bestanden, die bis zu 30 Räume hatten. Diese Häuser dienten auch als Begräbnisstätten, hier wurden bevorzugt männliche Familienoberhäupter, die älteren

Frauen des Haushalts, Chiefs und Priester unter dem Haus beerdigt, zum Beispiel in Grabkammern unter einem Schlafraum (18, S. 99). Auf dem Berg wohnten Priester und Priesterinnen von zahlreichen Heiligtümern verschiedener Gottheiten und die Oberpriesterin der Nana Kloweki, außerdem die Mädchen, die auf ihre Initiationsfeier vorbereitet wurden. Ein vierköpfiger Priesterrat fällte religiöse und politische Entscheidungen. Hier auf der Höhe wurden außer Begräbnissen viele Rituale und Feiern durchgeführt, beispielsweise im Zusammenhang mit den Kriegsgottheiten oder der Initiation der Mädchen. Zu diesen Anlässen strömten große Menschenmengen auf den Berg.

Außerdem war der Berg Flucht- und Rückzugsort für die Bevölkerung bei Angriffen feindlicher Gruppen und Verteidigungslinie der Krieger. Hier konnten 500 Krobo-Krieger zu Beginn des 18. Jahrhunderts einem Angriff von 3000 Asante-Kriegern standhalten, indem sie Felsblöcke vom Berg herabrollten. Mit der gleichen Taktik konnten sie einen Angriff dänischer Kolonialtruppen und ihrer Verbündeten 1836 abwehren (18, S. 80).

Europäern wurde der Zugang zum Krobo-Berg großenteils verwehrt, so dass es nur wenige Augenzeugen der heiligen Feste der Krobo gab. Die Ersten, die den Berg ersteigen und erkunden durften, waren ab 1830 Missionare der Basler Mission; englische Kolonialbeamte folgten erst nach der Gründung der Kronkolonie Goldküste 1874. Auch Christian konnte als junger Missionar kurz nach seiner Versetzung nach Odumase Augenzeuge der dipo-Riten auf dem ca. 15 km entfernten Krobo-Berg werden.

Unter dipo ist eine Reihe von Ritualen zu verstehen, die die jungen Mädchen im Rahmen ihrer Initiation zur Frau durchlaufen. Es wird auch heute noch in veränderter Form praktiziert. Früher und zu Christians Zeit wurde das dipo damit eingeleitet, dass die Initiantinnen sich für ein bis zwei Jahre auf dem Krobo-Berg in Seklusion begaben (sich also von der übrigen Gemeinschaft absonderten) und dort zusammenlebten. Währenddessen wurden sie in das Wissen der Gemeinschaft eingeführt, auf ihre zukünftige Rolle als Ehefrau vorbereitet und durchliefen verschiedene Übergangsriten. Den Berg durften sie während der ganzen Zeit nicht verlassen. Abgeschlossen wurde das dipo mit einer von der Gemeinschaft festlich begangenen Abschlusszeremonie.

Obwohl Christian die Seklusions- und Lehrzeit der Mädchen auf dem Berg nicht aus eigener Anschauung kannte, maßte er sich in seinem Bericht folgendes herablassende Urteil an: *„Auch ist es die Schule, in welcher die Mädchen in all die heidnischen Sünden und Laster eingeweiht und zum Fetischdienst fanatisiert werden."* (14) Seiner Meinung nach war dipo der Hauptgrund für die angebliche Immoralität der Krobo.

Christian nannte dipo nach der in Accra üblichen Bezeichnung „Otufo" und berichtete aufgrund von Erzählungen der Einheimischen über die Seklusionszeit der Mädchen: *„Der Kopf* [der Mädchen] *wurde geschoren und mit Rotstein eingerieben [...]. Jegliche Arbeit war verboten, dagegen musste für reichliche und gute Kost gesorgt werden. Das war Sache der Eltern, oder [...] des Bräutigams. Ihre Zeit brachten die Mädchen meist gemeinsam mit Tanz, Gesang und Erlernung der alten Volkslieder zu. Die Otufo-Priesterin führte sie in die Sitten und Gebräuche ihres Stammes und seiner Geschichte ein; auch wachte sie darüber, dass nur reines*

Adangme gesprochen wurde. *Zur Unterhaltung und Belehrung gab das alte Weib auch hie und da ein Märchen zum besten [...]. Auch traditionelles Handwerk wie Körbeflechten oder Töpferei konnten erlernt werden.*" (16, S. 13)

Initiationen wie bei den Krobo, in denen die jungen Menschen (hier die Mädchen) auf das Leben als Erwachsene vorbereitet und umfassend in die Traditionen und das Wissen ihrer Gesellschaft eingeführt wurden, waren einst in ganz Afrika weit verbreitet. Auch heute noch werden sie von etlichen Gruppen in mehr oder weniger abgewandelter Form weiter durchgeführt. Der nigerianische Musikethnologe und Komponist Akin Euba schrieb hierzu:

„Vor der Kolonialisierung gab es keine Schulen im heutigen Sinn [...]. Überall bestanden traditionelle Einrichtungen, in denen die Kinder mehrere Wochen oder Monate auf die Zeremonie der Initiation, also auf das Leben der Erwachsenen vorbereitet wurden. In der traditionellen afrikanischen Erziehung wurde in den meisten Fällen der Bildungsinhalt durch Künste weitergegeben, also vor allem durch Musik und Dichtung. Denn die Wertvorstellungen eines Volkes, das Weltbild eines Volkes, ist in den traditionellen heroischen Balladen enthalten, in den traditionellen Gesängen, in den Texten seiner Schauspiele. Wenn ich von <u>dramatischen Texten</u> spreche, dann denke ich an das afrikanische Sprechstück, das afrikanische Sprechdrama. Selbst die Musikinstrumente benützen solche <u>Texte</u>, nicht nur die Singstimme. Es gibt Texte und Worte, die nur der Trommelmusik zugrunde liegen, und diese Texte enthalten weltanschauliche Elemente kurz: das Weltbild des afrikanischen Volkes. Medikamente oder medizinische Anweisungen sind zum Bei-

spiel in Gesängen der Priester enthalten. Die Geschichte des Volkes wird in Legenden, in Liedtexten, in Balladen, in den Texten der Trommelmusik bewahrt. All dies zusammen stellt die sogenannte mündliche Tradition dar. Mit anderen Worten: die meisten Bildungsinhalte wurden durch mündliche Tradition weitergegeben." (19, S. 150, Hervorhebungen im Original)

Nach den Forschungen der Ethnologin Marijke Steegstra (20) war die Teilnahme jedes Krobo-Mädchens an der dipo-Initiation ein unerlässlicher Bestandteil auf dem Weg zur erwachsenen Frau und Voraussetzung für ein eigenes Sexualleben und die Heiratsfähigkeit. Das Ansehen eines Mädchens und damit dessen späterer Status als heiratsfähige Frau nahmen zu, je länger es in der Seklusion auf dem Berg blieb und sich auch nach dem „Pflichtprogramm" weiter „bilden" konnte. In dieser Hinsicht war das Mädchen auf die Unterstützung ihrer Familie bzw. Verwandtschaftsgruppe angewiesen, die es in jeder Hinsicht versorgen und zudem den Ausfall einer Arbeitskraft kompensieren mussten. Da zeitgleich mehrere Mädchen einer Verwandtschaftsgruppe initiiert wurden, war ein längerer Seklusionsaufenthalt und damit eine höhere „Bildung" ihrer Töchter nur möglich, wenn man sich wechselseitig unterstützte. Hier handelte es sich auch um eine Frage der Reputation, denn der dadurch erreichte Statusgewinn der Mädchen strahlte wieder auf deren Familie bzw. Verwandtschaftsgruppe zurück.

Durch das dipo – und nicht durch die Heirat – verwandelte sich ein Krobo-Mädchen in eine Frau und damit zu einem vollwertigen Mitglied der Krobo-Gesellschaft, mit all den Pflichten und Rechten, die damit verbunden waren. Vor der Initiation war den Mädchen jegliche sexuelle Aktivität streng untersagt und ein Verstoß dagegen mit Sanktionen verbunden. Die Seklusion auf dem Berg sollte sie auch in dieser Hinsicht vor entsprechenden Versuchungen bewahren.

War ein nicht-initiiertes Mädchen dennoch sexuell aktiv, wurde es aus der Gemeinschaft verstoßen und musste fortan in der Fremde leben. In manchen Fällen wurden solche Mädchen von einheimischen Christengemeinden aufgenommen. Inwiefern damit jede Brücke zur Gesellschaft der Krobo abgebrochen oder ob nicht doch nach Durchführung von Reinigungsriten eine Rückkehr möglich war – wie sie für viele afrikanische Gesellschaften im Falle von ähnlichen Verstößen belegt ist –, muss nach dem jetzigen Forschungsstand ungeklärt bleiben. Wir verfügen hinsichtlich der Geschichte der Krobo und ihrer vergangenen Kultur lediglich über kurze Momentaufnahmen aus kolonialer Perspektive. Nachdem ein Mädchen durch dipo initiiert worden war, wurde sie zur Frau, die über ihre Sexualität frei bestimmen konnte. Das heißt, sie konnte, auch ohne verheiratet zu sein, mit Männern sexuell verkehren. Es nimmt nicht wunder, dass eine solche sexuelle Praxis zum Konflikt mit den Moralvorstellungen der Missionare führte, die Sexualität allein im Institut der (bürgerlichen) Ehe gelebt wissen wollten. Manche Väter unter den Krobo, die keine oder nur wenige Söhne hatten, ermunterten ihre Töchter sogar zu vorehelichem Geschlechtsverkehr, weil die daraus hervorgehenden Söhne aufgrund der patrilinearen Abstammungsregel zur Familie des Vaters der Frau gehörten und nicht zur Familie des Kindesvaters. Man wünschte sich deshalb viele Söhne, weil sich die koloniale Plantagenwirtschaft mit ihrem Bedarf an männlichen Arbeitskräften immer mehr ausbreitete.

Deshalb war der wirtschaftliche Beitrag, den die Söhne unverheirateter Töchter zum Einkommen der Familie beitragen konnten, hochwillkommen (20, S. 204).

Das Ende der Seklusion der Mädchen auf dem Krobo-Berg wurde zeremoniell mit einem großen Abschlussfest, dem dipo-Fest, begangen. Während dieses Fests schmückten sich die Mädchen mit zahlreichen Ketten und trugen nur einen Lendenschurz. Erst nach dieser Zeremonie galten sie als erwachsene Frauen und verhüllten ihre Brüste.

Wohl wissend, dass den Mädchen sexuelle Aktivitäten vor dem dipo-Fest streng untersagt waren, schlossen manche Missionare aus der Tatsache, dass diese ihre Brüste in der Öffentlichkeit nicht verhüllten, auf ein unmoralisches Verhalten. So berichtete 1851 der Missionar Johannes Stanger, ein Onkel von Christian: *„Sie* [die Krobo] *beten wie alle Neger in dieser Region den Fetisch an. Aber ihr besonderes Merkmal besteht darin, dass sie immer eine Anzahl von Huren auf diesem Berg halten, die nicht heiraten dürfen. Der Fetisch, so sagen sie, habe sie für dieses sündige Leben bestimmt. Die Religion dieser Leute ist wirklich nichts anderes als eine Institution des Teufels, ein Deckmantel für alles Böse und alle Sünde, die an verschiedenen Orten verschiedene Formen annimmt.“* (18, S. 210, Rückübertragung der englischen Übersetzung ins Deutsche)

Diese Sicht der Dinge ist so grundfalsch, dass man als Ursache für derlei Hirngespinste vielleicht Projektionen männlicher sexueller Fantasien nach einer langen Phase der Enthaltsamkeit sehen kann. Die entblößten Brüste eines Mädchens waren eben kein Zeichen sexueller Enthemmtheit oder Ausschweifung, sondern im Gegenteil Ausdruck ihres noch kindlichen Status, während die Verhüllung der Brüste anzeigte, dass sie nun physisch und sozial zu einer vollwertigen Frau geworden war, die Kinder empfangen und gebären kann.

Krobo-Mädchen im Vorfeld der dipo- (Otufo-) Abschlusszeremonie, 1900/04; BMA QD-32.032.0130

Marijke Steegstra schreibt über dieses Missverständnis: „*Für die Krobo hatte* [diese] *Art der Bekleidung genau die umgekehrte Bedeutung: Wenn ein Mädchen, das nicht vollständig initiiert war, sich selbst verhüllte, wurde dies als Zeichen ihrer Unreinheit* [oder Unkeuschheit] *gedeutet.*" (20, S. 211, eigene Übersetzung)

Aufschlussreich sind in diesem Zusammenhang auch die Ausführungen der ghanaischen Journalistin Elizabeth Ohene: „*Die Brüste waren in den afrikanischen Gesellschaften nie Körperteile, die als etwas Unanständiges galten. Für uns ist es sicher unanständiger, Beine zu zeigen als die Brüste* [...]. *Dass die freien Brüste durchaus nichts Unanständiges waren, ist wohl darauf zurückzuführen, dass bei uns die Mutterschaft eine so wichtige Rolle spielt.*" (19, S. 184 ff, Hervorhebung im Original)

Der bereits erwähnte, mit der Afrikanerin Catherine verheiratete Missionar Johannes Zimmermann, der 1851 und 1855 das Krobo-Gebiet immer wieder besuchte und von 1859–1872 in Odumase stationiert war, entwickelte über die vielen Jahre ein differenziertes Bild der Kultur der Krobo und war einer der wenigen Missionare, die sich dem dipo aus einer kultursensibel-ethnologischen Perspektive näherten. In einem Bericht an die Basler Zentrale gemeinsam mit Missionar Roes beschrieb er 1866 dipo als eine ehrenwerte Institution mit sehr positiver Wirkung, mit der junge Frauen vor zu frühen Schwangerschaften geschützt werden sollten und die nach dem abschließenden Ritual meistens in die Ehe führte (18, S. 112). Über manche seiner Missionsbrüder urteilte er: „*Junge unverheiratete Brüder haben viel unsinniges Zeug über dipo geschrieben. Die Mädchen sind keine ‚Tempelhuren‘ und auch nicht ‚dem Fetisch geweiht‘, sondern sie werden, wenn sie heranwachsen, auf dem Berg versammelt und abgesondert bis zur Heirat, die meistens am Ende dieser Zeit steht.*" (18, S. 213, Rückübertragung der englischen Übersetzung ins Deutsche)
Auch Missionar Auer berichtete 1858 nach Basel: „*Einige*

Mädchen widmen sich selbst dem Fetisch für einige Jahre. Sie leben auf dem Berg und steigen nur herunter, um Wasser oder Nahrung zu holen. Sie tragen einen eigenartigen hohen Strohhut, viele rot gefärbte Schmuckstücke und Korallen und bedecken sich nur mit einem schmalen Streifen Tuch. Sie verhalten sich völlig anständig und halten respektvoll Abstand." (18, S. 110, Rückübersetzung aus dem Englischen) Sein Bericht wurde jedoch völlig verändert im „Evangelischen Heidenboten", einem populären Basler Missionsblatt für das schweizerische und deutschsprachige Publikum, wiedergegeben: *„Die Mädchen führen eine Art klösterliches Leben. Sie sind verlobt mit dem falschen Gott und leben auf dem Berg, sie gehen immer nackt, geschmückt mit vielen Perlen und Korallen; sie tragen außerdem einen merkwürdigen Hut auf ihren Köpfen.*" (18, S. 110, Rückübertragung der englischen Übersetzung ins Deutsche) Trotz der differenzierten Darstellung mancher Missionare verlagerte sich die Vorstellung von dipo in Richtung des alttestamentarischen Bildes von Tempelprostituierten (18, S. 110). Im „Evangelischen Heidenboten" wurde für die Leser in der Heimat vor allem die „Nacktheit" der Mädchen herausgestellt. Derartige Diffamierungen dienten dazu, die Notwendigkeit der Missionierung immer wieder neu zu begründen. Christian hatte in seinen Basler Ausbildungsjahren sicher regelmäßig den „Evangelischen Heidenboten" gelesen und bereits in der Ausbildung feste Vorstellungen gebildet, bevor er afrikanischen Boden betrat.

Mit diesen die Kultur der Krobo herabwürdigenden Bildern im Kopf wurde Christian 1891 Augenzeuge von Teilen des dipo. In seinem Bericht, der auch in seine spätere Erzählung

„Der Kopfjäger und sein Sohn" Eingang fand, lesen wir, dass das Fest unter besonderer Aufsicht der Göttin Nana Kloweki (Christian schrieb „Kroweki") stand. Blut jeglicher Art sei Kloweki ein Gräuel gewesen. Ihre Priesterinnen rührten daher weder Flinte, Speer noch Pfeil an, arbeiteten auch nicht mit dem Buschmesser oder der Haue, weil man damit sich oder andere verletzen und Blut vergießen konnte. Die Oberpriesterin der Göttin sei laut Überlieferung ursprünglich eine Jungfrau gewesen, deren Namen nicht habe ausgesprochen werden dürfen, und die deshalb „das alte Weib" genannt worden sei. In dieses Amt sei eine unbescholtene Frau berufen worden, die in einem Haus auf dem Krobo-Berg gewohnt habe. *„Nur einmal im Jahr trat sie an die Öffentlichkeit. Bei diesem Ausgang ging jemand vor ihr her und trieb Männer, Weiber und Kinder, durch deren Anblick oder Berührung sie hätte unrein werden können, von der Straße weg. Man achtete sie als heilige Frau in ganz Krobo; sie blieb lebenslang im Besitz dieser Würde."* (16, S. 10) Nachdem Christian 1891 mit einem Begleiter auf den Krobo-Berg hinaufgestiegen war, trafen sie einen Krobo, der für sie schon als Hängemattenträger gearbeitet hatte und dessen Vermittlung es ihnen ermöglichte, die gerade stattfindenden Feierlichkeiten aus der Nähe zu beobachten. In der sonst nur wenig bevölkerten Stadt fanden sie eine große Menschenmenge vor, vor allem junge Leute beiderlei Geschlechts in Feierstimmung. *„Besonders fiel mir eine alte Fetischpriesterin auf, die ca. zwölf solche Mädchen in Bearbeitung hatte. Da wurde mit Weihwasser gewaschen, gesalbt, mit heiliger Asche bestrichen, Schnüre und Perlen umgebunden, und als Hauptsache der heilige Schafsdarm zusammen geringelt auf den Kopf gelegt und ein anderes Stück* als Schärpe umgehängt! *Zum Schluss wurde noch jeder ein großes Stück Fettgewebe von frisch geschlachteten Schafen über den Kopf gelegt, das einem Brautschleier gleich, über das Gesicht und Schultern herabhing [...] Alte Weiblein, die sonst kaum mehr ein paar Schritte aufrecht gehen konnten, tanzten wie besessen zum wilden Festgesang. Auf einem etwas höher gelegenen Felsen hatten wir Poste gefasst und konnten nun dem Schauspiel, freilich mit Weh im ganzen, aus nicht zu großer Entfernung zusehen.*" (14)

Von seinem erhöhten Standpunkt aus konnte Christian beobachten, wie sich ca. 50 jüngere Mädchen mit jeweils ein bis zwei Männern aus der Familie in einem „*Zug bergabwärts an einen ,heiligen' Ort* [bewegten], *den bis jetzt noch kein Christenmensch zu sehen bekam.*" Die älteren Mädchen „*unterschieden sich von den erst neu einzuweihenden dadurch, dass ihnen bereits der merkwürdige ca. 1 Fuß hohe Hut, mit ca. 12 cm Durchmesser cylinderförmig geflochten, verliehen war, der Tag und Nacht nicht abgenommen werden darf. Auch schwangen sie einen langen Stab in der Luft, was sich ganz amazonenhaft ausnahm.*" Sie führten „*einen großartigen wildheidnischen Reigen*" auf. Zu den Mädchen „*gesellten sich noch betrunkene Männer, kreischende Frauen mit Kindern auf dem Rücken, und schließlich wogte nur noch eine tobende Menge wüst durcheinander, die durch den aufgewirbelten Staub und Pulverdampf fast unsichtbar wurde. Den größten Heidenspektakel aber machten sie, als die ,Festkinder' auf ihrem Rückweg diese Stelle passierten. Jeder der Begleiter brachte seinen Schützling auf dem Rücken den Berg hinauf, und nun wurden diese von ihren älteren Gespielinnen ,bewillkommt'.*" (14)

Seine Empfindungen während der Festlichkeiten schilderte

er zum Schluss: „*Nur mit Schauder kann ich mir diese schreckliche Scene wieder vergegenwärtigen. Es war mir, als ob alle Teufel los seien, wenigstens stand und steht mir soviel fest, dass der Fürst der Finsternis an solchen Tagen große Triumphe feiert. Um nicht weiter Zeuge dessen, was noch am Abend und in der Nacht in Trunk und Unzucht geleistet wurde, sein zu müssen, traten wir den Rückweg an.*" (14)

Christian war wahrscheinlich gut trainiert darin, erotische Fantasien im Keim zu ersticken, und falls sie dennoch aufkamen, bekämpfte er sie „manneszüchtig", indem sein innerer Moralwächter das Schreckbild des „Fürsten der Finsternis" aufbaute, woraufhin er sich vom Tatort dieser „teuflischen" Feierlichkeiten entfernte.

Andere Europäer zeigten genau die gegenteilige Reaktion. Sie gaben sich den erotischen und sexuellen Phantasien hin, die die als Schönheiten bekannten Krobo-Mädchen und -Frauen in ihnen entfachten. So manche ließen es bei ihren Phantasien aber nicht bewenden, sondern stürzten sich in sexuelle Abenteuer, die in der Regel kaum im gegenseitigen Einvernehmen stattgefunden haben dürften, sondern in denen sie die eigene „Überlegenheit" ausspielten und ausnutzten. Beobachtungen des Missionars Aldinger führten 1861 zu einer Beschwerde bei Gouverneur Andrews, dass der englische Händler Irvine und ein euro-afrikanischer Händler namens Hutchinson, die sich in Odumase vorübergehend einquartiert hatten, in der Öffentlichkeit unter einem Schattenbaum gesehen wurden, wie sie mit einem nackten Krobo-Mädchen auf ihrem Schoß diese befingerten und für sich singen und tanzen ließen (18, S. 117).

Auf dem Krobo-Berg fanden nicht nur das dipo, sondern

auch andere Rituale statt, so z.B. Rituale für die Kriegsgottheiten *nadu* und *kotoklo* sowie für den „marodierenden Fetisch" *koko nadu*, ein neu eingeführter Kult, der sich damals in der Region rasch ausbreitete und wohl als Antwort auf eine durch die kolonialen Interventionen hervorgerufene Krise in der Gesellschaft zu werten ist. Bei den Krobo gab es eine Vielzahl von Riten und Zeremonien, die zum Teil nur in einzelnen Familien oder Verwandtschaftsgruppen begangen wurden. In den 1950er Jahren skizzierte und listete der Ethnologe Hugo Huber 58 solcher Krobo-Zeremonien auf, ohne Anspruch auf Vollständigkeit.

Christian berichtete über die Gottheit *kotoklo* (Christian schrieb „Kotokro"), deren Heiligtum von jungen Männern aufgesucht worden sei, bevor diese heirateten. Wer im Krobo-Land als Mann habe gelten wollen, „*musste einem der Mordfetische Kotokro, Nadu oder Kokonadu dienen*" und „*Aufnahme in den Mordbund*" beantragen. „*Zuerst musste er ein Schaf stehlen, das für den Fetisch geschlachtet wurde. Dann wurde ihm zur Pflicht gemacht, irgendeinen Menschen, dessen er unbemerkt habhaft werden konnte, umzubringen, und den Kopf an den Fetischpriester abzuliefern.*" (16) Christian schilderte hier eine neuere Entwicklung, wie gleich zu sehen ist.

Nach Veit Arlt war es in vorkolonialen Zeiten durchaus üblich, dass junge Männer im Falle einer kriegerischen oder gewaltsamen Auseinandersetzung mit einer anderen Gruppe den Kopf eines getöteten Gegners als Trophäe mit nach Hause brachten. Nach Arlt galt ein junger Mann nur dann als vollständig initiiert, wenn er einen Mann getötet hatte (18, S. 126). Während des jährlichen Fests zu Ehren der Kriegsgottheiten wurden Kriegstänze aufgeführt und Palmwein aus den Schädeln erschlagener Gegner getrunken. Nachdem während der Kolonialzeit die Region einigermaßen unter Kontrolle gebracht und kriegerische oder gewaltsame Auseinandersetzungen nur begrenzt möglich waren, verfielen junge Männer nun auf den Ausweg, als Wegelagerer Angehörige von Nachbarvölkern oder europäische Handelsreisende zu überfallen, um deren Köpfe habhaft zu werden.

Missionar Riis wurde 1838 Zeuge des jährlichen Kriegstanzes und berichtete über Menschenopfer, die er allerdings nicht selbst gesehen hatte, sondern von denen ihm ein Afrikaner aus Osu erzählt hatte. Auch spätere Missionare berichteten ebenfalls von Menschenraub und Menschenopfern, die sie aber nur vom Hörensagen aus Berichten kannten, die zum Teil von Angehörigen Akuapem-sprachiger Gruppen stammten, die mit den Krobo verfeindet waren. Es ist davon auszugehen, dass es sich hierbei um Schauergeschichten handelt, die man Missionaren auftischte, weil diese sie auch hören wollten. Anderen, mit denen man im Clinch lag oder sonstwie ein Hühnchen zu rupfen hatte, anzudichten, sie seien Kannibalen, brächten Menschenopfer dar oder Ähnliches, ist ein Phänomen, das in der Begegnungsgeschichte zwischen Europäern und außereuropäischen Bevölkerungen im Vorfeld oder im Zuge des Kolonialismus immer wieder anzutreffen ist. Dem heimischen Publikum des „Evangelischen Heidenboten" wurden derlei Schauergeschichten jedoch als Tatsachen vorgesetzt.

Womöglich gab es auch bei den Krobo mythische mündliche Überlieferungen, in denen von Menschenopfern in grauer Vorzeit die Rede ist, die dann später durch Schafsopfer ersetzt wurden. Solche Erzählungen wären aber weniger als historische Tatsachenberichte, sondern eben als mythische Erzählungen über den eigenen Menschwerdungs- und Zivilisierungsprozess zu verstehen, wie wir sie von vielen außereuropäischen Völkern kennen. Dass im (mythischen) Anfang ein barbarisches Chaos herrschte, in dem der Mensch in einem eher tierischen Naturzustand lebte, der erst durch kulturstiftende Akte gewisser Ahnen, Kulturheroen oder Gottheiten beendet wurde, ist ein universaler Topos, der überall in der Welt in verschiedenen Variationen vorkommt. Der Ethnologe Claude Lévi-Strauss hat ihn in seinem 1964 erschienenen fünfbändigen Werk „Mythologica" ausführlich dokumentiert und strukturalistisch analysiert.

Von dem hier und dort verbreiteten Brauch, dem Feind den Kopf abzuschlagen, ließ sich vielleicht der deutsche Leutnant Dominik in Kamerun in perverser Weise „inspirieren", der sich in den 1890er Jahren die Köpfe aufständischer Einheimischer gerne zu Füßen legen ließ – ein echter Rückfall in die Barbarei (siehe Teil II, Kap. 2.2 Kamerun).

In Missionskreisen wurde also nicht nur kolportiert, dass auf dem Krobo-Berg einer Form der Prostitution gefrönt werde, sondern Krobo-Rituale wurden mit Bildern von Mord und Menschenopfern verbunden (18, S. 78). Deshalb übten die Missionsgesellschaften Druck auf die englischen Kolonialbehörden aus, die angeblich damit in Verbindung stehenden Feste zu verbieten.

Ein Jahr nach Christians Bergbesteigung wurde im Herbst 1892 der Krobo-Berg von der englischen Kolonialregierung mithilfe von Soldaten „gesäubert", um die Macht der „Mordfetische" zu brechen, die dort ihren Sitz hätten. Insgesamt 133 Kultstätten wurden zerstört, alle Priesterinnen,

Priester und andere Bewohner mussten den Berg verlassen, die beiden Städte wurden zerstört. Die Oberpriesterin wurde von den Soldaten mit sanfter Gewalt aus ihrem Schrein herausgeführt. Die Berührung durch die Soldaten machte sie unrein, so dass damit auch das dipo entheiligt wurde.

1892 verbot die britische Kolonialverwaltung in der „Native Customs Ordinance" die „unmoralische" Bekleidung der Mädchen, nach traditionellem Ritus durchgeführte Beerdigungen und sämtliche religiösen Rituale auf dem Krobo-Berg einschließlich des dipo. Sie erhoffte sich dadurch, die Priesterschaft zu schwächen, die Durchsetzung des Christentums zu beschleunigen und die Krobo so für die Kolonialherrschaft gefügig zu machen. Die Briten versuchten außerdem, die örtlichen Chiefs, die zum Teil in Konkurrenz zur Priesterschaft standen, zu Instrumenten ihrer indirekten Herrschaft zu machen. Es gelang ihnen zwar, die Priester vom heiligen Berg zu vertreiben, jedoch nicht, ihre Macht zu brechen (21, S. 136).

Das dipo ließ sich mit der „Native Customs Ordinance" allerdings nicht aus der Welt schaffen, es wurde nun in neuer Form als Bobum-Fest weitergeführt, wie Christian berichtete. Der Einfluss der Priester wurde sogar stärker, da sie, nachdem sie durch die Kolonialverwaltung vom Krobo-Berg vertrieben worden waren, nun näher am Volk lebten. Die Initiationsdauer verkürzte sich drastisch: Anstatt bis zu einem Jahr oder länger auf dem Krobo-Berg in Seklusion zu verbringen, durchliefen die Mädchen lediglich die essentiellen dipo-Rituale in ihren Heimatsiedlungen in der Ebene, was nur wenige Wochen dauerte, sodass sie jünger initiiert wurden. Christliche Krobo hielten das dipo vor der Taufe ab, um sowohl traditionellen wie christlichen Anforderungen gerecht zu werden. Die Folge war, dass das Alter der Initiantinnen abnahm und die Mädchen sich somit immer früher und auch vor der Heirat auf sexuelle Kontakte und Beziehungen einließen. Nun ermunterte ausgerechnet die Taufe in Verbindung mit einem früher abgehaltenen dipo junge Mädchen zu „unkeuschem" Verhalten – der Schuss der Missionare war gewaltig nach hinten losgegangen. Auch das Bestreben, eine „züchtige" Kleiderordnung bei den noch nicht initiierten Mädchen durchzusetzen, weil man deren „Nacktheit" völlig falsch interpretierte (siehe oben), setzte ein Signal, das von den Missionaren selbstverständlich nicht beabsichtigt war: Nun konnten nämlich die nicht-initiierten („nackten") Mädchen, denen Sex verboten war, nicht mehr von den durch Kleidung verhüllten initiierten Frauen unterschieden werden, die Sex haben durften (20, S. 222). Mit alldem stellten die Missionare die traditionelle Regulierung des Sexuallebens gründlich auf den Kopf und schufen dadurch erst das „Sodom und Gomorra", das sie den Krobo vorher fälschlicherweise unterstellt hatten!

Am dipo halten bis heute viele Krobo nach wie vor fest, egal ob sie aus Überzeugung oder nur pro forma Angehörige einer christlichen Kirche sind, weil sie es als unerlässlichen Teil der Sozialisation junger Mädchen betrachten. Entweder lassen sie sie ganz offen oder aber heimlich daran teilhaben. Strenggläubigen christlichen Krobo und diversen Kirchenfunktionären ist das dipo jedoch immer noch ein Dorn im Auge, weil es angeblich Teenagerschwangerschaften, Prostitution und anderem „unmoralischen Verhalten" Tür und Tor öffnet. Vor Augen halten müssen wir uns, dass die Gegner des dipo eine Form von ihm bekämpfen, die erst <u>nach</u>

der Intervention der Missionare und der Kolonialmacht entstanden ist. Dass die Initiantinnen seitdem so jung sind, sehen auch traditionelle Autoritäten der Krobo als Problem an. Sie plädieren dafür, dass das Alter auf 15 und höher angehoben und damit auf das vorkoloniale Niveau zurückgeführt wird (20, S. 224). Andere Befürworter des dipo unter den Krobo versuchen ihren christlichen Glauben und das dipo damit in Einklang zu bringen, dass sie es als notwendige „Schule" der Mädchen sehen, die rein „weltlich" ist und kaum (mehr) etwas mit traditionellen Glaubenselementen zu tun hat. Fest steht, dass das dipo für viele Krobo zu einem herausragenden Kernelement ihrer kulturellen Identität als Gruppe gehört, durch das sie sich von anderen unterscheiden und an dem sie – in welcher Form auch immer – mehrheitlich festhalten wollen. Wie es an die Erfordernisse der Gegenwart und Zukunft anzupassen ist, wird unter den Krobo lebhaft diskutiert (20, S. 201).

Die „Heidenpredigt"

Missionaren der damaligen Zeit, aber auch noch lange danach, ging der Begriff „heidnisch" oder „Heidentum" wie selbstverständlich von den Lippen oder floss ihnen aus der Feder, wenn sie sich über außereuropäische nicht-monotheistische Religionen ausließen. „Heidnisch" sind aus christlicher Sicht sämtliche „ethnischen" oder „traditionellen" Religionen in Afrika, Asien, Australien und den beiden Amerikas, in denen die Ahnen, mehrere Götter und/oder verschiedene Geistwesen verehrt werden.

„Neutral" ist der Begriff mitnichten, denn mit ihm verwoben ist ein religiöser Exklusivitätsanspruch, der darin besteht, dass die eigene Religion die einzig wahre, richtige oder heilbringende sei; demzufolge haben andere Religionen oder Glaubensrichtungen keinen Anteil an der Wahrheit oder zumindest an heilsentscheidenden Wahrheiten, weshalb sie „außerhalb des Heils" stünden und es legitim, ja göttlicher Auftrag sei, ihre „unwissenden" Anhänger zu missionieren. Anhänger der anderen beiden monotheistischen Religionen, also des Islam und des Judentums, wurden im Christentum zwar als „Ungläubige", „Häretiker" etc. diffamiert, aber nicht als „Heiden" diskriminiert. „Heidnische Religionen" gehörten nach Vorstellungen im 19. und bis ins 20. Jahrhundert hinein zu einer „niedrigeren Kulturstufe", während man sich selbst natürlich schon längst auf dem höchsten Gipfel religiöser Wahrheit und Zivilisation angekommen wähnte.

In diesem abwertenden und diskriminierenden Sinne wurde der Begriff „Heidentum" seit dem europäischen Mittelalter verwendet, und all das gilt es mitzudenken, wenn Christian oder seine Missionarskollegen von „Heidentum" sprechen. Als beschreibende oder religionswissenschaftliche Kategorie hat sich der Begriff deshalb komplett erledigt – auch wenn er im alltäglichen Sprachgebrauch noch immer im Munde geführt wird. Ergänzend sei erwähnt, dass auch die beiden anderen monotheistischen Religionen, das Judentum und der Islam, ähnliche abwertende Kategorisierungen vornehmen.

„Strassenpredigt vor dem Häuptling"; Missionar Friedrich Ramseyer; BMA QD-32.024.0036, 1903?

In seinen Jahresberichten an das Komitee der Basler Mission berichtete Christian über die vielfältigen Schwierigkeiten, das Christentum unter den Krobo zu verbreiten. Seinen Berichten zufolge standen dem der Glaube an „Hexerei", „Magie", „Flüche" und der Macht der „Fetische" und ihrer Priester im Wege, wobei es sich ebenfalls um zutiefst ethnozentrische, abwertende und den Sachverhalt völlig verzerrende Begriffe handelt.

Natürlicherweise machten sich die christlichen Missionare bei ihrem Kampf gegen die traditionelle Religion die Priester zum Feind. Darüber erzählte Christian in seiner Geschichte *„Knopf, mein kleiner Lebensretter"* (23). Der Koch des Hauses war von einem Krobo-Priester überredet worden, dem Essen ein Pulver beizumischen, um die Familie zu vergiften. Lange Zeit hatten einige Familienmitglieder häufig Kopfweh, doch schob man es auf das Klima. Aber dann kam die Wahrheit zu Tage: *„Unser himmlischer Vater, ohne dessen Willen kein Haar von unserem Haupt fallen darf, war auf dem Plan, die Macht und List des altbösen Feindes zu brechen und zu vereiteln."* Der kleine Krobo-Junge Okpoti, der in der Missionarsfamilie „Knopf" genannt wurde, war hier „Gottes Werkzeug". Ihn hatte Christian in sein Haus aufgenommen, nachdem der Vater des Jungen von einem Leoparden getötet worden war. Da Okpotis Vater Schulden hinterlassen hatte, hätten die zwei jüngeren der vier Kinder „verpfändet" werden müssen (d. h. sie hätten wohl die Schuld beim Schuldner/den Schuldnern abarbeiten müssen). Um das zu verhindern, wurden sie in zwei europäischen Familien aufgenommen.

Okpoti konnte eines Tages beobachten, wie der Koch sein Pülverchen einstreute, und warnte den Missionar. Nach anfänglichem Leugnen war der Koch geständig und wurde aus dem Dienst entlassen, während der Priester vom König zu einer Geldstrafe verurteilt und aus der Gegend verwiesen wurde. Diese Ereignisse galten Christian als Beweis göttlicher Fügung und Rettung.

Manche Krobo scheuten die Taufe, so berichtete Christian, da sie befürchteten, dann von den eigenen Priestern vergiftet zu werden. In einem Bericht lesen wir von einem einflussreichen Mann, der sich nach langem Zögern zur Taufe entschlossen hatte. Kurz vor dem Tauftermin kam die Nachricht, er sei geisteskrank geworden und wenige Tage später gestorben. Es wurde gemutmaßt, dass die ältere seiner beiden Frauen, die mit seinem Schritt nicht einverstanden war, ihn auf Weisung des Priesters vergiftet habe. Hier handelt es sich jedoch um ein Gerücht, das Christian durch seine Missionarsbrille gefärbt wiedergab.

Ein großes Hindernis war in den Augen der Missionare die „unzüchtige" Lebensweise der Krobo und die dort weitverbreitete Polygamie, die genau genommen Polygynie (Ehe eines Mannes mit mehreren Frauen; von griechisch „poly": viel und „gyné": Frau) heißen müsste. Obwohl im Alten Testament davon berichtet wird, dass der Erzvater der Israeliten, Jakob, oder auch der weisheitsvolle König Salomo mit mehreren Frauen verheiratet war, war sie den Basler Missionaren nichtsdestoweniger ein Dorn im Auge.

Die ghanaische Journalistin Elizabeth Ohene kommentiert die Polygamie bzw. Polygynie folgendermaßen: *„Die meisten afrikanischen Frauen sehen kein Problem in der Polygamie. Natürlich sind sie auch zu jenen Gefühlen fähig, die westliche Frauen immer voraussetzen. Aber es wäre doch eigentlich Heuchelei, wenn man behauptete, nur der west-*

liche Typ der Ein-Ehe sei maßgeblich für das, was man Ehe nennt. Die Männer des Westens leben in Monogamie. Aber diese Monogamie geht Hand in Hand mit Seitensprüngen oder Geliebten. Das bleiben natürlich illegale Verhältnisse, weil die Legalität nur die Einehe vorsieht. Die Afrikaner bekennen sich zur Polygamie. Im Grunde machen sie dasselbe wie die Männer in anderen Erdteilen auch, aber sie erkennen auch andere Frauen als ihre legitimen Ehefrauen an. Bei uns weiß eine Frau, woran sie ist; und das ist besser als wenn sie glaubt, sie sei die einzige, in Wirklichkeit ist sie das aber nicht und muss ständig nachsehen, was der Mann außer Haus eigentlich so treibt." (19, S. 191)

Der nigerianische Komponist Akin Euba beschrieb noch einen anderen Aspekt: *„In der traditionellen Familienstruktur galten die Regeln der Polygamie. Mehrere Kinder einer Familie hatten denselben Vater, aber verschiedene Mütter. In der traditionellen Familie war es selbstverständlich, dass ein Mann die Frau eines älteren Verwandten erben konnte. Wenn beispielsweise ein älterer Bruder starb, dann musste einer der überlebenden Brüder dessen Frau übernehmen. Nicht zum Zweck des Vergnügens, sondern weil er für ihren Unterhalt zu sorgen hatte. Denn die überlebenden Frauen eines verstorbenen Mannes durften nicht ungeschützt und unversorgt zurückbleiben. Die traditionelle Familie lebte im Großfamilienverband [...], der alle Menschen als* Geschwister *bezeichnet, selbst wenn es nur mehr entfernte Cousins oder Cousinen sind."* (19, S.150, Hervorhebung im Original)

Für die Missionare warf die Polygynie verschiedene Probleme auf, da aus ihrer Sicht nur die Einehe legitim war. Wollte die Frau in einer Mehrehe Christin werden, musste ihr Mann seine Zustimmung geben und sie sich wiederum bereiterklären, ihren Mann zu verlassen, wenn dieser sich selbst taufen lassen wollte und weiter mit einer anderen Frau zusammenleben wollte. Der Mann konnte nur zum Christentum konvertieren, wenn er bereit war, monogam zu leben und sich von seinen anderen Frauen zu trennen. Frauen, die unverheiratet mit einem Mann zusammenlebten, wurde die Taufe verweigert.

Hier kann man ermessen, wie sehr das missionarische Gebot der Einehe tradierte eheliche sozioökonomische Verpflichtungs- und Unterhaltsstrukturen des Mannes gegenüber seinen Frauen durcheinanderbrachte, ja zerstörte, und alle Beteiligten zu einer Wahl zwang, die diese nicht selten in Gewissenskonflikte, wenn nicht in soziale Unsicherheit und tiefe Verzweiflung gestürzt haben dürfte.

Auch die Teilnahme der Krobo-Mädchen an *dipo* war in den Augen der Missionare ein Hindernis dafür, diese zu taufen. Die Taufe war, auch wenn das die Missionare gegenüber den Krobo nicht ausdrücklich formulierten, stets damit verbunden, dass die Täuflinge der traditionellen Kultur und der damit verbundenen „Sündhaftigkeit" abschworen. Beides bildete eine unverbrüchliche Einheit, die den Missionaren selbstverständlich war, und das nahmen natürlich auch die Konvertiten wahr, die genau wussten, worauf sie sich einließen oder einlassen mussten, wenn sie sich taufen lassen wollten.

Manche Krobo, die unbedingt weiter an *dipo* für die Mädchen festhalten wollten, versuchten sich aus der Affäre zu ziehen, indem sie ihre Söhne, nicht aber ihre Töchter taufen ließen. Dadurch gab es weniger Frauen als Männer in der Christengemeinde, wodurch den getauften Männern nichts anderes übrig blieb als ungetaufte Frauen zu heiraten, die im Jargon der Missionare als „gefallene Mädchen" bezeichnet wurden (20).

Getaufte Krobo wurden aus der Christengemeinde ausgeschlossen, wenn sie außerehelichen Sex hatten; einheimische Mitarbeiter wie Katechisten oder Lehrer wurden aus dem gleichen Grund aus dem Dienst entlassen. Zur Frage, warum die Betroffenen sich zu dieser „Sünde" haben hinreißen lassen, stellte Christian fest: *„Die Hauptsache aber ist eben der irdische fleischliche Sinn unserer Leute, der so wenig Hunger und Durst nach etwas Höherem aufkommen lässt."* (25) Diese Verfehlungen seien *„ein trauriges Zeugnis von der sittlichen Schwäche unserer Negerchristen".* Ursache hierfür sei das *„Heidentum der Heiden und* [die] *stark sinnliche Natur des Volkes, die auch in den Gemeinden und leider nicht selten unter den eingeborenen Gehilfen Sündenfälle verursacht."* (26)

Allerdings hatten auch junge europäische Missionare gelegentlich das Problem, Versuchungen mit dem anderen Geschlecht zu erliegen. In den Berichten der Stationsleiter an die Basler Zentrale wurde in solchen Fällen üblicherweise die Formulierung verwendet, Missionar XY sei *„gefallen"* und müsse deshalb aus den Missionskreisen ausgeschlossen werden (4, S. 54). Eine Aufarbeitung dieser Fälle unter dem Blickwinkel von Mißbrauch und Umgang der Missionsleitung damit wäre ein lohnendes Thema.

Was die Missionare als ein weiteres Problem ansahen, war der Alkoholmissbrauch in der christlichen Gemeinde. So berichtete Christian, dass ein Krobo-Mitarbeiter wegen Schnapstrinkens entlassen wurde: *„Da und dort entsteht ei-*

ne neue Schnapsbude in der Stadt; des Königs Musikbande zieht zehnmal mehr als die Morgen- und Abendandachten unsere erwachsenen Mädchen an [...]. Wir hatten einen schweren Kampf mit dem Leichtsinn und der Unbotmäßigkeit unserer konfirmierten Jugend, die ja größtenteils zu weiterer Ausbildung und Aufsicht in Missionsfamilien Aufnahmen finden. Schlechte Lieder und Heidentänze waren das Hauptvergnügen dieser Mädchen, sobald sie sich sicher glaubten, selbst im Missionshaus [...]" (27).

Teilnehmen am Abendmahl durfte nur, wer die Kirchensteuer bezahlt hatte, so dass manche Gemeindeglieder lieber auf das Abendmahl verzichteten. Wegen „grober Sündenfälle", nicht entrichteter Kirchensteuern und mangelnder Teilnahme an Gottesdiensten wurden Gemeindemitglieder ebenfalls ausgeschlossen.

1899 hielt Christian Rückschau auf 40 Jahre Missionsarbeit in Odumase. Nach 20 Jahren gab es 279 Christen und 87 Schüler der Missionsschulen, nach 30 Jahren 566 Christen und 215 Schüler und nach 40 Jahren 617 Christen und 292 Schüler. Die Schüler waren überwiegend „Heiden, die christlich erzogen und so dem Heidentum entfremdet" wurden. Dabei habe die schulische Erziehung eine entscheidende Rolle gespielt. Insgesamt sei die Missionsarbeit von den „Heiden" freundlich aufgenommen worden (28).

Zum Vergleich seien die Ergebnisse der Christianisierung in den deutschen Kolonien insgesamt angeführt: „1912/13 zählten die protestantischen Missionen 63.633 getaufte Christen in den deutschen Kolonien, davon fast 8000 in Togo, über 15.000 in Kamerun und fast 24.000 in Südwest Afrika. Die katholischen Missionen kamen auf insgesamt 142.223 Getaufte, davon fast 15.000 in Togo, gut 21.000

in Kamerun, über 61.000 in Ostafrika und über 42.000 in den Pazifik-Territorien." (30, S. 96)

Im Jahr 1906 schrieb Christian an das Komitee, wie seiner Ansicht nach die missionarische Arbeit im Ga-Gebiet verändert werden sollte, damit sie vorangehen könnte. Zunächst einmal stellte er fest: *„An den Küstenorten ist es besonders der Schnaps, im Krobo-Gebiet die Jagd nach Gold und Gut, im Ga-Busch die Vielweiberei und auf unseren Stationen die Lauheit und Trägheit unserer Christen."* (29) Das sei der Grund, warum die missionarische Arbeit mühsam sei und die christlichen Gemeinden nicht wüchsen. Hinzu kämen wegen ausbleibenden Regens Ernteausfälle, generelle Armut und aufgrund dessen die Abwanderung vieler Krobo in Twi-Gebiete. Er schlug daher vor, die Arbeit auf die großen Missionsstationen zu konzentrieren und im Krobo-Bereich statt Ga als Schulsprache das bei den Schülern stärker verbreitete Twi einzuführen.

Die Herausforderungen missionarischer Arbeit waren vielfältig. In seinem Gedicht „Ausrüstung eines Missionars auf der Goldküste" beschrieb und verherrlichte Christian die Eigenschaften eines Missionars: Mut, Neugier, Kreativität, Improvisation, Unbestechlichkeit, Verantwortlichkeit, Gottvertrauen und vieles andere. In 30 Strophen beschrieb er die Aufgaben des Missionars als die eines Mannes, der 30 Berufe gleichzeitig ausübt, und nennt ihn einen „Tausendkünstler". Das Gedicht ist voller rassistischer Vorurteile und Stereotypen, auf die ich später noch zu sprechen komme.

Ausrüstung für einen Missionar auf der Goldküste

– Aus der Praxis eines alten Afrikaners –

Melodie: „Deutschland Deutschland über alles"

„Hört, ihr Leute, lasst euch sagen: **Missionar sein ist kein Spaß.**
Willst du's aber dennoch wagen, frisch drauflos ohn' Unterlass
Unser farbenreiches Leben zeigt, wie Licht, so Schatten viel,
Doch ein ernstes Wollen, Streben, führt den Mutigen zum Ziel.

Wähne nicht, dass du in Basel nun gelernt mehr als genug,
Und ein dünkelhaft Gefasel zeug' von hohem Geistesflug.
Dort, im Kampf mit dem Realen, graue Theorie verrraucht;
Afrikanische Annalen zeigen, dass man **Männer** braucht.

Alles wissen, alles können muss ein rechter Missionar,
Und dabei vor Liebe brennen zu dem wildesten Barbar.
Hast du's Herz am rechten Flecke als ein neugeborener **Christ**,
Hilft, ob Mühsal dich auch schrecke, dir dein Gott, der mit dir ist.

Sprachgelehrter sollst du werden, fleißig üben Mund und Ohr,
Zunge, Gesten und Geberden. Such' auch stets den Sinn hervor
Aus des Sprichworts dunkler Rede, und der reichen Bildersprach';
Der kam schon in Tausend Nöte, dem's in diesem Stück gebrach.

In den fieberschwang'ren Zonen, da manch gift'ger Wurm sich regt,
Wird auf ein gesundes Wohnen immer gröss'rer Wert gelegt.
Auch bei Kirchen und Kapellen, wie Schulhäusern gross und klein
Gilt es, seinen Mann zu stellen, und **Baumeister** selbst zu sein.

Auf den vorgeschob'nen Posten ist das Mobiliar meist rar
Wegen hoher Trägerkosten. Doch, was macht der Missionar?
Alte Kisten sucht der **Schreiner**, sägt und hämmert, dass es kracht;
Sind Europamöbel feiner – sind die seinen selbst gemacht.

Willst das Volk du recht verstehen, zeige dich als **Ethnograph.**
In die Hütten musst du gehen, denn du lernest nicht im Schlaf
Ihre Bräuche, ihre Sitten, Kultus, Recht, Tracht, Tanz und Spiel
Lebst du ganz in ihrer Mitten, kommst am schnellsten du zum Ziel.

Lehrer unserer schwarzen Jugend wird fast jeder Missionar,
Sie wächst auf ohn' Zucht und Tugend, jeder Kunst und Weisheit bar.
Da heißt's „Furcht des Herrn" zu lehren, wahrer Pädagog zu sein,
Stets das eig'ne Wissen mehren, auszuteilen gross und klein.

Sei auch **Landwirt**, man erwartet, dass du förderst die Kultur;
Wenn die Schulplantag' entartet, gibt's von „Grant" auch keine Spur.
Kakao- und Kaffeebäume, Baumwoll' pflanz' an jedem Ort,
Kautschuk, Palmen nicht versäume, dann blüht Handel und Export.

Und in Englands Kolonien ist man auch stets **Gentleman**;
Eines „Referend's" Bemühen sei, dass er „sich geben" kann.
Auch im „Board of Education" wird verlacht der arme Wicht,
Der fürs Wohl der „Coloured Nation" nur gebrochen Englisch spricht.

Gibt es Händel unter Christen, machen Heiden dir Skandal,
Oder wenn zum Streik sich rüsten: Lehrer, Schüler allzumal;
Liegen Weiber sich im Haare, wo ist da der **Polizist**?
Dazu gibt es Missionare, Friedensstifter, dass ihr's wisst.

Dort am „Grab für weisse Leute" wütet die Malaria;
Viel schon wurden ihr zur Beute; Aerzte sind noch wenig da.
Manchmal läuft die Galle über, und die Milz und Leber krankt,
Drum sei selber **Arzt**, mein Lieber, weiß und schwarz nach dir verlangt.

Selbst auch **Jäger** sei zu Zeiten; wehre dich für Haut und Gut,
Denn die wilden Tiere meiden uns nicht immer, suchen Blut.
Kommt ein Pardel in den Garten, oder eine Riesenschlang',
Darfst mit Schießen du nicht warten, wenn dir selbst auch angst und bang.

Man will hören was wir treiben, sei es wenig oder viel;
Drum, **Schriftsteller** heißt es „schreiben", dies erfordert guten Stil,
Denn, unsre Quartalsberichte – sind sie wahr und int'ressant –
Kommen vielen zu Gesichte, geben gar den neusten „Band".

Von der Welt fast abgeschlossen, und bei mag'rer Geisteskost
Schmeckt, wenn Wochen sind verflossen, doppelt süss Europapost.
Drum nimmt man die Müh' und Plage als **Postmeister** gern in Kauf,
Weil stets der Regierung Klage: „s'kommen zu viel Spesen drauf".

Macht ein Grenzherr Schwierigkeiten; kaufst du Missionsland an;
So nützt mehr als alles Streiten die Vermessung und der Plan.
Sei drum selbst der **Geometer**, nimm noch ein paar Zeugen mit;
Ruhe schafft, ohn' viel Gezeter, Sextant und Theodolit.

Auch zum **Kaufmann** und Kassierer bilde dich beizeiten aus.
Du bist selbst dein Bücherführer, stimmt die Kasse nicht – oh Graus!
Unsre Voranschlagstabelle, Jahresrechnung und Bilanz
Wird oft schwerer Sorgen Quelle; du bist haftbar voll und ganz.

Schuldenmachen bringet Strafe, trotzdem borgt der Neger gern;
Ist er dann des Wuch'rers Sklave, fleht er zu dem weissen Herrn:
„Einen **Bankier** sollt' ich haben, unverzinslich Geld in bar,
Nimm als Pfand hier meinen Knaben, hilf barmherziger Missionar!"

Trauen feindliche Parteien einem Königsspruch nicht ganz,
Appellieren sie mit Schreien an die „höhere Instanz".
So gilt's nun „Palaver essen", Recht und Wahrheit zu befrei'n,
Anseh'n der Person vergessen, unbestoch'ner **Richter** sein.

Auf weit ausgedehnten Reisen, wo man selten Menschen traf,
Wer sollt' da den Weg uns weisen? Ueb' dich drum als **Geograph**
Höhen und Entfernung messen, halt den Kompass in der Hand;
Mancher schon, der dies vergessen, seinen Heimweg nicht mehr fand.

Wenn mit deinem Adlerrade über Stock und Stein du fährst,
Und auf schlechtem Negerpfade gar den Urwald selbst durchquerst;
Da gibt's oft verschied'ne Fälle, man hat Bruch und Rep'ratur;
Maschinist sei drum zur Stelle, sonst verzicht' auf's Reisen nur.

Merk', Hotel gibt's nicht auf Reisen, keine Restauration
Wo Getränke man und Speisen zubereitet findet schon.
Drum musst du als **Koch** fungieren, oder dann am Negertisch
Wurzeln helfen konsumieren, Pfefferbrüh' mit faulen Fisch.

Mach' die Augen auf und lerne auch im Buche der Natur;
Wahre **Forscher** folgen gerne ihres großen Schöpfers Spur.
Jedes Tier, die trop'sche Pflanze, selbst ein kalt und tot Gestein,
Wie des Himmels Heer im Glanze, bildet Geist und Sinne fein.

All' die Pracht auf Gottes Erde, was noch unbekannt und fremd,
Sorg', dass es Gemeingut werde, und den Wissensdrang nicht hemmt.
Durch des **Fotografen** Taten manches „Lichtbild" schon entstand,
Unsrer Sache nicht zum Schaden, allerwärts im Heimatland.

Ham's Geschlecht vom Fluche trunken, gab dem Fleisch die Zügel frei
Ist im Sumpf der Lust versunken, **Retter**, eilt zur Hilf' herbei.
Trotzt den sittlichen Gefahren, die euch droh'n nach Seel' und Leib.
Unwachsamen Missionaren hilft zum Fall – ein Negerweib.

„Prüfet allzeit auch die Geister", trau' nicht jedem der dir naht;
So sprach unser Herr und Meister, drum befolgt den guten Rat!
Ja, ihr weißen, fremden Männer: Neger haben schwarze Haut;
Dies erfordert **Menschenkenner**, weil nur der sie recht durchschaut.

Wie ein **Vater**, stets mit Liebe blick' die armen Heiden an,
Doch den Ernst nicht minder übe, wenn zum Herzen frei die Bahn.
Hab' Geduld, wenn auch oft lange man von Früchten wenig sieht;
Rechne nie auf Dank, prange nicht im Tun, das Demut flieht.

Wer will all die Pflichten zählen, die der **Tausendkünstler** hat!
Doch ich will euch nicht verhehlen: Dies setzt manchmal einen matt.
Lass dich deshalb nicht verführen, denn Allotria vergisst,
Sich auf das zu konzentrieren, was die Hauptaufgabe ist.

Glaub's im rechten **Seelenhirten**, gipfelt allzeit der Beruf
Suche treulich die Verirrten, die Gott für den Himmel schuf.
Wort und Geist wird überwinden Götzenmacht und Finsterniss,
Auch im Kampf mit Fleisch und Sünden Sieger sein, das ist gewiss!

Achtet es drum eitel Gnade in des Höchsten Dienst zu steh'n;
Ziehet fröhlich eure Pfade, bald durch Täler, bald auf Höh'n.
Ein Beruf so groß und herrlich, reich an Segen stets, fürwahr
Sei uns nimmermehr beschwerlich. **Heil dir, echter Missionar!**

(9, Hervorhebungen im Original)

Ohne Zweifel beschrieb Christian sich selbst, wenn er vom „Tausendkünstler" sprach.

Dies ist gewiss ein Zeugnis einer sehr selbstbewussten Überhöhung der eigenen Person, wobei in Rechnung gestellt werden muss, dass die Anforderungen und tatsächlichen Aktivitäten eines Missionars in dieser Zeit äußerst vielfältig waren und Christian sich ihnen mit großem Elan stellte. Hier seien einige seiner Tätigkeiten erwähnt, die später teils noch ausführlicher beschrieben werden: Er lernte und lehrte die einheimische Sprache Ga und wirkte mit an einer neuen Bibelübersetzung. Er studierte die Denkweise der Krobo, ihre Sitten und Bräuche und sammelte Märchen. Er schreinerte Möbel für seine Missionarswohnung, war im Haus- und Kirchenbau aktiv, vermittelte in der Missionsschule theoretisches Wissen, praktische Anleitung im Ackerbau oder beim Brunnenbau. Er ging gern auf die Jagd, legte eine Termitenkönigin, Schlangen, Skorpione und andere Tiere in Spiritusgläser ein, die später in ein Bremer Museum wanderten, und sammelte tropische Käfer.

Im Urwald verirrt

Zunächst lebte das jung verheiratete Missionarspaar Christian und Elise in Odumase und ab 1901 in Abokobi. Die Siedlung Abokobi war von der Basler Mission 1854 als Mustersiedlung für die christianisierte Bevölkerung gegründet worden, die hier ein Mädcheninternat betrieb. Nach dem Erholungsurlaub in der Heimat 1900/01 wurde Christian damit beauftragt, gemeinsam mit anderen die 1866 von Missionar Johannes Zimmermann vorgenommene Bibelübersetzung ins Ga zu überprüfen und, wo nötig, zu verbessern.

Nach jeweils einer Woche Vorbereitung folgte eine Woche, in der man sich gemeinsam zusammensetzte und auf den endgültigen Text einigte. Das Team bestand neben Christian aus Missionar Wilhelm Wertz und drei einheimischen Pfarrern: Ludwig Richter, Carl Christian Reindorf und Pfarrer Saba. Verwunderlich sind hier für manchen die deutschen Namen, die teilweise bei den Taufen vergeben wurden, und bei Pfarrer Reindorf ist ein dänischer Vorfahre bekannt. In jener Zeit musste Christian oft dreimal pro Woche nachts Gallen-Koliken ertragen. 1905 war das Werk vollendet und konnte gedruckt werden. Neben der Überarbeitung des Bibeltextes war Christian weiter in der Evangelisation tätig.

Bei der Revision der Ga-Bibel; um 1901/02. Von li.: Pfarrer Ludwig Richter, Missionar Wilhelm Wertz, Missionar Christian Kölle, Pfarrer Carl Christian Reindorf und Pfarrer Saba; BMA QD-32.032.0005

Ebenfalls in diese Zeit fiel ein Ereignis, das den Kindern und Enkeln in der Familie immer wieder gerne erzählt wurde und das Christian in einem lebendig geschriebenen Bericht festgehalten hat: *„Eine Nacht verirrt im Urwald. Abokobi, den 31. Dezember 1903."* (31)
Christian war als Jäger unterwegs und baute Fallen für Leoparden, die sich gerne an seinen Hühnern gütlich taten. Eines Tages zog er in Jägerlaune mit einem Gewehr *„Tauben"* (wohl afrikanischen Buschtauben) hinterher, die er im Geist schon als leckeren Braten auf dem Teller sah, und ließ sich von *„allerlei Getier"* immer weiter in den Urwald ziehen. Plötz-

lich wurde ihm mit Schrecken klar: Ich weiß nicht mehr wo ich bin! Nachdem er längere Zeit umhergeirrt war, hatte er das große Glück, eine verfallene Jägerhütte zu finden. Aber nein, für ihn war das kein Zufall: Ihm war *„klar, dass diese mir gemacht und gezeigt sei"*, nachdem er *„Gott um Schutz und Hilfe gebeten hatte"*. Seinen Durst konnte er mit der saftigen Haut von Kakaokernen löschen, die er beim Umherirren gepflückt und eingesteckt hatte, *„denn dass ich keinen Hunger haben dürfte, sagte mir mein Verstand zum voraus* [...] *„Das* [die Hütte] *hatte schon längst niemand mehr beherbergt, was an dem hohen Gras ringsum und dem löcherichten Dach leicht zu erkennen war. So galt es, zuerst den derzeitigen fremden Bewohnern einen Besuch abzustatten. Zum Glück war ich mit Streichhölzern versehen, zündete dann ein dürres Palmblatt an und leuchtete in den Raum hinein. Es huschte und raschelte, doch sah ich schließlich nichts weiter drinnen als zwei Holzstücke, circa zwei Meter lang, auf dem Boden. Ich nahm an, dass dies mein Bett sein sollte, drehte sie vorsichtig um, um etwaigen Schlangen darunter Gelegenheit zum Entfliehen zu geben. Allem nach hatte ich mich also nicht bei einer Leoparden-Familie einquartiert und beschloss nun, zu bleiben."*

Da es zum Holzsammeln schon zu dunkel war, konnte er kein Feuer als Schutz gegen wilde Tiere anzünden. In der Ferne hörte er Trommelrhythmen und Musik in der Nacht und glaubte, Einheimische würden im Mondlicht ein Fest feiern. Er gab einige Schüsse ab, um auf sich aufmerksam zu machen, aber niemand hörte ihn. Den Trommeltönen folgend, versuchte er nochmal einen Weg aus dem Urwald zu finden, was aber erfolglos blieb. Um ein Haar hätte er die ihm zugedachte Schutzhütte nicht wiedergefunden.

Schließlich richtete er sich in der Hütte für die Nacht ein. *„Unter dem Strohdach war es besonders lebendig; es pfiff und quiekte auf alle mögliche Art. Plötzlich machte dann ein größeres Tier (Leopard) einen Sprung auf die Lehmwand, dass das ganze Hüttlein zitterte, und ging dann mit einem Satz wieder zurück. Dazwischen ertönten die Klagerufe des Brüllbären, oder das Ächzen eines Nachtvogels. Später hörte ich, wie größere Tiere in meiner Nähe durchs Gebüsch brachen, so dass die Zweige knackten. Nahe bei meiner Türöffnung hatte sich ein Vieh postiert, das mich durch sein merkwürdiges Geklapper fortwährend unterhielt."* (31) Dazu plagten ihn die ganze Nacht Sorgen um Frau und Kind, die nun ganz gewiss in großer Unruhe waren.

Was er nicht wusste, war, dass schon zahlreiche Europäer auf der Suche nach ihm waren. Englische Kolonialbeamte hatten den einheimischen Chief von Aburi aufgesucht und ihn aufgefordert, mit seinen Leuten nach Christian zu suchen und ihm auch zu verstehen gegeben, dass man ihn zur Verantwortung ziehe, falls man Christian nicht lebend zurückbrächte. Insgesamt bestand der Suchtrupp aus 1200 Einheimischen und Europäern. Was Christian für Tanzrhythmen gehalten hatte, waren in Wirklichkeit die Trommeln der Suchtrupps, die auf diese Weise wohl untereinander kommunizierten. Noch vor dem Morgengrauen fanden ihn schließlich drei Einheimische an seiner Hütte.

Was war das für ein Jubel und endloses Händeschütteln mit den drei Rettern, die ihren „Fund" erst einmal ihrem Chief in Obosomase vorzeigen mussten. *„Im Nu ging ein Jubelgeschrei durch den ganzen Ort, und überall wurde es lebendig. Die Weiber und Mädchen stürzten auf mich zu, um mich zu willkommenen. Alles rief ‚Otringkwa' und wollte mir die Hand* *drücken [...] Der Häuptling von Obosomase sprang nun vor mir her, die drei Retter eskortierten mich und die ganze Weiber- und Mädchenschar des Dorfes rannte in wildem Tanz hinter uns drein, einen Glückwunsch-Cantus auf mich und ihre drei Helden singend. Erst wollte ich mich gegen diese Geschichten wehren und die Rotte zurück treiben; es war aber unmöglich. Ich sah, in welcher Aufregung alles um mein Verschwinden gewesen war, wie sie ihrer Freude über mein Erscheinen nun eben nach Negerweise Ausdruck gaben. Ich kam mir vor wie ein Stromer zuhaus, der vom Landjäger gefasst, durch die Stadt geführt und von jedermann begafft wird. In Negeraugen galt dies für einen königlichen Empfang und größte Ehrbezeugung.*" (31)

In heutigen Ohren klingt der herablassende Duktus, in dem Christian von seiner Errettung schreibt, doch ziemlich befremdlich. Vom N-Wort einmal abgesehen: Die einheimischen Frauen bezeichnete Christian ganz selbstverständlich nicht als Frauen, sondern als „Weiber" (auch wenn Christian Elise auch „mein treues Weib" nannte, als kollektive Bezeichnung für Frauen war sie auch damals schon alles andere als respektvoll). Auch jubeln die Leute nicht oder stimmen einen Jubelgesang an, sondern brechen in ein „Jubelgeschrei" aus. Die Menge, die ihn freudig empfängt, bezeichnet er als „Rotte". Und es fehlt auch nicht die Feststellung, dass ihm als superiorem „Weißen" eine Ehrbezeugung entgegengebracht wurde wie sonst nur einem König. Auf den Gedanken, dass sie vielleicht vor dem Hintergrund der Androhung der Briten und der kolonialen Machtstrukturen nicht ganz freiwillig gewesen sein könnte, kam Christian erst gar nicht. Außerdem fällt auf, dass er zweimal die „*Weiber- und Mäd-*

chenschar" erwähnt, die ihm zu Leibe rückte und in „wildem Tanz" ihre Freude ausdrückte. Diese körperlich ausgedrückte überschwängliche Freude, Tanz und Wildheit galten dem pietistischen Denken als unschicklich oder fast schon unsittlich. In Basel hatte Christian schließlich gelernt, seine Gefühle zu kontrollieren, und diese überschäumende Vitalität und Lebensfreude scheint ihm zuwider gewesen zu sein, womöglich fühlte er sich davon sogar bedroht. Er, der gerettet worden war und gefeiert wurde, konnte einfach nicht mitfeiern.

Aber folgen wir Christians Beschreibung weiter. Die tanzende Menge zog mit ihm von einem Dorf zum nächsten. Überall schlossen sich ihnen weitere Menschen an, und es deutete alles darauf hin, dass man zum König von Aburi ziehen wollte. Doch Christian wollte möglichst schnell nach Hause zu seiner verängstigten Frau. Als er in Aburi die Missionsfrauen am „Sanitarium" (so nannten sie die Missionsklinik) stehen sah, musste er sich erst durch die Gesandten des Königs durchkämpfen, um zu seiner Frau durchzukommen. Nach einem heißen Bad und Frühstück eröffnete ihm der herbeigeeilte Pfarrer Koranteng, dass er die gesamte Zeche des vor dem Königspalast feiernden Volkes bis zu dem Zeitpunkt bezahlen müsse, an dem er selbst dem König seine Aufwartung machen werde.
Am Ende wurde es eine teure Zeche – denn so „königlich" die Ehrbezeugung, so „königlich" eben auch die Zeche… Schlagartig war Christian in der Region zu einem bekannten Mann geworden.

Christian und die Afrikaner

„Alle Menschen sind frei und gleich an Würde und Rechten geboren. Sie sind mit Vernunft und Gewissen begabt und sollen einander im Geiste der Brüderlichkeit begegnen."
(Allgemeine Erklärung der Menschenrechte 1948)

Christian auf der Veranda des Missionshauses Abokobi, BMA D-30.05.013, 1901/08

117

Christian, der in seinem Leben nie die pietistischen Kreise verlassen hatte, deutschnational aufgewachsen und kaisertreu erzogen war, zeigte in seinen Äußerungen eine uneingeschränkte Begeisterung für die deutschen Kolonien. Die Kritik und Empörung im Reichstag oder in der deutschen Öffentlichkeit über Willkür und Gewalt der deutschen Kolonialherrschaft und am rücksichtslosen Handeln führender Kolonialbeamter fanden bei ihm keinen Widerhall, womöglich hat er sie gar nicht zur Kenntnis genommen. Aus seiner Sicht förderten die Kolonien Deutschlands Ruhm in der Welt, und die Soldaten, Beamten oder Missionare brachten deutsche Kultur zu den „Wilden" und verbesserten damit deren „sittliche Lage". Die üblichen rassistischen Stereotypen seiner Zeit gegenüber Afrikanern schlugen sich im *Deutsch-Afrika-Lied (Kolonial-Lied)* nieder, das er drucken ließ (ebenso wie sein Gedicht von der Ausrüstung des Missionars und das Tischlied), was darauf hinweist, wie bedeutsam es für ihn war:

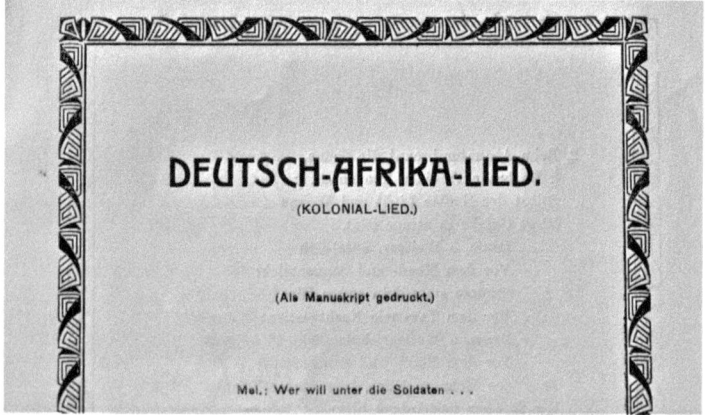

„1. Wer will in die Kolonien,
I: Der muss haben Kraft und Mut, :I
Und bei Ärger, Schweiß und Mühen
Stets behalten ruhig Blut.
Lenkst nach Süden du den Lauf
Nimm den Neger mit in Kauf;
Manchmal kehrt ein deutscher Mohr
Gar die Schattenseite vor.
Lenkst nach Süden du den Lauf
Nimm den Neger mit in Kauf
Doch Geduld und Vor- und Ein- und Aufsicht viel
Führt dich auch mit ihm zum Ziel.

2. Beim Aequator brennt die Sonne,
I: Da braucht's einen Tropenhut, :I
Selbst der Nächte Licht und Wonne
Birgt Gefahr in seiner Glut.
Drum, o Weisser, hüte dich
Vor dem Mond-und Sonnenstich;
Schütze stets dein armes Hirn
Vor dem Tag-wie Nachtgestirn;
Drum, o Weisser, hüte dich
Vor dem Mond- und Sonnenstich;
Trag den Helm zu jeder, jeder, jeder Frist,
Wo du ohne Schutzdach bist.

3. Willst du in den Urwald reisen
I: So vergiss nicht dein Gewehr :I
Sonst wird bald mit Lust verspeisen
Dich der wilden Tiere Heer.
Kannibalen da und dort

Schlangen fast an jedem Ort;
Leopard und Elephant
Fressen dir nicht aus der Hand.
Kannibalen da und dort
Schlangen fast an jedem Ort;
Drum die Büchse hoch und eins, zwei, drei gezielt,
Wenn es Blut und Leben gilt. [...]

6. Wer pflanzt in den fernen Tropen
I: Deutsche Macht und Sitte fort, :I
Ist als echter Mann zu loben;
Vorbild sei sein Werk und Wort.
Als Beamter, wie Soldat,
Tust du eine edle Tat;
Kaufmann, Pflanzer oder gar
Erst als Heidenmissionar.
Als Beamter, wie Soldat,
Tust du eine edle Tat.
Fördert all der Schutzgebiete Wohl und Wert
So wird Deutschlands Ruhm vermehrt." (9)

Auch das bereits zitierte Gedicht „Ausrüstung für einen Missionar auf der Goldküste" strotzt nur so von der Hybris, die deutsche bzw. europäische Kultur sei afrikanischen Kulturen haushoch überlegen. Mit entsprechender Verachtung wird folglich auf die angeblich unzivilisierten und lasterhaften „Schwarzen" herabgeschaut. Hier noch einmal zwei typische Strophen:

„Lehrer unsrer schwarzen Jugend wird fast jeder Missionar.
Sie wächst auf ohn' Zucht und Tugend, jeder Kunst und Weisheit bar.
Da heißts ‚Furcht des Herrn' zu lehren, wahrer Pädagog zu sein
Stets das eigne Wissen mehren, auszuteilen groß und klein. […]

Ham's Geschlecht vom Fluche trunken, gab dem Fleisch die Zügel frei
Ist im Sumpf der Lust versunken; **Retter,** *eilt zur Hilf' herbei!*
Trotzt den sittlichen Gefahren, die euch droh'n nach Seel' und Leib.
Unwachsamen Missionaren hilft zum Fall – ein Negerweib. " […] (9)

Ein heutiger Leser fragt sich wahrscheinlich, was wohl mit „Hams Geschlecht" gemeint ist. Nach dem Alten Testament war Ham, neben Sem und Japheth, einer der drei Söhne Noahs und galt bis zur Zeit der Aufklärung als Stammvater aller afrikanischen Völker. Erst mit der rassistischen sog. „Hamitentheorie" in der zweiten Hälfte des 19. Jahrhunderts verstand man unter Hamiten Völker, die angeblich ursprünglich aus „Kaukasien" nach Afrika eingewandert waren und sich in ihrer Physiognomie von den „negriden" Völkern unterschieden, kulturell angeblich höherstehend waren und selbige unterwarfen. Diese Theorie ist längst als rassistischer Unsinn entlarvt worden, doch zeitigte er bis in die jüngere Vergangenheit fatale Folgen (so die koloniale Klassifizierung der „Tutsi" als hamitisches Herrenvolk in Ruanda und der Hutu als „negrides Bantuvolk", die dort in weiten Teilen der Bevölkerung übernommen wurde und 1994 schließlich zu dem grauenvollen Völkermord an den Tutsi führte). Sem wiederum gilt nach der hebräischen Bibel als Stammvater der Semiten und Japhet als Stammvater aller Völker nördlich von Israel. Noah verfluchte seinen Sohn Ham, der ihn betrunken und entkleidet im Zelt aufgefunden und dann darüber seinen Brüdern berichtet hatte (I. Mose 9, 25).

Dieser Fluch Noahs, so schrieb Christian an anderer Stelle, habe das göttliche Erbe der Schwarzen verschüttet, die *„ursprünglich noch richtige Begriffe von Gott, Sünde, Reinigung, Opfer, Jenseits"* hatten, woraufhin sie *„der unheimlichen Macht der Fetische verfielen: Röm.1,18."* (17)

Paulus schrieb in dem genannten Brief an die Römer (Überschrift: *„Die Gottlosigkeit der Heiden"*): *„Darum hat Gott sie auch in den Begierden ihrer Herzen der Unreinheit preisgeben, sodass sie aneinander ihre eigenen Leiber schänden, sie, die Gottes Wahrheit in Lüge verkehrt und das Geschöpf verehrt und angebetet haben statt des Schöpfers, der gelobt ist in Ewigkeit."* (Röm. 1,24)

In seinem Roman „Morenga" beschreibt Uwe Timm, wie die biblische Überlieferung von den drei Stammvätern zu einer rassistischen Legitimation für die koloniale Unterwerfung und die Apartheid in Südafrika missbraucht wurde:

„Im neunten Kapitel der Genesis verflucht Noah den Sohn Hams, Kanaan und seine Nachkommen zur Knechtschaft. Der Bur dehnt diesen Fluch auf alle Hamiten aus, den Hottentotten rechnet er dazu, sieht also in ihm einen geborenen Sklaven. Wer ist nun der Herr, den Gott über sie gesetzt hat? Was das Volk Israel im alten Bunde war, das ist der Christ im neuen. Im siebten Kapitel des fünften Buches Mose wird die Austilgung der Kanaaniter geboten. So hat Gott den christlichen Buren als den Erben Israels zum Herren über Leben und Tod der verfluchten Nachkommen Kanaans bis in ihr jüngstes Glied (das sind die Eingeborenen Südafrikas) gesetzt." (32, S. 370)

Und neben diese europäische Interpretation setzt Uwe Timm auch eine afrikanische Lesart der Bibel. Er lässt den schwarzen Wanderprediger Shepherd Stuurman den Brief des Jakobus folgendermaßen auslegen:

„Höret zu, meine lieben Brüder! Hat nicht Gott erwählt die Armen auf dieser Welt, dass sie an Glauben reich seien und Erben des Reichs, welches er verheißen hat denen, die ihn lieben? Ihr aber habt den Armen Unehre getan. Sind es nicht die Reichen, die Gewalt an euch üben und ziehen euch vor Gericht?" (32, S. 79)

Zu Christians Behauptung, der Schwarze lebe in Sünde und Unzucht, gab es auch schon seinerzeit ganz entgegengesetzte Auffassungen. So kam der deutsche Ethnologe Leo Frobenius, ein Zeitgenosse Christians, der afrikanische Geschichte und Kulturen in zahlreichen Forschungsreisen nach Afrika von 1904–1935 studierte, zu einem anderen Bild vom Afrikaner: *„Zivilisiert bis ins Knochenmark! Die Vorstellung vom barbarischen Neger ist eine europäische Erfindung"*. Er beschrieb das inzwischen zerstörte *„alte, ritterlich-herrliche Hofleben"* im Sudan und urteilte: *„Der Afrikaner ist züchtig, ist unendlich viel keuscher als der Europäer."* (33, S. 15, 19). – womit er freilich wieder „den" Afrikaner in seinem Sinne idealisierte, vor allem wenn es sich um historische, verschwundene Kulturen handelte. Frobenius war eine schillernde Gestalt: Wir finden in ihm einen teilweise glühenden Ankläger des Kolonialismus, er pflegte auch Freundschaft mit dem Kaiser und diente sich dem Nationalsozialismus an.

Auch Akin Euba bescheinigt den indigenen Kulturen Afrikas eine hohe Moral: *„Darüber hinaus haben die Anhänger der traditionellen Religion einen sehr strikten Moralkodex. Die traditionelle Religion definiert die Moral der Völker Afrikas wie keine andere Institution. Selbst die Polizei wird dadurch* *praktisch überflüssig, denn die Leute beachten schon von selbst alle ihre strengen Vorschriften. Sie wissen nämlich, dass es ein Wesen gibt, das sie ständig beobachtet; eine Gottheit, die darüber wacht, was sie tun und was sie vorhaben."* (19, S. 149)

Im Vorwort zu seinen gesammelten afrikanischen Märchen und Fabeln, die Christian im Ruhestand nach 1931 zusammenstellte, revidierte er frühere Urteile und kam zu anderen Schlüssen: *„Mancher kulturstolze Europäer hat seither aus Unkenntnis geringschätzig auf die schwarze Rasse herabgeschaut und sie nicht viel höher als das Tier gestellt. Nach einem Einblick in ihr Geistes- und Seelenleben dürfte er vielleicht anders urteilen und zu der Überzeugung kommen, dass die Wilden doch bessere Menschen sind, Geschöpfe mit mehr geistigen Fähigkeiten als wir denken."* (34).
Das ist zweifelsohne eine beachtenswerte Kehrtwende. Allerdings kann sich Christian vom Begriff „Rasse" und „Wilder" immer noch nicht trennen. Hier wird der „Andere" exotistisch überhöht, wobei der Exotismus als komplementäre Kehrseite des Rassismus angesehen werden kann. In beiden Lesarten wird dem „Anderen" ein unabänderliches Wesen zugeschrieben, aus dem er nicht ausbrechen kann. Dass sämtliche indigenen Gesellschaften in Afrika sich ständig im geschichtlichen Prozess mit der sie umgebenden und sich verändernden Welt aktiv auseinandergesetzt und ihre Kultur dementsprechend kreativ verändert und angepasst haben, dafür ist in beiden Sichtweisen kein rechter Platz.
Mit seinen rassistischen Stereotypen befand sich Christian allerdings nicht alleine, sondern voll im Zeitgeist, der diese Anschauungen als objektives Wissen betrachtete. Wer das

vertiefen möchte, kann sich im ersten Kapitel von Teil II, „Westliche Bilder vom Afrikaner", eine Vorstellung davon machen, wie dieser Zeitgeist damals aussah und welches Bild Kolonialisten damals von Afrikanern hatten.

Der Schulleiter in Bana Hill: „Die schönste Zeit meines Lebens" – und die Missionarsfrau als „Hüterin der Seele"

Nach ihrem Deutschland-Aufenthalt wurden Christian und Elise 1908 nicht mehr in Abokobi, sondern auf dem Bana-Hügel stationiert. Christian bekam als neue Aufgabe die Leitung der Schule auf dem unweit von Odumase bei Manyakpongunor gelegenen Bana-Hügel als Nachfolger von Missionar Dietrich, der in Ruhestand gegangen war. Missionar Josenhans hatte im Vorfeld ein Empfehlungsschreiben an die Missionsleitung geschickt: *„Und ein solcher Bruder ist da, nämlich Bruder Kölle; in dem Fall hier kann ich mit voller Euphorie sagen, nicht nur in meinem Namen, sondern auch im Namen der verschiedenen Ga-Missionare stimmt alles. Mann und Frau passt wie geschaffen für diesen Posten in Bana."* (51)

Rückblickend berichtete Christian: *„Zuerst war mir diese Umbestimmung nicht recht, doch fand ich mich bald darein und schließlich wurde der Aufenthalt und die Arbeit an der Mittelschule zur schönsten meines Lebens."* (1) Diese Arbeitsphase dauerte bis 1914, unterbrochen von einer Heimreise 1909 nach einer lebensbedrohlichen Blinddarmentzündung. Er reiste allein zu einer Operation nach Tübingen und kam drei Monate später wohlbehalten zurück.

Christian selbst hatte an der Gründung der Schule mitgewirkt. Der örtliche Chief Ami Tei in Manyakpongunor, das ca. 27 km von Odumase entfernt liegt, hatte die Mission 1897 um die Gründung einer Schule gebeten. Ami Tei stand in Konkurrenz zu King Mate Kole in Odumase und machte ihm dessen Herrschaft streitig. Die Schulgründung war für ihn ein Schachzug, um seine Position zu stärken (18, S. 182 ff). Er führte Christian auf den 2 km entfernten Bana-Hügel, der als Ort für die Missionsniederlassung Bana Hill ausgesucht worden war, und schenkte das Grundstück zusammen mit dem Bau eines Schul- und Lehrerhauses der Mission. Der Chief selbst ging in die umliegenden Dörfer und warb innerhalb weniger Monate 40 Kinder für die Schule. Der Unterricht begann zunächst in einer Laubhütte beim provisorischen Lehrerhaus. Für den Neubau des Lehrerhauses und der Schule waren lange Holzbalken erforderlich, und man raunte dem Lehrer zu, dass er Bäume aus dem Fetischhain verwenden könne. *„Eine Menschenmenge strömte zusammen, wunderte sich, dass jemand den Mut hatte, einen Fetischbaum anzutasten und dass keinem ein Leid geschah, war aber nicht ernstlich böse darüber."* (27)

Im Jahresbericht von 1900 erzählte Christian von der Einweihungsfeier der neuen Schule, die mit einem Umzug der Schüler zum neuen Schulhaus unter *„überlautem Trommellärm"* eingeleitet wurde. Am nachfolgenden Weihnachtsfest habe sich auch ein ehemals *„fanatischer Fetisch-Priester"* taufen lassen, der später darum gebeten habe, man möge seine *„Fetische"* zerstören. Er ging *„mit uns in die Fetischhütten. Unter großem Hallo gingen die Schüler ans Werk, entthronten die Majestäten, hieben den Lehmfiguren mit ihren Busch-*

messern die Köpfe, Beine usw. ab, [...] Alles wurde dann auf einen Haufen zusammengetragen; während die Schüler ein Lied sangen, wurde alles verbrannt. Die Heiden waren starr vor Schreck [...]." (52)

Auf dem Bana-Hügel fand auch die Missionarsfrau eine neue Heimat und ihre „Erfüllung". Ihr Alltag bestand darin, dem Missionar den Rücken freizuhalten, seinen Haushalt zu führen und als Mutter für die Kinder da zu sein. Außerdem unterstützte sie die Mission auch direkt, indem sie folgende Aufgaben übernahm: als Hausmutter für die Schüler dasein, durch Besuche Kontakt zu einheimischen Frauen der umliegenden Dörfer pflegen, Gebetsstunden mit den afrikanischen Frauen halten und verschiedenes unterrichten, darunter Nähen und Stricken.

„Näh- und Kleinkinderschule in Abetifi, 1889, unter Frau Ramseyer"; BMA D-30.14.041

Das war eine Vollzeitbeschäftigung, bei der oft wenig Zeit blieb für die eigenen Kinder. Um diese kümmerten sich in erster Linie deshalb die einheimischen Hausmädchen oder der „Hausboy".

Elise pflegte auch den Kontakt zu anderen Missionarsfrauen, die sich in einem Frauenkreis trafen. Als Hausherrin des Missionshauses zeigte sie große Gastfreundschaft. Immer wieder kamen erschöpfte oder durch Krankheit geschwächte Missionsmitarbeiter zu ihr ins Haus, um sich in der guten Höhenluft zu erholen. Allmählich wurde das Haus von diesem Personenkreis gern für „Kuraufenthalte" genutzt, nicht nur wegen des guten Höhenklimas, sondern vor allem wegen der wohltuenden Atmosphäre, deren Kraftzentrum die gute Seele und hervorragende Köchin Elise war. Ein gewisser J., der diese heilsame Umgebung selbst genossen hatte, schrieb viele Jahre später im „Evangelischen Heidenboten" einen Nachruf auf Elise: *„An Tatkraft und Energie hat es der lieben Entschlafenen nie gefehlt. Der hervorragende Zug ihres Charakters aber war mehr die dienende Liebe. Wie freundlich hat sie sich all derer angenommen, die in den letzten Jahren ihres afrikanischen Aufenthalts auf der luftigen Höhe Banas ihre Erholung suchten! Auch der Schreiber dieses* [Nachrufs] *durfte während einer längeren Krankheitszeit die treue Fürsorge und Pflege der Entschlafenen genießen."* (53)

Mit der gleichen Fürsorge war Elise für ihren Mann und ihre Kinder im Einsatz. Sie war damit die entscheidende Stütze für Christian, die ihm die Missionstätigkeit erst ermöglichte. Er wusste das aber auch zu schätzen:

„Der Missionar ist allein nur ein halber, die Missionarsfrau ist der andere – notwendige! – Teil. Und sie war es, die neben so vielem Anderen ihre Aufgabe, das Betätigungsfeld ihrer großen, still dienenden Liebe, an den weißen Brüdern und Schwestern sah. Sie und ihr Bana lebt drum in vieler dankbaren Herzen fort. Das Vielerlei des Missionars lässt leicht die Familie, die Seele zu kurz kommen. Sie war deren Hüterin, die so vieles trug und bewahrte.“ (5)

Christian widmete sich in Bana Hill als Schulleiter den Belangen der Schule, die eine vierjährige Mittelschule für Knaben war, deren Absolventen anschließend die höhere Schule in Akropong zur Ausbildung künftiger Lehrer und Katechisten besuchen konnten. Mädchen wurden getrennt unterrichtet, so hatte die Basler Mission 1856 in Aburi, 1858 in Abokobi und etwas später in Odumase Internate für Mädchen gegründet, die 1898 an diesen drei Standorten 174 Schülerinnen hatten. Ihnen war allerdings das Seminar in Akropong noch längere Zeit unzugänglich (4, S. 117/118). Vor der Gründung von Bana Hill fanden Jungen aus dem Kroboland nur selten den Weg zur weit entfernten Mittelschule in Christiansborg an der Küste, was zwei Gründe hatte: Erstens wollten sie dort nicht hin, weil sie von der Bevölkerung an der Küste als Fremde angesehen wurden, und zweitens förderten die Missionare dies auch nicht, weil sie befürchteten, die Knaben seien dann zu stark den „Versuchungen der Stadt“ ausgesetzt, was ihrer sittlichen Entwicklung nicht guttun würde. Die Schule Bana Hill hatte, als Christian 1908 die Leitung übernahm, 82 männliche Schüler, 1912 waren es 110.

Erstaunlich ist die Vielzahl der Fächer, die nach Regularien der englischen Kolonialregierung gelehrt und in denen von einem Vertreter der britischen Kolonialverwaltung auch Prüfungen abgenommen wurden: Englisch lesen und englische Konversation, Schönschrift, englische Grammatik, Arithmetik, Geometrie, Gesundheitslehre (Hygiene), Geographie und Geschichte. Neben den vier Grundrechenarten lernten die Schüler Kalkulation und Buchhaltung, ausländische Wechselkurse, in Geographie auch etwas über Export und Import. Sämtliche Fächer wurden in Englisch unterrichtet. Hinzu kamen Bibelkunde (die sich auf das gesamte Alte und Neue Testament bezog), Katechismus, Morgen- und Abendandachten.

Als Schulleiter legte Christian viel Wert darauf, dass die Schüler sich praktisch betätigten, landwirtschaftliche und handwerkliche Fähigkeiten erlernten. Die Grundschüler wurden am Bau der Mittelschule, der Schlafsäle für die Schüler und der Wohnungen für die Lehrer und die Missionarsfamilie beteiligt: Sie formten Lehm zu Backsteinen, die in der Sonne gebrannt wurden, und schleppten Balken und Bretter aus mehreren Stunden Entfernung zur Baustelle (16, S. 53).

Gleich im ersten Jahr, nach Bezug der neuen Schule, baute Christian mit den Schülern und Lehrern eine Zisterne, da man in der Trockenzeit monatelang das nötige Wasser anderthalb Stunden weit vom Volta-Fluss in Fässern heranschaffen musste. Ein Zisternenloch von 16 Fuß Durchmesser und Tiefe wurde in den felsigen Untergrund getrieben und dann ausgemauert.

Wenig später wurde eine Musterplantage mit elf Feldern angelegt, auf denen die Schüler verschiedene Pflanzen anbauten, die im Rahmen der kolonialen Ökonomie für den Export bestimmt waren, als da wären: Kaffee, Baumwolle, Kakao, Gummi, Kola, Pfeilwurz, Mais, Zimt und Kampfer. Daneben brachte man ihnen bei, wie diese Pflanzen exportfertig verarbeitet werden.

Die Schüler sollten also nicht lernen, wie man Landwirtschaft zur Eigenversorgung (Subsistenzwirtschaft) betreibt – das hätten ihnen auch ihre Eltern beibringen können –, sondern mit der Produktion und Verarbeitung von Exportfrüchten zum Nutzen des kolonialen „Mutterlandes" vertraut gemacht werden. Hier wurde auf der Ebene der Schule modellhaft versucht, die Menschen weg von der einheimischen Subsistenzökonomie, der Sicherstellung des Lebensunterhaltes einer Familie oder einer Gemeinschaft, hin zu einer Produktion für den (globalen) Markt zu erziehen. Anders gesagt: Das erworbene Wissen sollte die Schüler dazu befähigen, später als Plantagenarbeiter oder als selbständiger Kleinbauer landwirtschaftliche Produkte für den Verkauf („Cash-Crops") zu erzeugen. Wenn die Produktion für den Export neben der Subsistenzwirtschaft betreiben wird, kann sie auch ihren Nutzen für den Produzenten haben, aber das Problem dabei ist, wer über die Preise und die Austauschbedingungen bestimmt. Heute wissen wir längst, welch hohe Risiken die Umstellung einer Subsistenzlandwirtschaft auf eine Produktion von Cash-Crops vor allem für die Kleinbauern mit sich gebracht hat, haben sich diese doch dadurch in eine Abhängigkeit vom Nachfrageverhalten der reichen Länder, von Preisspekulation und generellen Marktschwankungen gebracht.

Über die Ausbildungsziele der Missionsschule schrieb Christian im Manuskript „Der Kopfjäger und sein Sohn" (1936):

„Die Mittelschule sollte christliche Charaktere, zukünftige Führer des Volkes liefern. Da aber einseitig wissenschaftliche Ausbildung nicht nur ein Zerrbild, den Hosen- oder Stehkragenneger hervorbringt, wurde eine Musterplantage angelegt, auf der die Schüler täglich 2 Stunden Handarbeit verrichteten. Sie lernten dabei, wie Kakao, Kaffee, Baumwolle, Gummi, Zimt, Pfeilwurz u.a. gepflanzt und für den Export zubereitet wird. Das war besonders für diejenigen Schüler von Wert, die nach der Mittelschule weder Aufnahme im Seminar, noch in einer Faktorei als Schreiber fanden. Auch wurde dadurch die Arbeit des Bauern vor Geringschätzung bewahrt." (16, S. 54)

In den sogenannten Faktoreien, die von den Missionaren aufgebaut wurden, wurden Rohprodukte für den Export gesammelt und zum Transport verpackt. Ein Teil der Schüler wurden also als Fachkräfte ausgebildet, die später als Angestellte in der B.M.T.C. (Basel Mission Trading Company), der Handelsgesellschaft der Basler Mission (näheres dazu im zweiten Teil, Kap. 3) arbeiteten. Andere wurden nach der Mittelschule in Seminaren für den eigenen Nachwuchs der Mission an Lehrern und Katecheten weitergebildet oder fanden Arbeit bei der Kolonialverwaltung.

Im damals weit verbreiteten Stereotyp des „Hosen- oder Stehkragen-N..." entlarvt sich die Unaufrichtigkeit der angeblich zivilisatorischen Mission des „weißen Mannes" selbst. Einerseits möchte der „weiße Mann" den „Wilden" die „Zivilisation" bringen, weil sie eine solche nicht hätten. Andererseits macht er sich über jene Afrikaner lustig, die ihn beim Wort nehmen und sich europäischen Kulturmustern anzugleichen versuchen. Sie mögen sich in einen Gehrock zwängen oder einen Stehkragen anlegen, doch werden sie dabei stets wie ein Clown wirken, weil sie im Innersten eben „Wilde" sind. Allen vorgeblich kulturmissionarischen Zielen zum Trotz verhöhnt sie der „weiße Mann" als „Hosen- und Stehkragen-N…". Hieran erkennt man, dass die Legitimität kolonialer Herrschaft auf das Prinzip rassistischer Ausgrenzung angewiesen war und der Afrikaner gefälligst auf dem Platz bleiben sollte, den ihm die „Natur" angeblich zugewiesen hat.

Paul Wohlrab von der Evangelischen Missionsgesellschaft für Deutsch-Ostafrika führte 1905 dazu aus: *„Eine kurze Kniehose ist auch für den Neger durchaus kleidsam, aber ein Neger in langer Hose, aus der unten die bloßen Füße herauskommen, sieht aus wie ein Vagabund. Und dabei kommt er sich selbst, darin liegt der Schaden, wie ein Europäer vor."* (37, S. 312)

Im Gegensatz zu den englischen Kolonialschulen, die auf eine rasche Assimilierung der Afrikaner an die englische Kultur zielten – was aber eben nicht aufrichtig gemeint, sondern stets doppelzüngig war –, wurde auf Bana Hill der Unterricht in einheimischen Sprachen gefördert: Als eigenes Fach wurde Ga als Schriftsprache gelehrt, und die Schüler lernten, Aufsätze in ihrer Muttersprache zu schreiben. Außerdem lernten sie die Sprache Twi sowie Übersetzungen vom Ga ins Twi und umgekehrt.

Diese Art der Wertschätzung der einheimischen Kultur diente vor allem dem Ziel, die Verbreitung des Christentums zu fördern. Wilfried Speitkamp schrieb dazu: *„Die Haltung der Missionare zu den einheimischen Kulturen blieb widersprüchlich. Man wollte einerseits zentrale Teile der alten Kulte ausrotten, namentlich das, was man als Magie und Fe-*

tischglauben ansah, andererseits versuchte man, schon um die Akzeptanz der Mission zu erhöhen, Elemente heimischer religiöser und medizinischer Praktiken in die eigene Arbeit zu integrieren. Zumal die Missionare eben eine nivellierende Verwestlichung ablehnen, wollten sie sich gerade nicht an der Durchsetzung der Kolonialsprache beteiligen, sondern die heimischen Sprachen etwa durch die Niederschrift von Volksmythen oder durch die Übertragung der Bibel in die jeweilige Sprache fördern." (37, S. 314)

Da die meisten afrikanischen Kulturen südlich der Sahel-Zone bis dahin keine Schrift kannten, beruhte die Weitergabe des Wissens und der Traditionen auf mündlicher Überlieferung. Die Verschriftlichung der einheimischen Sprachen war die Voraussetzung für Bibelübersetzungen und eröffnete neue Möglichkeiten im Kulturaustausch durch Gedrucktes. In den Fächern Geschichte und Geographie wurde in Bana neben der großbritannischen auch „afrikanische Landeskunde" und „afrikanische Geschichte" bzw. die „Geschichte der Goldküste" gelehrt.

Wir können mit Sicherheit davon ausgehen, dass dieser Unterricht tendenziös und durch die koloniale Brille gefärbt erfolgte. Abgesehen davon musste man den Krobo und anderen Ethnien die Geschichte der Region ja nicht erst beibringen, da sie ihre eigenen mündlichen Traditionen hatten, denen wahrscheinlich ein anderes Geschichtsverständnis und ein anderes Erkenntnisinteresse zugrunde lagen. Ebenso ist davon auszugehen, dass diese mündlichen historischen Traditionen in intellektueller und geschichtsphilosophischer Hinsicht den Vergleich mit europäischer Geschichtsschreibung und -erinnerung, wie vielfach für Afrika belegt, gewiss nicht zu scheuen brauchten. Einheimische Sichtweisen auf die eigene

Geschichte dürften jedoch kaum Eingang in den Geschichtsunterricht der Bana-Hill-Schule gefunden haben.

Christian und Elise vor dem Missionshaus Bana Hill (vorne), zwischen 1908 und 1912, mit den Missionaren Erhardt und Kugler; Familienarchiv und BMA D-30.07.006

Die sportlichen Fächer wurden in Bana Hill großgeschrieben. Es wurde nicht nur geturnt, sondern auch Fußball, Schlagball und Reiterball gespielt. Im Fach Musik erlernten die Schüler das Notensystem, Rhythmik, mehrstimmiges Singen und Grundkenntnisse im Harmoniumspielen. Nach vier Schuljahren konnten sie die Texte von 36 christlichen Chorälen teilweise im deutschen Text auswendig singen. Zu den künstlerischen Fächern zählte außerdem das Freihandzeichnen. Missionsarzt Fisch gab Lektionen in Tropenkrankheiten und Gesundheitsvorsorge und arbeitete dabei als ambitionierter Fotograf sogar mithilfe projizierter Bilder durch eine Laterna magica.

In muttersprachlichen Aufsätzen sollten Schüler einheimische Sitten und Gebräuche aufschreiben, ebenso wie Märchen, Fabeln und Rätsel, die Christian auch systematisch sammelte. Darüber, wie ihm diese auch jenseits der Schule zu Gehör gebracht wurden, berichtete er: *„Gesammelt habe ich sie z. T. auf dem Reise-Marsch bei der Unterhaltung mit den Begleitern oder wenn man abends nach der Andacht mit den Leuten im Hof noch plaudernd zusammen saß. Da gehen sie erst recht aus sich heraus und man gewinnt Einblicke in ihr Seelenleben, die äußerst wertvoll sind […] es ist die beste Vorbereitung für eine „artgemäße" Verkündigung der frohen Botschaft, die so erst voll verstanden wird und Frucht wirken kann."* (54, 15. 2. 1935)

Christian war stets bemüht, den Kontakt zu den Krobo zu vertiefen, nicht zuletzt, um sie leichter für das Christentum zu gewinnen. Dabei konnte er einen beachtlichen Kulturschatz an mündlichen Traditionen für die Nachwelt erhalten. Als kleine Beispiele seien hier folgende Rätselfragen vorgestellt:

„Nr. 187. Ich habe ein Zimmer, worin ich meine Sachen aufbewahre, aber ich selbst bin noch nicht darin gewesen. – Lösung: der Bauch bzw. Magen.

Nr. 188. Ich ging in den Schatten eines grünen Baumes und fühlte die heiße Sonne, doch unter einem dürren Baum brannte sie mich nicht. – Lösung: Im Haus eines Reichen musste ich Hunger leiden, in einem armen Haus wurde ich gut verpflegt und satt.[…]

Nr. 196. Wie heißt das Haus, das keine Türe hat? – Lösung: das Ei. […].

Nr. 214. Welche Türe geht immer auf und zu? – Lösung: das Augenlid." (34)

Ein besonderes Ereignis beschrieb Christian in seinem Jahresbericht vom 10. Januar 1909: „*Zum Beschluss des Schuljahres* [1908] *wurde am 22. Dezember noch das übliche öffentliche Examen abgehalten, in dem auch religiöse Fächer und die Landessprache einigermaßen zu ihrem Recht kamen. Unter anderem wurde auch Chief Ba von Manyakpongunor und King Mate Kole von Odumase dazu eingeladen. Letzterer hatte aus altem Groll Bana noch nie betreten. [...] Aber wer beschreibt unser Erstaunen, als an dem bestimmten Tag der wohlbeleibte Odumase-König zusammen mit Chief Ba und ihrem beiderseitigen Gefolge wirklich auf Bana erschienen! [...]. Der seltene Gast hörte beim Examen aufmerksam zu bis zum Schluss.*" (55) und richtete dann noch selbst das Wort an die Schüler. Mate Kole hatte ursprünglich das Schulprojekt Bana Hill boykottiert, das auf dem Territorium seines alten Kontrahenten Chief Ami Tei lag, der die Ressourcen für die Schulgründung bereitgestellt hatte. Sein Erscheinen in der Schule zeigte eine Kehrtwende an.

Schwarze Pädagogik

Die in Bana Hill angewandten Erziehungsmethoden sind aus heutiger Sicht ein eher düsteres Kapitel, sie entsprachen den damaligen Maximen, die auch im Deutschen Reich üblich waren. In einem Erziehungshandbuch von damals wurde das oberste Erziehungsziel wie folgt formuliert: *„Der Wille des Kindes muss gebrochen werden, das heißt es muss lernen, nicht sich selbst, sondern einem anderen zu folgen."* (56, S. 670) Die erwünschten Tugenden waren Fleiß, Ordnung, Pflichterfüllung und bedingungsloser Gehorsam gegenüber jeglicher Autorität.

Der Historiker Veit Arlt, wissenschaftlicher Mitarbeiter an der Universität Basel, schrieb in einer Studie über Bana Hill: *„Es ist wichtig zu verstehen, dass die Basler Mission als bürokratische Organisation weit davon entfernt war, die demokratischen Traditionen der Schweiz zu repräsentieren, vielmehr basierte sie auf dem preußischen Militarismus."* (57, eigene Übersetzung aus dem Englischen)

Die Wurzeln dieser Erziehung lagen im **Pietismus**, zu dessen Urahnen der Theologe Philipp Jacob Spener (1635–1705) und sein Schüler, der Theologe und Pädagoge August Hermann Francke (1663–1727), zählten. Spener kritisierte die Erstarrung der lutherischen Kirche zum toten Buchstabenglauben und begründete den Pietismus als Reformbewegung, in der die werktätige Liebe und aktive Mitwirkung des Kirchenvolkes im Zentrum standen. Statt den „*Gott des Gesetzes*" predigte er den „*Gott der Liebe*" (2, S. 497). Indem der sündige Mensch Buße tut und aufrichtig bereut, konnte ihm durch Gottes Gnade eine neue Natur als Kind Gottes gegeben werden. Die Stärkung des Glaubens jedes Einzelnen, die Förderung eines christlichen Lebenswandels und regelmäßige Treffen zur Bibelstunde lagen ihm am Herzen.

Francke war Mitglied der Königlich Preußischen Sozietät der Wissenschaften mit Beziehungen zum preußischen Militär und Herrscherhaus. Sein Lebenswerk waren die Franckeschen Stiftungen in Halle, die als Armenschule begannen und denen später ein Waisenhaus angegliedert wurde. „*Puritanische Werte wie Zucht und Ordnung, Sparsamkeit und Fleiß bestimmten das Leben in Halle.*" (2, S. 460) Für Lebensfreude gab es da wenig Platz.

Innerhalb von 50 Jahren Bauzeit entstanden in Halle Schul- und Wohngebäude, Werkstätten, Gärten und eine Apotheke in einer Schulstadt, in der bis zu 2500 Menschen lebten, die an der Konzeption einer christlichen Gesellschaftsreform arbeiteten. „*Er selbst war ab 1698 Unternehmer, er finanzierte seine Einrichtungen wie eine Druckerei, eine Zeitung und eine Apotheke, nicht nur aus Spendengeldern, sondern indem er Handel trieb. Diesen sogenannten ‚Reichsgotteskapitalismus' rechtfertigte er damit, dass er ihn als Dienst an der Gemeinschaft sah.*" (2, S. 460)

In Württemberg fand der Pietismus eine besondere Ausbreitung durch Albrecht Bengel (1697–1752) und Friedrich Christoph Oetinger (1702–1782). In Basel waren im Rahmen einer christlichen Erweckungsbewegung im 18. Jahrhundert pietistische Strömungen entstanden, die zunehmend bürgerlich-konservative Kreise durchdrangen und als „Frommes Basel" bekannt sind. Hier wurde 1780 die Deutsche Christentumsgesellschaft gegründet, die eine zentrale Rolle im südwestdeutschen Pietismus spielte, und aus der die Basler Mission und weitere 36 Organisationen mit Sitz in Basel hervorgingen. Die schweizerische Stadt in Nachbarschaft zu Frankreich und Deutschland war ein weltoffenes, lebhaftes Zentrum von Handel, Industrie und Gelehrsamkeit. Die Gründer der Basler Mission von 1815 erklärten ihre Organisation als *„international und frei von konfessioneller Bindung"* (3, S. 20).

Wie in vielen Bewegungen kam es jedoch auch im Pietismus zu Verkrustungen, Dogmatismus und Abweichungen von der ursprünglichen Vision. In den 1830er Jahren *„hatte der Pietismus bereits die anfängliche Tugend der dogmatischen Toleranz abgestreift und zeigte nun ein dunklere Seite seines Wesens, welche gewisse Kreise seiner Anhänger letztlich in die Arme des religiösen Fundamentalismus treiben sollte. Trotz solcher zeitweiliger Verirrungen treten aber durchgehend drei Merkmale hervor, die das Wesen pietistischer Pflichterfüllung ausmachten und mit denen Berge versetzt werden konnten: ein ausgeprägtes Sendungsbewusstsein, eine eiserne Disziplin und ein pragmatischer Ansatz im täglichen Werk."* (4, S. 16)

Die Schulordnung in Bana Hill war angelehnt an die Regeln des Basler Missionshauses. Der Tagesablauf war mit strenger Disziplin vom Wecken um 5.30 Uhr über das obligatorische Antreten zur Morgenandacht um 5.50 Uhr mit bis abends zum Lichtlöschen um 21:00 Uhr genau durchgeplant. Ehemalige Schüler erinnerten ihre Schulzeit als eine

Art militärisches Trainingslager. Christians Tochter Ruth berichtete von dem politischen Drill in der Schule, den sie als Kind miterlebt hatte, als sich schon morgens die Schüler unter gehisster Fahne versammelten, was den Afrikanern überhaupt nicht lag (65).

Die Schule mit ihrer Hügellage isolierte die Kinder von der Außenwelt, jeder Ausgang musste vom Vorsteher oder Hausvater genehmigt werden. Auch außerhalb der Schule, z. B. in den Ferien, hatten die Schüler den Prinzipien eines christlichen Lebenswandels zu genügen: „*Von den Schülern wird jederzeit Gehorsam, Aufrichtigkeit und Fleiß erwartet.*" (57, Punkt 9 der Schulordnung) Die Mitschüler wurden verpflichtet, eigene Verfehlungen und die ihrer Mitschüler beim Lehrer oder Schulleiter anzuzeigen.

Die Hierarchie unter den Schülern war klar geregelt: Jedes Jahr wurde vom Schulleiter ein Senior-Schüler bestimmt, der die Oberaufsicht über alle anderen Schüler hatte: „*Er unterstützt die Lehrer in der Aufsicht, muss sich deshalb seiner Würde und Verantwortung immer bewusst sein. Die Schüler müssen ihm gehorchen [...]*" (57, Punkt 18 der Schulordnung). Daneben galt generell das Prinzip, dass die älteren Schüler die jüngeren Jahrgänge überwachten. Unter der Hand entwickelten sich unter den Schülern Eintritts-Rituale, bei denen die Neulinge („die Sünder") von den Alten („den Heiligen") mit Schlägen begrüßt und damit in die bestehende (Hack-)Ordnung eingegliedert wurden.

Um die Schulregeln durchzusetzen, gab es ein festgelegtes Strafsystem. Strafarbeiten wie Steine klopfen war dabei noch das kleinere Übel gegenüber der körperlichen Züchtigung. Die Prügelstrafe wurde vor den versammelten Mitschülern zelebriert, was den Sinn hatte, den Betreffenden zu demütigen und bloßzustellen. Leugnete jemand die ihm vorgeworfene „Missetat", galt der Rohrstock als probates Mittel, um die Wahrheit aus ihm herauszuprügeln.

Schulische Prügelstrafe in Preußen 1842; Quelle: Wikipedia, siehe Abbildungs-nachweise

So schrieb Christian in seinem Jahresbericht der Bana-Mittel-schule im Jahr 1914 über einen Schüler, der Geld gestohlen hatte: *„Nach anfänglichem Leugnen half ihm der ‚Stab We-he' bald zum Bekenntnis [...] der Zauberstab tat wieder Wun-der. Nach etlichen Hieben konnte der Dieb immer genau*

die den einzelnen Schülern entwendeten Summen angeben."
(58) Danach wurde der Dieb vor versammelter Schülerschaft entlassen.

Wie weit Christian die Bestrafung mit Prügeln selbst durchgeführt oder an seine Lehrer delegiert hat, ist auch aus dem Nachlass nicht ersichtlich. Jedoch berichtete seine Tochter Ruth,
die ihre ersten sechs Lebensjahre bei den Eltern in Bana Hill
verbracht hatte, einmal mir gegenüber, ein Schüler von Christian habe sich bei ihr beklagt, er sei vom Schulleiter geschlagen
worden, nachdem er versehentlich auf eine seiner Jaguarfal-
len getreten war. Dann habe sie ihm erzählt, dass Christian
auch seine eigenen Kinder zur Bestrafung schlage (es muss
sich also um sie selbst und den kleinen Bruder Adolf gehandelt haben), woraufhin der Schüler entgegnet habe, na dann
sei es ja in Ordnung.

Während des Ersten Weltkrieges wurden in afrikanischen
Presseartikeln wiederholt ,die Deutschen' (gemeint war die
Basler Mission) für ihr nationalistisches Gebaren in Verbindung mit körperlicher Bestrafung in den Schulen als deutsche Grausamkeit kritisiert (57, S. 6). In Deutschland wurde
auch Jahrzehnte danach die Gewalt gegen Kinder als Erzie-
hungsmittel weiter angewendet. Erst im Jahr 2000 wurde sie
mit dem Gesetz zur Ächtung von Gewalt in der Erziehung
unter Strafe gestellt. Die „Gewaltsstudie 2013" der Universität Bielefeld offenbarte allerdings, dass immer noch fast
ein Viertel (22,3 %) der Kinder und Jugendlichen in Deutschland oft oder manchmal von Erwachsenen geschlagen werden.

In Bana Hill ordneten sich aber nicht alle Schüler dem autoritären Schulregime gehorsam unter. Es gab auch „Rebellen"

unter ihnen, die sich die Antastung ihrer Würde nicht gefallen lassen wollten. Christian berichtet von einem älteren Bana-Schüler, der vor den Augen der Jüngeren mit Prügel bestraft wurde. Nach dieser Demütigung und Bloßstellung war dieser so unbändig wütend auf den Schulleiter, dass er dessen Yams-Farm verwüstete, woraufhin er der Schule verwiesen wurde. Andere Schüler nahmen aber lieber gleich Reißaus und verließen die Schule, wenn ihnen die Demütigung durch öffentliche Prügel drohte. Sie nahmen damit in Kauf, dass sie ein Bußgeld zahlen mussten und ihnen ein Zeugnis verweigert wurde, denn das war laut Schulordnung die Strafe für jeden Schulabgang, ob er nun freiwillig erfolgte oder aus disziplinarischen Gründen erzwungen wurde.

Ausschluss aus der Schule in Bana Hill war überdies die Strafe schlechthin, wenn ein Erzieher auch nur im Entferntesten „Unzucht" gewittert hatte. Da reichte schon ein abgefangener Liebesbrief, um Empfänger und/oder Sender sofort zu entlassen. In einem Jahresbericht beschrieb Christian einen Vorfall, bei dem ein findiger Schüler mithilfe europäischer Zeitungen Textilien mit Spitzenbesatz bestellt und begonnen hatte, mit ihnen Handel unter den Schülerinnen der Mädcheninternate zu treiben, was auch zu „Liebeleien" führte. Er wurde öffentlich bestraft und entlassen, danach auf kniefällige Bitten seines alten Vaters hin zur Probe aber wieder aufgenommen (57). Die erwachende Sexualität der pubertären Schüler galt in der leibfeindlichen Basler Tradition als Versuchung des Teufels, die im Keim erstickt werden musste.

Während der letzten zwei Schuljahre führte der Schulleiter persönlich den Taufunterricht durch. Zum Abschluss der Schulausbildung hin konnte jeder Schüler die christliche

Taufe beantragen, und es ist davon auszugehen, dass ein solcher Antrag fast ausnahmslos bewilligt wurde. In der Nacht vor der Taufe schliefen die Täuflinge in einem separaten Raum in Betten mit frischen weißen Bettlaken. Wenn einer die kleine Prüfung während der Tauf- oder Konfirmationszeremonie nicht bestanden hatte, wurde sein Laken mit rotem Palmöl bestrichen, seine Aufnahme in die Gemeinde war nicht fleckenlos. Zur Feier selbst trugen die Täuflinge einfache weiße europäische Anzüge. Damit sollte der Austritt aus ihrem alten („heidnischen", traditionellen) und der Eintritt in ein neues („zivilisiertes", christliches) Leben symbolisch zum Ausdruck gebracht werden. Die Farbe weiss galt als Ausdruck der Reinheit.

Schüler von Bana Hill vor der Konfirmation, mit Missionar Dietrich; BMA D-30.07.0111899/1908

Als Zeichen der Demut und Bescheidenheit gingen sie barfuß. Taufe und Konfirmationsfeier selbst fanden in der Kirche von Odumase statt. Singend zogen die Schüler mit ihren Lehrern in den Nachbarort und trafen dort andere Täuflinge aus der Umgebung. Am Gottesdienst wirkten sie mit, indem sie Choräle sangen. Nachmittags wurden in den Häusern der Familien Dankesfeste gefeiert, und der Tag endete mit einem Abendgottesdienst, an dem die Jungen nunmehr als vollwertige Gemeindemitglieder teilnahmen.

Einige Wochen später, nach den letzten Schulprüfungen, wurde der letzte Schultag auf Bana Hill mit einem Schulfest gefeiert, auf dem die Schüler Choräle sangen, Sketche aufführten und Gedichte oder Reden vortrugen. In der Nacht begingen dann die Absolventen eine eigene geheime Feier. „*1912 wurde Kölle Zeuge einer solchen Veranstaltung von Absolventen der neuen Seniorklasse. Der Dienstälteste forderte die Schulabgänger auf, sich draußen in der Welt gut zu benehmen, allen Verlockungen zu widerstehen, ihre christliche Bildung zu bewahren und ihre Alma Mater zu ehren. Dann ermahnte der Senior der Schulabgänger die neue Seniorklasse, den Wert ihrer neuen Position zu würdigen, eifrig zu studieren und denen, die nachkämen, zu helfen. Andere Reden wurde gehalten unter dem Motto ‚Wissen ist Macht‘ und ‚Immer nach vorne, niemals zurück‘. Danach tauschten sie untereinander Geschenke aus wie Süßigkeiten und Geld, und ein Gesang beendete die Abschlussfeier. Diese private Feier zeigt, dass die Basler Mission mit ihrer Charaktererziehung tatsächlich erfolgreich war.*“ (57, S. 12 f., eigene Übersetzung aus dem Englischen)

Während trotz aller Strafen die Erziehung hin zu pietistischen Moralvorstellungen mit großen Mühen verbunden und nicht immer erfolgreich war, gelang die Vermittlung der Bereitschaft zu Disziplin und Leistung besser. Die Absolventen besuchten nicht selten das Lehrer- oder das Priesterseminar und wurden so zu Multiplikatoren der Missionsarbeit. Die Schulbildung eröffnete ihnen viele Möglichkeiten auch außerhalb der Mission und ihres Herkunftsgebietes. In der kolonialen Wirtschaft und Verwaltung waren sie sehr begehrt und bekamen rasch gute Stellen. Manche kamen in Führungspositionen und bildeten die spätere Elite Ghanas. Sie waren stolz auf ihre Zeit in Bana Hill und pflegten ihre Tradition und Gruppenidentität als „Old Boys".

Veit Arlt schrieb zusammenfassend zur Pädagogik der Basler Mission: *„Die Basler Mission spielte bis zum Ende des Ersten Weltkriegs eine zentrale Rolle im Schulwesen auf der Goldküste [...]. Mit der pietistischen Frömmigkeit war ein preußischer Ordnungssinn verbunden, der diesen Anstalten einen militärischen Charakter verlieh. Die starke Betonung der Disziplin wirkt noch heute im Schulwesen Ghanas nach. In Analogie zum Konzept der segregierten Christensiedlungen (Salem) wurden die Schüler von ihrer Umwelt abgeschottet, und die Anstaltsordnung wurde zum alleinigen Orientierungssystem. Die Anlage der ersten Mittelschule in der Krobo Region auf dem Bana Hügel vollzog dieses Prinzip in idealer Weise. Doch es war gerade der Zugang zum Schrifttum, der diese Abschottung durchbrach, und die Missionare hatten wenig Kontrolle, über die Aneignung europäischer Bildung und Kultur durch ihre Schüler."* (57, S. 16)

Nach dem erzwungenen Abzug der Deutschen im I. Weltkrieg übernahm die englische Verwaltung Elemente der Schulpolitik der Basler Mission. Ab 1918 wurden die Regeln in der Schule, nun unter einheimischer Leitung, noch strenger. Später litt der Schulbetrieb auf Bana Hill unter nachlassenden Bewerberzahlen und musste von 1975–84 und 1997–2011 geschlossen werden. Danach entstand das Bana Hill Lay Trainig Center mit Angeboten von Kursen und Seminaren für Katecheten und für theologisch interessierte Laien.

Die Basler Mission hat auf der Goldküste einen wesentlichen Beitrag zum Aufbau des schulischen Bildungswesens des Landes geleistet, der bis ins heutige Schulwesen in Ghana nachwirkt. Eine Pionierleistung war die Verschriftlichung einheimischer Sprachen und der Unterricht in einheimischen Sprachen. In Ghana werden je nach Quelle zwischen 46 und über 100 Sprachen gezählt. Heute ist Ga eine von neun ghanaischen Literatursprachen, die in der Schule unterrichtet werden. Mehr als die Schulen der Kolonialverwaltung oder anderer Missionen legte die Basler Mission auch Wert auf die schulische Ausbildung von Mädchen. 1857 eröffneten die Basler in Osu (heute Stadtteil von Accra) auch die erste Ausbildungswerkstatt, in der Schreiner, Bauhandwerker und Gerätemacher ausgebildet wurden und die später um einen Betrieb zur Herstellung von Wagen, Rädern und Fässern erweitert wurde.

Im zweiten Teil des Buchs möchte ich einige allgemeinere Überlegungen zum Verhältnis der Basler und anderer Missionen zum System des Kolonialismus anstellen. Dabei möchte ich auch die ambivalente Haltung der Missionen und ihrer Mitarbeiter zur Sklaverei und ihre Aktivitäten im Gesundheitswesen und in der Wirtschaft beleuchten. Außerdem soll das Pro und Contra der eingeführten europäischen Schulbildung erörtert werden.

Zurück in der Heimat

Christian war seit 1896 nicht nur Schulleiter in Bana Hill, sondern auch Distrikts-Schulinspektor. 1912 wurde ihm zusätzlich das Amt des Generalpräses übertragen, nachdem Missionar Josenhans nach Europa abgereist war, was einige zusätzliche Arbeit mit sich brachte. So fühlte er sich Anfang 1914 wieder „europareif" unternahm vorher noch eine Informationsreise durch Togo, um die deutsche Kolonie und die dort aufgebauten Bremer Missionsstationen kennen zu lernen. In einer von ihnen arbeiteten der Missionar Spiess und dessen Frau, Christians Schwägerin bzw. Elises Schwester Sophie.

Die Missionarsfamilie mit zwei kleinen Kindern (Adolf, 2½ Jahre und die fast sechsjährige Ruth) nahm Abschied von Bana Hill. Elise ahnte voraus: *„Ich glaube nicht, dass wir Bana je wieder sehen werden."* Die Lehrer und Schüler gaben ihnen auf dem Weg zum Schiff zwei Stunden lang ein Ehrengeleit unter fortwährendem Gesang deutscher Missionshymnen, von denen eine immer wieder erklang:

> *„Weh, daß wir scheiden müssen*
> *laß dich noch einmal küssen*
> *ich muß an Kaisers Seiten*
> *ins falsche Welschland reiten.*
> *Fahr wohl, fahr wohl, mein armes Lieb [...]*

Ich denk an dich mit Sehnen,
gedenk an mich mit Tränen.
Wenn meine Augen brechen
will ich zuletzt noch sprechen
Fahr wohl, fahr wohl, mein armes Lieb."

Unterwegs wurden sie in Akropong von den Seminaristen empfangen und bis ins nächste Dorf begleitet. Auf dem Schiff Lucie Woermann ging die Fahrt von Accra nach Hamburg, das sie Mitte April erreichten.

Das war ein ehrenvoller Abschied, den die zurückgebliebenen Missionare nicht mehr erleben konnten. Sie mussten 1917 schimpflich als Kriegsgefangene das Land verlassen. Die Basler Mission konnte 1914 auf eine Zahl von 196 Pfarreien, 174 Schulen mit über 10.000 Schülern schauen, das waren 30 % aller Schüler der Goldküste. Hinzu kamen zahlreiche Niederlassungen der Missionshandelsgesellschaft.

Am Bodensee konnten die Eltern erstmals wieder mit allen sieben Kindern als komplette Familie zusammenleben. Das war gar nicht so einfach, weil sich einige Kinder noch gar nicht kannten. Aufgrund ihrer unterschiedlichen Lebenswege hatten sich Geschwistergruppen herausgebildet: Die drei Ältesten, Lina, Theodor und Gertrud, waren bei Tante Marie aufgewachsen, die ihre Ersatzmutter war. Emma und Hedwig, die im Missionskinderhaus zusammengelebt hatten, waren unzertrennlich. Auch Ruth und Adolf, die zusammen mit den Eltern von der Goldküste gekommen waren, blieben lebenslang ein enges Geschwisterpaar. Im Schlösschen Irsee bei Emmishofen auf der schweizerischen Bodenseeseite lernten sich alle nun näher kennen. Dort hatte Christians Bruder Immanuel ein wunderbares Wohnhaus mit 13 Zimmern für sie gemietet. Es gab Hühner und Hasen, einen Bachlauf und einen Obstgarten mit zwei Feigenbäumen, Oleanderbüschen und weißen Kletterrosen.

Am 12. Dezember 1914 feierte Christian mit einigen Freunden den 25. Jahrestag seiner ersten Landung in Accra. Eine silberne Erinnerungsmünze trug in pietistischer Bescheidenheit die Inschrift: *„Also auch ihr, wenn ihr alles getan habt, was euch befohlen ist, so sprechet: wir sind unnütze Knechte, wir haben getan was wir zu tun schuldig waren."* (Lukas 17, 10)

Die Familie vor dem Schlösschen Irsee; vorne (von links): Adolf, Ruth, unbekannt, Hedwig; hinten (von links): unbekannter Mann, Christian, Gertrud, Lina, Emma, Elise; Familienarchiv

Die geplante Wiederausreise zur Goldküste war wegen des Krieges erstmal nicht möglich. *„Um als Deutscher nicht untätig zu sein"*, meldete sich Christian in vaterländischem Pflichtbewusstsein freiwillig zum Roten Kreuz im nahegelegenen Konstanz. Als sich der Krieg weiter in die Länge zog, nahm er 1916 aushilfsweise eine Vertretung als Lehrer in der Höheren Handelsschule in Calw an, da immer mehr Lehrer zum Kriegsdienst eingezogen wurden. Seine Schwester Marie hatte ihn dort ins Gespräch gebracht.

Damit war die glückliche Zeit, in der die wiedervereinigte Familie sich (neu) kennenlernte, auch schon wieder vorbei. Die Töchter Ruth und Hedwig kamen zu diesem Zeitpunkt ins Missionshaus nach Basel, Gertrud ging ins Lindauer Stift und Theodor zum Militär. Die Eltern zogen mit Adolf nach Calw, und Tante Marie zog in den Haushalt mit ein. Das Verhältnis zwischen ihr und Elise war etwas angespannt, so wurde in der Familie erzählt, und das nicht nur, weil sie ein unterschiedliches Wesen hatten, sondern auch, weil zu den Kindern eine jeweils unterschiedlich starke Bindung bestand: die drei älteren rannten bei allem zu „ihrer Mama" (Tante Marie), die zwei kleinen zu ihrer „echten Mutter", und den zwei mittleren (Emma und Hedwig), die am längsten im Missionskinderhaus gelebt hatten, waren beide Frauen fremd.

1917 wurde das Missionsgebiet der Goldküste von den Engländern für die Basler geschlossen und an die schottische Mission übergeben. Das Vermögen der Mission und ihrer Handelsgesellschaft wurde völkerrechtswidrig enteignet, schließlich waren beide schweizerische Institutionen, und erst nach zähen zehnjährigen Verhandlungen zahlte Großbritannien eine Teilentschädigung. Nach 1918 kam es auf der Mitarbeiterebene zu einer „Afrikanisierung" der Basler Missionskirche, die 1926 mit der Gründung der Presbyterianischen Kirche der Goldküste „in historischer Kontinuität der Basler Mission" in die volle Autonomie mündete.

Nun war die erhoffte Wiederausreise völlig ausgeschlossen. Christian entschied sich daraufhin, nach Rückfrage bei der Mission, 1919 eine feste Stelle als Lehrer in der höheren Handelsschule in Calw anzunehmen. Eine mögliche Pfarrstelle in einem Dorf wollte er nicht antreten, um den Kindern eine höhere Schulausbildung zu ermöglichen, die ihm selbst versagt geblieben war. Die Familie bezog eine große Wohnung im Gebäude des ehemaligen Calwer Verlagsvereins in der Bischofstrasse, in der früher die Familie Hesse gewohnt hatte.

Wenig später nahm das Schicksal seinen Lauf. „*Im Herbst 1919 musste sie* [Elise] *wegen eines Unterleibsleidens nach Tübingen ins Tropengesundheim. Dort stellte sich auch eine andere Krankheit dazu*" – so berichtete Christian, ohne die andere Erkrankung zu benennen (1). Im Sommer 1920 wurde sie wegen Gallensteinen operiert. Am 23. August feierte die Familie die Silberhochzeit, zu der Elise geschwächt aus dem Krankenhaus kam. Danach ging sie zur Erholung nach Heinrichsbad und erkrankte dann Ende November an einer „bösartigen Rose" mit hohem Fieber (Wundrose). „*Eine Woche später wusste sie bestimmt, dass ihre Tage gezählt seien. Mit wunderbarer Klarheit des Geistes drängte sie auf Ordnung aller irdischen Angelegenheiten, um dann Herz und Sinn einzig und allein aufs Himmlische richten zu können*". (1) Viel zu früh verstarb sie 50jährig am 8. Dezember 1920, ein Schock für die Familie. Auf ihrem Grabstein ist der

Bibelvers 5. Mose 32,4 angegeben, in dem die Familie Trost suchte. Dort lesen wir: *„Er ist ein Fels. Seine Werke sind vollkommen; denn alles, was er tut, das ist recht. Treu ist Gott und kein Böses an ihm, gerecht und wahrhaftig ist er."* Enkelin Nelly erzählte, es habe sich bei der Todesursache möglicherweise um Brustkrebs gehandelt, was aber in der Familie damals nur hinter vorgehaltener Hand gesprochen werden konnte – war es das Tabu Krebs oder pietistische Prüderie?

Christian war jetzt mit 56 Jahren zum zweiten Mal Witwer geworden. Adolf wurde mit 9 Jahren zum Halbwaisen, und auch die Schwestern Ruth, Hedwig und Emma waren noch minderjährig. Ruth kam zurück nach Calw, und Tante Marie übernahm die Haushaltsführung, doch konnte diese für Adolf und Ruth die geliebte Mutter nicht ersetzen.

Der Vater legte großen Wert auf die Schulbildung der Kinder. Die Töchter lernten in den höheren Schulen. *„Da hat der Vater drauf geguckt, er hat an allem gespart, aber nicht an der Schule [...]. Ich glaube weil er nicht* [aufs Gymnasium] *durfte"* (65, Anhang), berichtete Ruth. Bei Adolf machte man jedoch eine Ausnahme. Weil er an häufigen Kopfschmerzen litt, die ihre Ursache wohl in der Unterernährung während der Hungerjahren nach dem Ersten Weltkrieg hatten, zog der Vater seinen Bruder, den Gymnasialprofessor Immanuel, zu Rate, der zu dem Schluss kam, Adolf würde mit dem Besuch eines Gymnasiums gesundheitlich überfordert sein. So wurde dem Jüngsten etwas vorenthalten, was auch Christian, wenn auch aus anderen Gründen, nicht vergönnt gewesen war.

Der Tagesablauf im Hause Kölle folgte genauen Regeln und

Ritualen. Zu Tisch war es Gewohnheit, dass Christian eine kleine Morgen- und Abendandacht hielt und vor jeder Mahlzeit das Tischgebet sprach, gemeinsam wurden Kirchenlieder gesungen. Keines der Kinder durfte beim Essen das Wort ergreifen, ohne dazu aufgefordert worden zu sein, das Reden war Erwachsenensache. Er duldete keinen Widerspruch, das widersprach seinen Erziehungsgrundsätzen. Sohn Adolf empfand die Strenge seines Vaters zunehmend auch als Erstarrung und erlebte den Vater als unnahbar.

Christians Schwester Marie, die den Haushalt führte, stellte Regeln auf, an die sich alle zu halten hatten und denen auch der Bruder nicht widersprach. Ruth empfand Tante Marie als engstirnig und kontrollierend und verbündete sich mit Emma gegen sie. *„Dich werde ich auch noch kleinkriegen! Mit deinem Stolz und deiner Hoffart!"* (65, Anhang), habe Marie einmal zu Ruth gesagt. In einem verstaubten Bibel-Lexikon konnte ich nachlesen, was der altertümliche Begriff „Hoffart" bedeutet: *„Hoffart ist diejenige Art des Ehrgeizes, wenn man seine unvernünftige Begierde nach Ehre durch Minen der Augen, Geberden, Kleider, Bewegung des Leibes, Worte und Werke an den Tag legt."* (66) Um Arbeit zu finden und sich derartigen moralischen Vorschriften und Gängelungen zu entziehen, ging Ruth 1928, als in Deutschland hohe Arbeitslosigkeit herrschte, in die USA, wo sie eine Au-Pair-Stelle antrat.

An den Sonntagen schätzte Christian nun auch – in bescheidenem Maße – weltliche Genüsse. Nach dem Gottesdienstbesuch traf er sich im Sonntagsstaat mit seinem Zahnarzt-Bruder Johannes Gottfried zur Herrenrunde, gelegentlich war auch Bruder Immanuel, der Gymnasialprofessor aus Karlsruhe, mit von der Partie. Er rauchte sein Pfeifchen, die Brü-

der ihre Zigarren, und es wurde über Gott und die Welt ge-
plaudert. Hedwig parlierte bei dieser Gelegenheit auf Französisch mit Gottfrieds Frau, einer Französin.

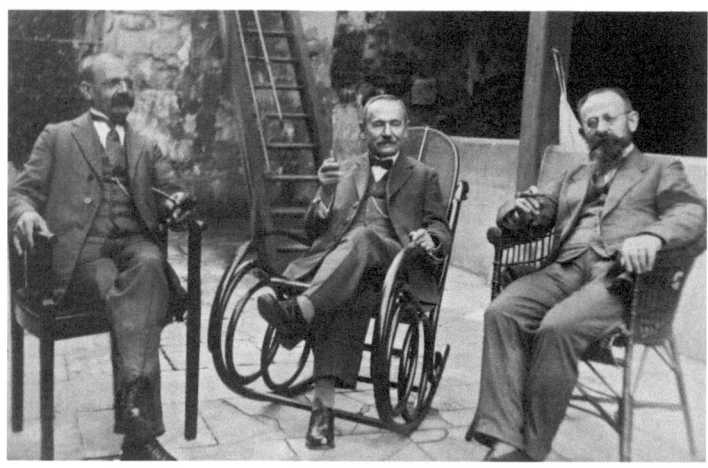

Die Herrenrunde (von links): Christian mit Pfeife, Johannes und Immanuel;
Familienarchiv

Politische Irrungen

Im allgemeinen Begeisterungstaumel für den siegreichen deutschen Feldzug 1870/71 gegen Frankreich, den Kaiser und das neu gegründete Deutsche Reich, war Christian zur patriotischen Gesinnung erzogen worden. Dass er jemals in Kontakt mit fortschrittlichen, liberalen Ideen kam, sei es zu Erziehungsfragen oder zur Politik, ist eher unwahrscheinlich. Zeitlebens verharrte er in konservativen Denkschemata. Er begeisterte sich für die deutschen Kolonien, weil diese es den Missionen ermöglichten, ihrem Auftrag der „Heiden"-Bekehrung nachzukommen. Gehorsam gegenüber der Obrigkeit gehörte zu seinen „christlichen" Überzeugungen ebenso wie die Treue zum Vaterland. In seinem Gedicht „*Michel der Tierbändiger*", das vermutlich während des Ersten Weltkriegs entstand, beschrieb er Deutschland als von Bestien umzingelt (Melodie: Wohlauf Kameraden auf's Pferd, auf's Pferd):

„Wohlauf deutscher Michel, die Faust geballt
's gilt 'ne Welt voller Feinde zu dämpfen!
Wie Raubtiere aus dem Hinterhalt
Bricht's hervor, um dich niederzukämpfen [...]

Der gallische <u>Hahn</u>, zu Streit bereit,
wetzt den Schnabel mit wütendem Grollen,

sträubt die Federn, gebläht vor Dreistigkeit,
rot und dick ist der Kamm ihm geschwollen.
Nur herbei, wir kennen uns ja schon,
an den Kragen geht dir's ohn' Pardon [...]

Oh Belgien, einem <u>Geier</u> gleich
zeigst du Menschlichkeit, Mitleid und Sitte.
Übst Kongogräuel im heimischen Reich,
bist im höllischen Bunde der dritte.
Drum kam über dich der deutsche Aar
Was er greift, hält er fest für immerdar [...]

Und der Michel sieht wild im Kreis herum:
Ich will all diese Bestien schon zähmen.
Viel Feind viel Ehr, drum: Bum, Bum, Bum
Liebes Vaterland, musst dich nicht grämen.
Wenn der Teufel sich auch zu dem Pack gesellt,
<u>Deutsche siegen mit Gott</u> – fürchten nichts auf
der Welt." (9, Hervorhebungen im Original)

Wie die Engländer 1918 in ihrem Blaubuch die Verfehlungen in den deutschen Kolonien anprangerten, um Deutschland die Kolonien abzusprechen, so benutzte Christian die belgischen Kongogräuel als Rechtfertigung des deutschen Einmarschs in das neutrale Belgien, der mit entsetzlichen Kriegsverbrechen verbunden war, deren die Belgier heute noch gedenken. Es fällt bekanntlich immer leichter, auf andere zu zeigen, als eigene Fehler einzugestehen. Nach dem Krieg stimmte er in den Chor der nationalen Empörung über den „Gewaltakt von Versailles" ein.
Wie in vielen deutschen Familien nach 1945 wurde auch in

der Familie Kölle nicht über den Krieg und die Zeit des sogenannten „tausendjährigen Reiches" gesprochen. Auch in den Memoiren von Christian findet sich nichts dazu, jedoch in seinen Briefen an den Sohn Adolf ließ er hierzu gelegentlich eine Bemerkung fallen.

Im Mai 1933 brachte er im Brief an Adolf nach Basel seine Zustimmung zu Adolf Hitler zum Ausdruck: *„Es freute mich zu hören, dass du den großen 1. Mai auch im Vaterland mit feiertest; auch hier war es großartig, und die Hitler-Rede von gestern lässt auch nichts zu wünschen übrig. Das waren mannhafte deutsche Worte, die hoffentlich ihren Eindruck auf die ganze Welt, besonders auch auf den Völkerbund nicht verfehlen werden."* (54, 18. 5. 1933)

Nachdem SPD und KPD bereits verboten und mit brutalem Terror überzogen waren, führten die Nationalsozialisten im November 1933 eine Reichstagswahl durch. Die hohe Stimmenzahl für die NSDAP und (im Rahmen der zeitgleich durchgeführten Volksabstimmung) für den Austritt aus dem Völkerbund kommentierte Christian als *„glänzende Rechtfertigung von Hitlers Politik durch das deutsche Volk."* (54, 16. 11. 1933)

Den weiteren Fortgang des Nationalsozialismus verfolgte er vor allem aus der Perspektive, welche Folgen dieser für die Kirchen hatte. 1932 wurde innerhalb der evangelischen Kirche die Gruppe der Deutschen Christen (DC) gegründet, die sich für die Auflösung der 29 Landeskirchen und die Gründung einer nach dem Führerprinzip aufgebauten Reichskirche einsetzte, für die „Reinhaltung der germanischen Rasse", den Ausschluss der Christen jüdischer Herkunft, die „Entjudung der Bibel" und für die Vernichtung des „volksfeindlichen Marxismus".

Hitler ernannte den Leiter der Deutschen Christen in Ostpreußen, Ludwig Müller, im April 1933 zum „Sonderbeauftragten für Kirchenfragen". Die DC wählten ihn daraufhin zu ihrem Kandidaten für das noch nicht vorhandene Amt eines Reichsbischofs. Als Gegenkandidat wurde Friedrich von Bodelschwingh aufgestellt und im Mai 1933 mehrheitlich gewählt, doch trat dieser wenig später auf politischen Druck hin zurück. Hitler diktierte der evangelischen Kirche eine neue Verfassung, setzte Kirchenwahlen an und betrieb Propaganda für Ludwig Müller – mit Erfolg. Im September 1933 wählten die Delegierten der Reichssynode Müller zum ersten deutschen Reichsbischof.

1934 wurde als Gegenbewegung die „Bekennende Kirche" gegründet, deren Mitglieder vom Nazi-Staat verfolgt und verhaftet wurden. Der Konflikt innerhalb der Evangelischen Kirche Deutschlands zwischen Bekennender Kirche und Deutschen Christen ging als „Kirchenkampf" in die Geschichte ein.

Über die Deutschen Christen schrieb Christian zunächst: *„Und wenn durch die neue Bewegung die alte Christenheit aufgerüttelt wird, ist es gar kein Fehler."* (54, 15. 11. 1933) Später jedoch nahm er zu den DC eine kritischere Haltung ein.

Bischof der evangelischen württembergischen Landeskirche war seit 1929 Theophil Wurm, Sohn des theologischen Leiters der Basler Mission Paul Wurm. Anfänglich unterstützte er den nationalsozialistischen Kurs und hatte sich für Ludwig Müller als deutschen Reichsbischof eingesetzt, doch schlug er sich wenig später auf die andere Seite. Nach einer kritischen Predigt im Ulmer Münster wurde er unter Hausarrest gestellt und von den Nazis ein Vertreter für ihn er-

nannt, zahlreiche weitere Dekane, Pfarrer und Oberkirchen-
räte wurden ebenfalls suspendiert.

Dazu schrieb Christian an Adolf: „*Die Gesamtzahl der württembergischen Geistlichen beträgt 1236. Davon sind für
Wurm 960; gegen ihn 92; unentschieden 184. Somit steht
die Sache der Bekenntnistreuen auf festem Boden. Von 800
Theologiestudenten in Tübingen seien kaum 10 Deutsche
Christen. Gegen diese Übermacht ist mit Gewaltmaßregeln
nicht viel auszurichten*". Er hoffe sehr, dass „*wieder Frieden
und Einigkeit in unsere Kirche einkehrt.*" (54, 4. 10. 1934)

Staatliche Gleichschaltung der Kirche und Eingriffe in deren
Autonomie fanden auch auf den unteren Ebenen statt. Der
Calwer Dekan Hermann war abgesetzt worden, nachdem
er trotz staatlichen Verbots sich zu einer Besprechungsrunde
mit einem Vikar getroffen hatte. Dieser hatte sich missliebig
gemacht, als er in einem Kirchengebet für Bischof Wurm gesprochen hatte. Der Deutsche Christ und Bad Liebenzeller
Stadtpfarrer Schilling wurde nach Hermanns Absetzung mit
der kommissarischen Leitung des Calwer Dekanats beauftragt und äußerte sich öffentlich wie folgt: „*Es ist da die
Stunde des Dienstes für Gott und Christus in Volk, Staat,
Beruf, Familie, Kirche. Es ist da die Stunde des Dankens,
dass Gott unserem Volk den Führer und Retter erweckt hat.
Es ist da die Stunde des Kämpfens und Betens für das Werk
und das Leben dieses Führers.*"(54)

Schillings Erklärung war in vollem Wortlaut in einem Zei-
tungsartikel abgedruckt, den Christian seinem Brief vom
20. Februar 1934 an Adolf beigelegt hatte. Im Bezug darauf sprach er von dem „*Erguss von Pfarrer Schilling*", was
im pietistischen Sprachduktus sicher nichts Gutes bedeutete

und Schillings Äußerung in die Nähe unsittlicher Handlungen und von Sünde rückte.

Christian sollte im Bezug auf Bischof Wurm recht behalten. Zahlreiche Kirchenmitglieder bekundeten in Versammlungen ihre Unterstützung für Bischof Wurm, schließlich entschied ein Landgericht seine Wiedereinsetzung. Die württembergische Landeskirche gehörte neben Bayern und Hannover zu den drei evangelischen Landeskirchen ohne nazitreue Deutsche Christen an der Spitze. Nach dem Krieg war Wurm Ratsvorsitzender der Evangelischen Kirche Deutschlands bis 1949.

Christians Bild von der anfänglich noch positiv bewerteten Politik der Nazis wandelte sich, und im Brief vom 1. 2. 1935 an Adolf lesen wir über das Verhalten eines Calwer HJ-Führers: *„Dem Führer W. der Hitlerjugend sind scheint's die Mitglieder des C.V.J.M.* [Christlicher Verein junger Männer] *unbequem, er hat den jungen Baner und andere ausgeschlossen. Grund: ‚Hat er kein, so macht er ein'. Die Scheidung der Geister vollzieht sich!"* (54)

Im Ruhestand

Christian arbeitete insgesamt 15 Jahre mit Eifer und Hingabe als Lehrer an der Calwer Handelsschule. Abends saß er oft noch in seinem Arbeitszimmer, und Ruth bedauerte, dass ihm wenig Zeit für die Kinder blieb. Mit 67 Jahren ging er am 1. April 1931 in Rente. Endlich konnte er sich Aufgaben widmen, für die er als Berufstätiger kaum Zeit gefunden hätte.

So wurde er von der Basler Mission mit der Bearbeitung des Schopf'schen Manuskriptes des Ga-Englisch-Wörterbuchs beauftragt. In einem Schreiben an die Zentrale der Basler Mission vom 10. Februar 1933 äußerte er sich zur Finanzierung der Druckkosten, vor allem aber zu der Frage, ob für die Wörter der Ga-Sprache das Lepsius-Alphabet oder das später entwickelte phonetische Alphabet verwendet werden sollte. Diese Frage war kompliziert, weil die vorhandenen Bücher aus der Basler Zeit (Bibel, Gesangbuch, Katechismus usw.) in Lepsiusschrift gedruckt waren, während die nach dem Weltkrieg auf der Goldküste arbeitende schottische Mission im Schulunterricht mit dem phonetischen Alphabet arbeitete, jedoch keinerlei in dieser Schrift gedruckte Bücher aufgelegt hatte.

Außerdem verfasste er zwei Texte über die Religion der Krobo unter dem Titel „Das Heidentum" und „Gottesspuren" und schickte die Manuskripte an den Basler Missionsverlag.

Nachdem dieser die Veröffentlichung abgelehnt hatte, verarbeitete er seine Erfahrungen über Kultur und Rituale der Krobo in Form einer Erzählung, die er 1935 unter dem Titel „Der Kopfjäger und sein Sohn" fertigstellte, das allerdings nie veröffentlicht wurde. Zu den betreffenden Themen korrespondierte er mit vielen Fachleuten, darunter auch mit dem Berliner Afrikanisten und Ethnologen Prof. Diedrich Westermann.

Von links: Gertrud, Adolf, Marie (sitzend), Ruth, Christian, ca. 1927; Familienarchiv

Im Rückblick auf seine Missionstätigkeit schrieb er das Gedicht „Ausrüstung für einen Missionar auf der Goldküste", das er selbst in Druck legen ließ (Jahr unbekannt). Außerdem ordnete er seine Sammlung von Krobo-Märchen, -Fabeln und -Sprichwörtern, die er entweder selbst gehört und aufgeschrieben oder aus Schüler-Aufsätzen gesammelt hatte. Für diese Sammlung ließ er sich unter Mithilfe seines Sohnes Adolf in Basel wahrscheinlich von einem ehemaligen Goldküsten-Missionar weitere Märchen übersetzen und verfasste ein Vorwort dazu.

Zahlreiche Korrespondenzen pflegte er mit Missionaren der Goldküste und mit ehemaligen Schülern von Bana Hill, von denen einige Theologie studierten und zwei später Vorsitzende der Presbyterianischen Kirche von Ghana wurden. In der Calwer Missionsarbeit wurde er ebenso aktiv wie auf Missionsveranstaltungen in Basel und Stuttgart.

1933 bewegte Christian Pläne für den Bau eines Eigenheims in Calw. Nach der Baugenehmigung Anfang 1934 schritt der Bau rasch voran. Zur Finanzierung wurden auch die im Beruf stehenden Töchter Emma und Gertrud herangezogen. Bereits im Sommer 1934 konnte er in sein neues Heim einziehen und mit der Gestaltung des Gartens beginnen. Zum Hausstand gehörten neben seiner Schwester Marie auch Junghund Mohrle. Sogleich strömten viele Besucher aus Missionskreisen und aus der Familie ins Haus. In Erinnerung an seine besten Afrika-Zeiten hatte er es „Bana fio" genannt, das „Bana-Häusle".

Zu seinem 70. Geburtstag, den er mit Tochter Emma an alten Stätten der Kindheit in Pforzheim verbrachte, schrieb er in einem Brief an Adolf: *„Beim Rückblick auf sieben Jahrzehnte des Lebens ist man am liebsten in der Stille und überdenkt gerne die göttliche Fügung. Gott hat mir unverdient viel Gnade und Barmherzigkeit erwiesen, mich auch in Sorge und Leid nicht verlassen und alles recht gemacht. Dass ich letzteres nicht auch von mir sagen kann, beugt und macht demütig; das kann nur Christi Verdienst und Werk* *gutmachen. Gottlob, dass wir uns das aneignen dürfen und dadurch fröhlich und getrost unserem ewigen Ziel entgegen pilgern können."* (54, 20. 2. 34)

Das Verfassen von Gedichten zu den unterschiedlichsten Anlässen war seine Leidenschaft, ob zu Adolfs Volljährigkeit, zu Missions- und Familienfeiern oder über seine Afrika-Erfahrungen. Seine Lebensbilanz und Auffassung des Lebens als Pilgerreise in die Ewigkeit legte er unter dem Titel „*Des Lebens Zweck und Ziel*" auch in Gedichtform nieder:

> *„Unser Leben währet 70 Jahr,*
> *und wenn's hoch kommt sind es 80 gar,*
> *und wenn's köstlich war so war es Müh,*
> *und viel Arbeit täglich spät und früh.*
>
> *Ist das alles, und des Lebens wert?*
> *Christensinn nach Höherem begehrt,*
> *denn der Mensch lebt nicht bloß für die Zeit:*
> *ewig Bürgerrecht hält Gott bereit.*
>
> *Drum hat er noch mehr für uns getan,*
> *ja, nach seinem freien Liebesplan*
> *gab er uns, dem sündigen Geschlecht,*
> *seinen Sohn und neues Kindesrecht.*
>
> *Nahm uns in die Schul durch Freud und Leid,*
> *bot uns Kraft und Hilf in Kampf und Streit,*
> *lehrte uns auf die Verheißung bau'n*
> *seiner Leitung kindlich zu vertrau'n.*

Dass wir dadurch wachsen Jahr um Jahr
ins ‚vollkommene Alter' immerdar
und viel Früchte der Gerechtigkeit
Ihm zu Ehren tragen in der Zeit.

Gern Er unseres Herzens Sehnen stillt,
dass wir ähnlich werden Christi Bild,
dass es aus uns leuchte rein und klar,
wie es einst im Paradiese war.

Werden wir so hier schon in der Zeit
zubereitet für die Ewigkeit,
hat das Leben höheren Zweck und Sinn,
denn wir reisen nach dem Himmel hin." (9)

Die Familie spielte eine wichtige Rolle in seinem Leben. Er wachte darüber, dass in der Familie die von ihm aufgestellten Regeln eingehalten und der rechte christliche Glauben, wie er ihn verstand, gelebt wurde. Tanzen galt bei ihm als ein unchristliches Laster. In patriarchaler Manier mischte er sich in die Partnerwahl seiner Kinder ein.

Dabei hatte er auch eine fürsorgliche Seite, auch wenn er seine Kinder schon im Kleinkindalter ins Kinderheim weggegeben hatte. Als Vater war ihm eine gute Schul- und Berufsausbildung und das Wohl der Kinder wichtig. Mit den Jahren ging ein Kind nach dem anderen hinaus ins eigene Leben, und die Familie erhielt Zuwachs durch Schwiegertöchter und -söhne sowie Enkel. Als Adolf als Letzter 1931 aus der väterlichen Wohnung auszog und seine Ausbildung als Missionar in Basel begann, schrieb Christian sein Gedicht „Abschied", in dem er über das damit verbundene Leid klagte und seine tiefe Verbundenheit mit jedem einzelnen seiner Kinder zum Ausdruck brachte:

„O Herzeleid, o Jammerstand,
bald lebe ich ganz allein im Land.
In's Weite geht der Jugend Blick,
ich bleibe einsam hier zurück [...]

Nun auch der jüngste Sohn und Spross
in fernes Land zu zieh'n beschloss;
ihn zwang der Geist und die Natur
zu folgen seines Vaters Spur." (9)

Über Besuche und Briefe hielt er den Kontakt zu den Kindern aufrecht. Er war ein eifriger Briefschreiber, allein an Adolf sind 36 Briefe aus den Jahren 1930–35 erhalten. In der Korrespondenz mit seinem Sohn nahm er lebhaften Anteil an dessen Leben und Ausbildung. Er beriet ihn bei Konflikten mit seinen Basler Mitschülern, schlug ihm vor, sein Vortragsthema für die Ausbildung („Erziehung im Allgemeinen") einzugrenzen und sich auf Pestalozzi zu konzentrieren. Er kümmerte sich um Adolfs finanzielle Angelegenheiten, besorgte ihm Fachliteratur aus eignen Beständen, beriet ihn bei der Vorbereitung einer geplanten Italienreise und berichtete von eigenen Aktivitäten und denen anderer Familienmitglieder. Beziehungsthemen, Gefühle oder was ihn persönlich in der Tiefe bewegte, war jedoch kaum Gegenstand seiner Briefe.

In der Weihnachtszeit 1932 erzählte er dem gerade volljährig gewordenen Sohn Adolf viel von seinen Afrika-Erlebnissen und -Erfahrungen. Adolf fühlte sich dadurch anerkannt und genoss den seltenen, oft von ihm ersehnten persönlichen Austausch mit dem Vater. Was Adolf von seinem Vater erfahren hatte, schrieb er in seinem Bericht „Aus dem Leben eines alten Afrikaners" nieder. Obwohl Christian einiges Negative über Laster und Aberglauben der Afrikaner geäußert hatte, bezeichnete er sich selbst als „alten Afrikaner", sicher nicht im Sinne einer Gleichstellung oder einer neu gefundenen Wertschätzung, eher als Ausdruck seiner langjährigen Afrikaerfahrung.

Christians Gesundheit war bis in sein Alter von den Folgen seiner tropischen Erkrankungen gezeichnet. Immer wieder litt er an Nachwirkungen der Malaria und des Schwarzwasserfiebers, die mit heftigen Anfällen von Fieber und Schüttelfrost verbunden waren. Wenn diese ihn packten, wackelte das ganze Bett, die Kinder schickte er dann schleunigst aus dem Zimmer.

An seinem 72. Geburtstag am 8. Februar 1936 begann eine Krankheit, von der er selbst sagte, es werde seine letzte sein. Die Galle quälte ihn, und wahrscheinlich auch eine Herzinsuffizienz. Emma besuchte ihn so häufig wie möglich. Adolf wurde per Telegramm informiert, dass der Vater nach einer Gallenkolik und Lungenembolie schwerkrank darniederlag, und eilte kurz vor seinem Abschlussexamen zum Hause seines Vaters. Am Krankenbett instruierte dieser den Sohn, was nach seinem Tod zu geschehen habe, und gab ihm auch einen letzten Rat mit auf den Weg, worauf er bei der Wahl einer zukünftigen Lebensgefährtin zu achten habe.

Nach einer kurzen Phase der Besserung starb Christian im Kreise seiner Kinder Emma, Gertrud und Adolf, seiner Geschwister Marie und Immanuel sowie weiterer Verwandter am 28. Februar 1936, nachdem der Missionar Heinrich Stahl ihm den letzten Segen erteilt hatte. Die Beisetzung erfolgte am 2. März in Calw. Sein Grabstein vermerkt unter seinem Namen den Bibelvers Römer 3, 24. Mit dem vorausgehenden Vers 23 lautet der Text: *„23 Alle haben gesündigt und die Herrlichkeit verloren, die Gott ihnen zugedacht hatte, 24 und werden ohne Verdienst gerecht aus seiner Gnade durch die Erlösung, die durch Christus Jesus geschehen ist.“*

Lebensbilder der Kinder

Aus den Ehen von Christians Kindern gingen insgesamt 14 Enkel und 15 Urenkel hervor. Christian erlebte nur den Anfang des Werdegangs seiner Kinder, und deren Prägung durch ihn in ihrem weiteren Lebensgang wirkte sich in unterschiedlicher Weise aus. Die von mir skizzierten Lebensbilder seiner Kinder fallen verschieden aus in ihrer Ausführlichkeit, weil die im Besitz der Familie befindlichen schriftlichen und mündlichen Quellen zu den einzelnen Personen teils reichlich und teils spärlich sprudeln. Wenn Christian den weiteren Lebensweg seiner Kinder hätte verfolgen können, wäre er sicherlich überwiegend stolz darauf gewesen, was sie aus ihrem Leben gemacht haben.

Durch gemeinsame Schicksale während der Kinderjahre bildeten sich drei Geschwistergruppen: Da gab es die drei Ältesten (Lina, Theodor und Gertrud), die gemeinsam bei Christians Schwester Marie aufgewachsen waren. Lina war bereits als Säugling, Theodor und Gertrud im Alter von zwei Jahren in die Obhut der Tante gekommen, die mit der Kindererziehung ihren Lebensunterhalt verdiente. Sie nahm sich ihrer anstelle eigener Kinder liebevoll an und blieb ihnen in guter Erinnerung.

Lina (1894–1921) war Christians älteste Tochter und stammte aus dessen erster Ehe mit Lina Käser. Sie verlor ihre Mutter bereits drei Wochen nach ihrer Geburt und wurde am gleichen Tag auf den Namen ihrer Mutter getauft, an dem diese auf dem Friedhof von Abokobi zu Grabe getragen wurde, genau an deren 30. Geburtstag. So wurde sie bereits als Säugling ihrer Tante Marie Käser (geborene Kölle) in Deutschland zur Pflege gegeben. Später erlernte sie den Beruf der Kindergärtnerin, über ihre weiteren Lebensumstände ist wenig bekannt. Bereits im Alter von 27 Jahren verstarb sie 1921 an einer Nierentuberkulose.

Theodor (1896–1954) war das erste Kind aus Christians Ehe mit Elise. Er litt an einer kindlichen Entwicklungsstörung, die sich vermutlich auf eine Hirnhautentzündung zurückführen lässt, und blieb das Sorgenkind der Eltern. Mit zwei Jahren konnte er noch nicht laufen und wurde von Missionsfreunden nach Deutschland mitgenommen zur Erziehung bei Tante Marie. Später absolvierte er eine landwirtschaftliche und kaufmännische Ausbildung an der Calwer Handelsschule. Er diente als Soldat im Ersten Weltkrieg und erlitt eine Verletzung am Ellbogen, die ihn zeitlebens behinderte. Sein ganzes Leben lang litt er außerdem an Kopfschmerzen, konnte nicht in geschlossenen Räumen arbeiten und wanderte einige Jahre durch Deutschland, arbeitete bei Bauern oder in manuellen Berufen. Beim Schach und beim Mühlespiel galt er in der Familie als fast unbesiegbar.
1926 heiratete er Frida-Johanna Kautz, und 1927 kamen Zwillinge zur Welt, Emma und Gertrud, die jedoch direkt nach der Geburt bzw. einen Tag später verstarben. 1928 wurde die Tochter Maria Magdalena geboren. Theodor eröffnete einen Zeitungsstand am Stuttgarter Neckartor, wo auch seine Frau mitarbeitete. Nach Hitlers Machtergreifung

mussten sämtliche dort auch angebotenen kommunistischen Zeitschriften und Bücher vernichtet werden, was für Theodor und seine Frau einen großen materiellen Verlust bedeutete, ganz abgesehen davon, dass sie damit auch einen Teil ihrer Stammkundschaft verloren. Danach ließ sich Theodor auf eine Geschäftsbeziehung ein, in der ihm Zeitungen zum halben Einkaufspreis angeboten wurden, ohne zu wissen, dass es sich hierbei um Hehlerware handelte. Als das Ganze aufflog, musste er 1936 ins Gefängnis.

Frida-Johanna musste sich allein durchschlagen, ging für 60 Pfennig in der Stunde putzen und litt unter finanzieller Not. *„Sie drehte durch und kam ins Bürgerhospital, und ich in ein Kinderheim. Doch eines Tages kam Vater und holte mich und meine Mutter. So waren wir wieder zusammen und froh und glücklich"*, berichtete seine Tochter Maria (68).

Theodor arbeitete nach seiner Entlassung als Hilfsarbeiter bei der Baufirma Kübler. 1942 wurde er hinter der russischen Front in der paramilitärischen Bautruppe „Organisation Todt" eingesetzt. Dabei erlebte er eine Verschüttung und erlitt einen Achselstegbruch, wurde kriegsuntauglich und kam 1944 aus Russland zurück, als gebrochener Mann. Er hatte zu vieles erlebt, das er nicht verarbeiten konnte. Bei den Luftangriffen auf Stuttgart im Oktober 1944 wurde die Familie ausgebombt und stand vor dem Nichts. Theodor fand danach eine Dachkammer in Ludwigsburg, seine Frau kehrte in ihr Heimatdorf Bönnigheim zurück, und ihre Tochter Maria-Magdalena arbeitete bei einer Familie als Haushaltshilfe; später wurde sie Diakonieschwester.

In den Nachkriegsjahren erlitt Theodor einen Hirnschlag, der eine Gesichtslähmung zur Folge hatte. 1950 kauften Theodor und Frida-Johanna ein Häuschen in Hohenstein, das zunächst jedoch noch von Flüchtlingen belegt war. 1951 feierten beide ihre Silberhochzeit im Kreise der größeren Familie. 1954 erlitt Theodor seinen zweiten Schlaganfall, auf den eine Lungenentzündung folgte, an der er schließlich verstarb (68).

Gertrud (1899–1990) erhielt am Tag ihrer Geburt hohen Besuch vom König der Manya Krobo, Nene Emmanuel Mate Kole, der als erster Gratulant ein Schaf als Gabe mitbrachte. Im Alter von elf Monaten blieb sie nach einem Erholungsurlaub der Eltern in Deutschland bei Christians Schwester Marie zurück, um von dieser weiter erzogen zu werden. Sie erlernte den Beruf der Säuglingspflegerin in Stuttgart und arbeitete in einer Kinderarztpraxis und in verschiedenen Familien in Deutschland und in Ungarn. Ihre Jugendliebe Ernst Rottmann war Christian als Schwiegersohn nicht genehm, erzählte Christians Enkelin Nelly. Sein Großvater, der Diplom-Kaufmann Hermann Ludwig Rottmann, war Sohn eines Zigarrenfabrikanten in Altona und baute als Pionier auf der Goldküste den Missionshandel auf. Er wirkte dort von 1854-1897 und heiratete die Afrikanerin Regina Hesse (4, S. 134). In Christians Augen hatte der Enkel somit noch „schwarzes Blut" in den Adern. Da galt dann auch Ernsts christliche Herkunft nicht mehr viel, denn Christian befürchtete, dass angesichts der afrikanischen Großmutter eine afrikanische Mentalität an die Kinder vererbt werden könnte, die nicht zu den europäischen Menschen passe. Christians Liebe zu Afrika schloss offenbar die Liebe zu einem von ihm als „Afrikaner" kategorisierten Menschen nicht ein.
Ernst Rottmans Schicksal in der Nazizeit, so erzählte Emma

einmal, bestand darin, dass er infolge des Wahnsystems der „Rassenhygiene" zwangssterilisiert wurde. In den USA gab es von Ende des 19. Jahrhunderts bis in die Mitte des 20. Jahrhunderts ein ähnliches Konzept der rassistischen Klassifizierung, bei der ein Tropfen „schwarzes Blut" ausreichte, um einen Menschen zu einem „Schwarzen" zu machen, das unter dem Schlagwort „*one-drop rule*" sogar in die Gesetzgebung einiger US-Bundesstaaten einfloss.

Gertrud heiratete 1939 den Veterinärrat Erich Süskind in Stuttgart, der bereits 1942 verstarb. 1948 heiratete sie den inzwischen verwitweten Ernst Rottmann – da war ihr Vater schon lange begraben. Sie zog nach Mauer bei Heidelberg, wo sie nach dem Tod ihres zweiten Mannes allein lebte und auf einem großen Grundstück Schafe züchtete und wo ihr auch Hühner, Truthähne und der Hund Raudi Gesellschaft leisteten. Mauer war ein beliebter Zwischenstopp für die Familie ihres Bruders Adolf, die von Bad Hersfeld in den Süden zu den Verwandten in Süddeutschland oder in der Schweiz fuhren.

1970 zog sie nach Calw in das „Bana fio"-Haus ihres Vaters, in das sich auch Emma und Ruth eingefunden hatten und das dann in der Familie auf den Namen „Dreimädelhaus" getauft wurde.

Die zweite Geschwistergruppe waren Hedwig und Emma, die 1908 zusammen nach Basel ins Missionskinderheim kamen. Die gerade mal dreieinhalbjährige Hedwig fand in der zwei Jahre älteren Schwester ihren Halt, beide waren durch ihre Freude am Lachen verbunden und hatten den alemannischen Beinamen „Lachkätter". Zu den unmöglichsten Gelegenheiten, so wurde es in der Familie überliefert, fingen sie an, lauthals loszulachen, oder mussten es mit größter Mühe während eines ernsten Gottesdienstes unterdrücken. Einmal wurden sie vom Vater vor die Tür geschickt, als sie sich bei seinem Tischgebet nicht beherrschen konnten.

Emma (1902–1996) lernte von den afrikanischen Hausmädchen fließend Ga sprechen. 1908 kam sie gemeinsam mit Lina, Gertrud und der dreijährigen Hedwig ins Missionsmädchenhaus nach Basel. Mit Hedwig bekam sie in der Schule Arrest wegen ungehörigen Lachens. Die Erfahrungen im Kinderheim waren für sie nachhaltig negativ. Lieber kinderlos bleiben als Kinder weggeben, sagte sie später, und blieb selbst ledig. Nach der gemeinsamen Familienzeit am Bodensee 1914–16 blieb sie bei Onkel Immanuels Familie in Konstanz, absolvierte dort die mittlere Reife, besuchte dann das Konstanzer Lehrerseminar, das sie 1921 mit Examen abschloss. Danach arbeitete sie als Volksschullehrerin in Büchenbronn (heute zu Pforzheim gehörig) mit einem monatlichen Anfangsgehalt von 35.000 Reichsmark, das sich bis Dezember 1923 auf 1 Billionen Reichsmark erhöhte, deren Gegenwert ein Brotlaib war. Später war sie Berufsschullehrerin in Pforzheim und besuchte an den Wochenenden den Vater im nahegelegenen Calw.
1938 kündigte sie ihre Lehrerstelle und trat in die Rheinische Mission in Barmen ein für einen Einsatz in Südwestafrika, wo sie von 1940 bis 1966 als Missionsschwester und Lehrerin tätig war. Südwestafrika stand damals unter der Verwaltung von Südafrika. Sie lernte Afrikaans, erhielt von der südafrikanischen Schulbehörde einen Lehrauftrag und unterrichtete in Tsumeb einheimische Kinder in Afrikaans. Im Zweiten Weltkrieges kämpfte Südafrika an der Seite der

Briten gegen Deutschland, und Emma wurde hausinterniert, das heißt sie durfte von 18:00 bis 6:00 Uhr ihr Haus ohne Erlaubnis nicht verlassen. Als der Missionar Paul Schulte wie die meisten deutschen Missionare in die Internierung nach Bavariaanspoort/Südafrika kam, übernahm sie von ihm vielfältige Aufgaben, die vom Kindergottesdienst und Bibel- und Gebetsstunden über den Konfirmandenunterricht und Lesegottesdienste bis hin zu Beerdigungen reichten. 1951 nahm sie ihren ersten Heimaturlaub, 1959 zog sie nach Omatjette um, wo sie in der Frauenarbeit der Rheinischen Mission eingesetzt wurde. In dieser Arbeit entfaltete sie eine weit ausgedehnte Reisetätigkeit im Gebiet der Herero- und Nama-Gemeinden, besuchte Alte und Kranke in ihren Häusern oder im Krankenhaus, suchte die Frauengruppen auf, mit denen sie Gesangs- und Gesprächsrunden oder Bibelstunden hielt und leitete Bibelfreizeiten. 1964 hatte sie einen schweren Autounfall, bei dem sie 16 Knochenbrüche erlitt und hatte dann im Krankenhaus noch einen Darmverschluss. Sie überstand die Todesgefahr und kehrte zurück zu ihrer Arbeit, die sie bis 1966 fortführen sollte.

Nach der Pensionierung lebte sie ab 1967 im Calwer Haus des Vaters, wo auch ihre Schwestern Gertrud und Ruth einzogen, mit denen sie dort noch 20 schöne Jahre verlebte. Die letzten fünf Lebensjahre verbrachte sie bei der Familie ihres Neffen Volker, Sohn von Hedwig (69).

Hedwig (1904–1988) wuchs bis 1906 in Abokobi bei ihren Eltern auf. Nach dem Heimataufenthalt 1906–1908 kam sie dreieinhalbjährig ins Basler Mädchen-Missionshaus, wo sie zunächst bei einer Lehrerin schlief, da sie für den Schlafsaal noch zu klein war. Von den älteren Kindern wurde sie teils

bemuttert, teils kommandiert, ihre große Stütze war dort die zwei Jahre ältere Schwester Emma. Nachdem die ganze Familie erstmals von 1914–1916 gemeinsam zusammengelebt hatte, kam sie mit ihrer Schwester Ruth wieder nach Basel, da die Mutter gesundheitlich angeschlagen war und es kräftemäßig nicht schaffte, sich um all ihre Kinder gleich gut zu kümmern. Außerdem war die Wohnung in Calw nicht groß genug für alle. Später kam Hedwig zurück zur Familie nach Calw, besuchte dort die Oberrealschule im „Salzkasten" und war immer die Zweitbeste der Klasse. Sie wollte dann auf ein Lehrerseminar, das aber zunächst den Kriegsheimkehrern vorbehalten war. Dann starb 1920 die Mutter, und in Erinnerung an die Sterbewache am Bett ihrer Mutter erzählte sie später, sie habe diese fast wie eine fremde Frau empfunden. Wegen der Nachkriegsnot und der Inflation 1923 wurde ihr Verdienst aus einer Bürotätigkeit zum Familienunterhalt benötigt. Später konnte sie im evangelischen Diakonieverein Frankfurt die Ausbildung zur Krankenschwester machen, die sie 1928 mit Examen abschloss. 1931 heiratete sie den ehemaligen Calwer Schulkameraden Fritz. Die Geburt der ersten drei Kinder aus dieser Ehe konnte Christian noch erleben, es waren die Enkel*in Ruth (1932), Volker (1934) und Paul Friedrich (1935), nach seinem Tod erblickten noch Nelly (1937) und Beate (1942) das Licht der Welt. Fritz wurde Bürgermeister einer württembergischen Kleinstadt und zog 1941 in den Krieg.
Es folgten 13 Jahre, in denen sie mehr oder weniger allein für die Erziehung und Versorgung der fünf Kinder zuständig war und die sie an die äußersten Grenzen ihrer Tragkraft brachten, bis Fritz in die Familie zurückkehrte. Obwohl die Mutter in diesen alleinverantwortlichen Jahren sehr belastet

war, berichtete Sohn Paul-Friedrich in seinen Erinnerungen an die Mutter, dass Hedwig den Kindern *„zu einer heiteren unbeschwerten Kindheit und Jugend verholfen"* habe. *„Sie befolgte – auch in schlechtester Zeit – den Grundsatz: Kinder müssen etwas erleben, damit sie zufrieden sind. So hat sie an Sonntagen, Wochenenden und Ferien unzählige kleine und große Wanderungen mit uns gemacht".* Dazu kam ihre große Spielfreude: *„Sagenhaft waren schon die Spielnachmittage im großen Zimmer oder im langen Gang des Rathauses mit ‚Lob- und Lästerstühlchen', mit ‚Vier-Ecken-Raten', mit ‚Salz auf der Zunge' und den ‚5 Büchern Moses'* [...] *Kein Fernsehabend wird je an diese Höhepunkte heranreichen!"* Hedwig sang gern und brachte den Kindern unzählige Lieder bei, summte Melodien beim Kochen und war eine begnadete Köchin. *„Besonders am Mittagstisch hat sie mit ihrem Lachen uns oft angesteckt, dass wir fast nicht mehr aufhören konnten. Und nachher wunderte man sich fast über den Anlass."* (alle Zitate aus 70)

Die Kraft, das alles zu bewältigen, schöpfte sie aus ihrem Glauben. Gebete bei Tisch und für die Kinder zum Einschlafen waren für sie selbstverständlich, bei der täglichen Bibellese hatte jedes Kind eine Bibel vor sich, und das Aufschlagen der angesagten Textstelle wurde zum Geschwindigkeitswettbewerb. Sie lebte diesen Glauben als Vorbild, ohne ihn in der Enge und Strenge, die sie selbst in der Basler Erziehung erlebt hatte, ihren Kindern aufzwingen zu wollen. Hedwig war ihren Kindern ein überzeugendes Beispiel, weil bei ihr Wort und Tat übereinstimmten. Hervorstechende Charakterzüge waren ihr friedliebendes, naturliebendes und an allem Geistigen interessiertes Wesen, ihre frohe Grundnatur und ihr Humor. Sie ging offen und herzlich auf jedermann zu, als Bürgermeisterfrau war sie hochgeachtet und strahlte Würde aus. Sie pflegte zahlreiche Korrespondenzen in der Familie und im Freundeskreis.

Auch die zwei jüngsten Geschwister behielten zeitlebens eine enge Verbindung. Sie kamen mit den Eltern 1914 aus Afrika zurück und konnten am längsten bei ihnen bleiben: Ruth bis zum Alter von acht Jahren, Adolf wuchs ganz bei den Eltern auf. Sie hatten die engste Beziehung zu den Eltern und litten daher in besonderer Weise unter dem Verlust der geliebten Mutter. Adolf war bei ihrem Tod neun und Ruth zwölf Jahre alt, beide konnten mit der strengen Tante Marie, die danach den Haushalt führte, nicht warm werden.

Ruth (**1908–2006**) durfte ihre Kindheit bis 1916 bei den Eltern verbringen. Dann verbrachte sie zusammen mit Hedwig drei Jahre im Basler Kinderheim, konnte schließlich in die Familie zurückkehren, nachdem der Vater eine größere Wohnung gefunden hatte. Sie half im Haushalt mit, absolvierte die mittlere Reife und Kurse in der Calwer Näh- und Handelsschule. Im Januar 1928 reiste Ruth in der Zeit der großen Arbeitslosigkeit in Deutschland als Arbeitsemigrantin in die USA aus – in der damaligen Zeit ein Schritt, der von Mut zeugte bei einer noch nicht volljährigen jungen Frau von 20 Jahren. Auch Fröhlichkeit, Offenheit und Humor, zeichneten sie als Person aus. Zehn Jahre lang arbeitete sie als Kindermädchen in New Jersey, Pennsylvania und New York (71). Alte Fotos zeigen, dass sie damals eine attraktive junge Frau war. Sie erzählte mir einmal, dass sie bei der Ausreise in die USA während der elftägigen Schifffahrt mit der Albert Ballin (Hapag-Lloyd) einen flotten jungen Mann kennengelernt habe, der um sie warb. Ihr Vater habe kraft väterlicher Autorität diese Beziehung unterbunden, weil der junge Mann katholisch war – eine „Mischehe" zwischen einem evangelischen und einem katholischen Partner war aus Vaters Sicht undenkbar. Für den Rest ihres Lebens blieb Ruth ledig – zur Gründung einer Familie sei sie nicht bestimmt gewesen, meinte sie dazu.

Neben ihrer Arbeit genoss sie New York in vollen Zügen: *„Erstens war viel los – wir waren jung und wollten etwas erleben, und dann im deutschen Viertel hat man ja so viele Deutsche kennengelernt, auch auf Faschingsbällen und in Tanzlokalen – alles was ich nicht durfte, hatte ich dort […] Ja, raus aus der Enge und hinaus in die Weite […] Es war bei uns zu Hause eben furchtbar eng […] Keine Widerrede, das gabs nicht. Bei Tisch sprachen wir kein Wort."* (65, aus dem Schwäbischen ins Hochdeutsche übertragen)

1938 bewarb sich Ruth für eine Krankenpflegeausbildung in Deutschland, dafür benötigte sie ein polizeiliches Führungszeugnis. Sie war ein großes Erzähltalent und hielt auch schriftlich fest, wie sie zu diesem Papier kam: *„So machte ich mich auf den Weg zum Polizeipräsidium in New York und traf auf einen Beamten, der erstens Zeit, zweitens Humor besaß. Er hatte noch nie ein solches Zeugnis ausgestellt und wollte es erst ablehnen, doch da ich beharrlich darauf bestand, nahm er meine Fingerabdrücke und fuhr mit mir im Aufzug in den Keller. Es war ein riesiges Gewölbe mit weiß getünchten Wänden, auf denen unzählige Fingerabdrücke angebracht waren. Er zeigte mir die Abdrücke von dem Chicagoer Gangster Al Capone und sonstigen Verbrechern mit den verschiedenen Merkmalen, es war hochinteressant. Nun ging's wieder in sein Office zurück, wo er mir* *folgendes Zeugnis ausgestellt hat: Ich bestätige, dass die Fingerabdrücke von Fräulein Ruth Kölle in unserer Verbrechergalerie nicht gefunden worden sind.*" (71)

Mit diesem Zeugnis und der von ihrem Vater handschriftlich ausgestellten Geburtsurkunde, die mit einem britischen Stempel der Kolonie Goldküste versehen war, erhielt sie einen Ausbildungsplatz in Deutschland und trat dazu in die *Rotkreuzschwesternschaft für Übersee* ein. Nach zweijähriger Ausbildung in Wilhelmshaven wurde sie in verschiedenen Krankenhäusern eingesetzt und absolvierte 1943 das Examen in allgemeiner Krankenpflege und Säuglingspflege. Im gleichen Jahr erfolgte ihre Versetzung in das deutsche Lazarett der Uniklinik von Straßburg, das die Deutschen im Krieg besetzt hatten. Nachdem General de Gaulle die Stadt mit seinen Soldaten, darunter auch eine marokkanische Panzertruppe, im Winter 1944 eingenommen hatte, wurden sämtliche deutsche Krankenschwestern, Ärzte und Professoren gefangengenommen und in ein Kriegsgefangenlager in Chartres unter US-amerikanischer Führung übergeben.

Der aus New York stammende Lagerkommandant fand Gefallen an Ruths New Yorker Dialekt, als sie zum Dolmetschen eingesetzt war. So fand sie offene Ohren für die Bitten und Nöte der gefangenen Frauen in diesem bitterkalten Winter 1944 mit 20 Minusgraden. Der amerikanische Oberst veranlasste, dass sie die dünne Schwesterntracht austauschen konnten gegen dicke Matrosenanzüge, Hemden und Männerunterwäsche aus einem zurückgelassenen deutschen Marinedepot, außerdem erhielten sie Soldatenhandschuhe und amerikanische Stiefel. In den Zelten der gefangenen Schwestern wurden Öfen mit Holzfeuerung aufgestellt. Dann begannen die Frauen in ihrer Matrosenuniform mit goldenen Knöpfen, auf dem Rücken ein weißes PW (Prisoner of War) gemalt, auf dem Kopf ein Schwesternhäubchen, Holz zu sägen und zu spalten.

Die Schwestern pochten wiederholt darauf, dass sie als Gesundheitspersonal nach den Genfer Konventionen auszutauschen bzw. freizulassen wären. Schließlich mit Erfolg, und so kam Ruth im Februar 1945 zurück nach Deutschland, arbeitete im Reservelazarett Ludwigsburg und danach in Geislingen. 1952 besuchte sie eine Oberinnenschule, wurde dann Oberschwester im Kreiskrankenhaus Brackenheim und ab 1959 im DRK-Krankenhaus Geislingen an der Steige. Dort war sie bis zum Ruhestand 1972 im Einsatz. Wegen ihres ruhigen und klaren Auftretens, ihrer Einsatzfreude, liebevollen Fürsorge für Schwestern und Patienten und ihrer Bescheidenheit wurde sie allseits hoch geschätzt. Für ihre dort erworbenen Verdienste wurde sie 1973 mit dem „Bundesblechle" ausgezeichnet, so nannte sie gerne das ihr verliehene Bundesverdienstkreuz.

50 Jahre, nachdem sie die Goldküste das letzte Mal gesehen hatte, reiste sie 1964 zurück zu ihrem Geburtsort Bana Hill, der nun Teil des jungen Staates Ghana war. Mit großen Ehren wurde sie vom Paramount Chief der Manya Krobo Nene Azzu Mate Kole II (Amtsinhaber von 1939–1990 und Sohn des Nene Emmanuel Mate Kole, der zur Zeit ihrer afrikanischen Kindheit amtierte, insgesamt von 1892–1939, siehe 21), empfangen, und traf den ehemaligen „Hausboy" und Schüler ihres Vaters, der sie und das Brüderchen Adolf als Kind gehütet hatte und nun Pfarrer in Odumase war. Nach ihrer Pensionierung führte Ruths Weltoffenheit, ihre Neugier für andere Menschen, Länder, Tiere und Pflanzen sie auf viele Reisen. Mit zwei Freundinnen nahm sie an zahl-

reichen Busreisen teil im „Rollenden Hotel" (Rotel-Tours), das sie mit Hinblick auf das Durchschnittsalter der Mitreisenden verschmitzt den „Mumienexpress" nannte. Zwischen 1973 und 1990 waren es 21 Reisen durch vier Kontinente, darunter fünfmal nach Afrika, sechsmal nach Asien und viermal nach Nord- und Südamerika.

Ab 1970 verbrachte sie mit Emma und Gertrud 20 gemeinsame Jahre im Calwer Häusle, das nach Gertruds Tod 1990 verkauft wurde. Anschließend lebte sie acht Jahre bei der Schwägerin Vroni Kölle mit ihrem Graupapagei Jakob in Tübingen, der die Besucher mit dem Ruf „Afrika hoch!" begrüßte. In Ruths schwäbischem Tonfall krächzte er auch „Gut' Nacht, Jakob!" oder „Oh mei Herzig's!". In ihrem 90sten Lebensjahr meldete sich Ruth im DRK-Altenheim in Sindelfingen an, wo sie noch acht Jahre im Besitz ihrer vollen geistigen und körperlichen Kräfte lebte und schließlich starb.

Adolf (1911–1973) konnte als Jüngster seine gesamte Kindheit bei den Eltern verbringen. Der Tod seiner Mutter 1920 traf ihn hart. Zu Tante Marie, die danach den Haushalt führte, entstand kein herzliches Verhältnis, und der Vater war bis auf die letzten Jahre viel zu beschäftigt, um sich ihm gebührend widmen zu können, Adolf empfand ihn als streng und starr in seinen Glaubensgrundsätzen.

Aus gesundheitlichen Gründen konnte er das Gymnasium nicht besuchen und absolvierte nach der mittleren Reife eine Verwaltungslehre. Diese Arbeit erfüllte ihn keineswegs, sodass er sich mit 20 Jahren entschloss, Missionar zu werden und die sechsjährige Ausbildung bei der Basler Mission zu beginnen. Im Todesjahr seines Vaters 1936 machte er dort seinen Abschluss.

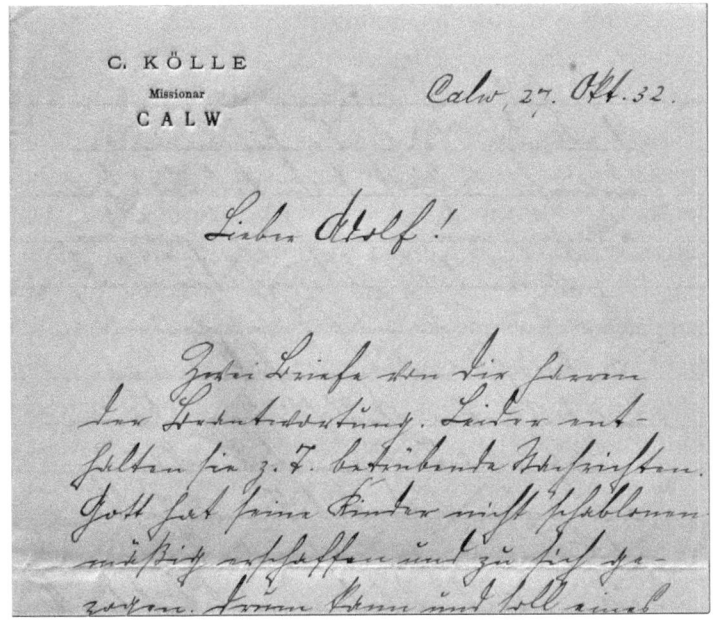

Brief von Christian an Adolf, 27.Okt.1932; Familienarchiv „Lieber Adolf!
Zwei Briefe von dir harren der Beantwortung. Leider enthalten sie z.T.
betrübliche Nachrichten. Gott hat seine Kinder nicht schablonenmäßig
erschaffen und zu sich gezogen. Drum kann und soll…"

Ein Jahr später lernte er Vroni Meister kennen, mit der er
sich verlobte. 1938 reiste er aus zu seinem Missionseinsatz in
Kamerun, der jedoch nur zwei Jahre dauerte. Als deutscher
Missionar wurde er im Zweiten Weltkrieg von den Engländern 1940 zunächst in Nigeria und von 1943–46 in England interniert. So mussten die Verlobten acht Jahre Trennung ertragen, bis sie schließlich 1946 heiraten konnten.
Sie gründeten eine Familie, die nach und nach auf sechs Kinder anwuchs, unter denen ich an vierter Stelle stehe. Adolfs

Erziehung war fundamentalreligiös und pietistisch-streng geprägt, weshalb er sich auch nicht scheute, bei der Erziehung seiner Kinder Prügel einzusetzen, was er als Kind auch selbst erfahren hatte. Durch seine Übergriffe und Härte entfremdeten sich seine eigenen Kinder von ihm und wandten sich als Heranwachsende vom Christentum ab. Er war dann zwar bereit, sich deren Positionen anzuhören, konnte sie jedoch nicht verstehen und blieb kompromisslos bei seinem eigenen Standpunkt.

Beruflich war Adolf als Heimatmissionar für die Verbreitung des Missionsgedankens in Bad Hersfeld eingesetzt, sein Einsatzgebiet umfasste den gesamten nordhessischen Raum. Dadurch war er selten zu Hause und Vroni mit der Kindererziehung oft überfordert. Es brauchte lange, bis er seinen Wunsch nach einer erneuten Ausreise nach Kamerun aufgab.

Dann führte ihn sein Missionsimpuls 1957 zu einem einjährigen Einsatz in Südindien, währenddessen die Familie in Deutschland blieb. Die in Südindien wahrgenommene Not veranlasste ihn nach seiner Rückkehr zunächst zur Gründung der *Ausbildungsnothilfe für Studenten der südindischen Kirche* und führte ihn mit Menschen zusammen, die mit ihm gemeinsam 1961 die *Kindernothilfe e.V.* gründeten. Erstmalig wurde hier das persönliche Patenschaftsprinzip eingeführt, bei dem der Spender in unmittelbaren Briefkontakt zum geförderten Kind treten konnte. Die Kindernothilfe wuchs zu einer breit anerkannten christlichen Hilfsorganisation an, die 60 Jahre später 2,1 Millionen Kinder in 33 Ländern Asiens, Afrikas, Südamerikas und Osteuropas förderte. Hier liegt eine Tragik von Adolfs Werdegangs, nämlich dass er sein Herz dem Elend indischer Kinder öffnen konnte und diesen all seine Tatkraft widmete, zugleich aber mit seinem autoritären Erziehungsstil die eigenen Kinder emotional verletzte, die in der Folge gegen ihn und seine Überzeugungen rebellierten und sich von ihm abwandten.

1960 erfüllte Adolf sich seinen Traum, ein Eigenheim für die Familie zu bauen, und auf einem großem Grundstück einen Garten anzulegen. Doch der Traum hielt nicht lange an, 1965 führte ihn sein Berufsweg zur Zentrale des deutschen Zweigs der Basler Mission nach Stuttgart, was für die Kinder einen schwierigen Neuanfang mit sich brachte. Die Arbeit in Stuttgart war für Adolf enttäuschend, so dass er 1968 als Heimatmissionar in Tübingen tätig wurde. Er pflegte intensive Kontakte nach Indien und zu seinem Geburtsland Ghana und engagierte sich ideenreich und mit viel Energie bei der Entwicklung der von ihm gegründeten Organisation Kindernothilfe e. V..

Als er 1973 im Alter von 61 Jahren an Herzrhythmusstörungen starb, war er in den Kreisen von Kirche und Mission hoch angesehen. Der ehemalige Hersfelder Probst Kurt Müller-Osten würdigte ihn mit folgenden Worten: *„Wenn ich jetzt an meinen Bruder und Freund Adolf Kölle zurück denke, […] dann sind es zwei Dinge, die sich mir in Gedanken an sein Wesen aufdrängen: einmal […] eine letzthinige Entschlossenheit zur Nachfolge mit allen Konsequenzen und eine – wahrscheinlich durch Kämpfe hindurch ihm immer neu zuteil werdende – Ergebung und Heiterkeit stiller Art. Unbürgerlichkeit und Aufgebrochenheit seiner Existenz im Verein mit der Bereitschaft, sich nach Maßgabe seiner Möglichkeiten mit den Fragen seiner Zeit auseinanderzusetzen, aber auch ein hohes Maß an Fantasie und Wagemut, Neues zu denken und zu erproben, machten wohl das ‚Missionari-*

sche' seines Christenstandes aus. Er ist unter denen, die mir zu Freunden wurden, wirklich der, der in Wahrheit ,Missionar' des Christus gewesen ist." (aus dem Kondolenzschreiben an Vroni Kölle, 18.September 1973)

Nachwirkungen der Missionsarbeit auf der Goldküste

In Ghana gibt es heute bei den 28,8 Millionen Einwohnern (UN-Schätzung 2017) 16 verschiedene christliche Kirchen, neben der katholischen verschiedene protestantische und charismatische Kirchen sowie Pfingstkirchen. Laut Volkszählung von 2010 sollen 71 % der Bevölkerung Christen sein. Andere Quellen sprechen von nur 30 % Christen, außerdem von 30 % Muslimen und 40 % Anhängern traditioneller Religionen (72). Dabei sind Mischformen der Religionen weit verbreitet.

Als die letzten Basler Missionare 1917 nach fast 90 Jahren Arbeit die Goldküste verlassen mussten, gab es *"in den beiden Sprachgebieten Ga und Twi [...] 11 Hauptstationen mit 185 Außenposten. Man zählte 25.042 Gemeindeglieder und fast 8000 Schüler. Die Zahl der einheimischen Pfarrer betrug 20."* (73) Danach übernahm die schottische Mission die Verantwortung. 1918 wurde erstmalig ein einheimischer Pfarrer, Nikolaus Clerk, zum Sekretär der Presbyterianischen Kirche der Goldküste gewählt, die sich aus den ehemaligen „Basler" Gemeinden zusammensetzte. Er war 1885-88 im Basler Missionshaus ausgebildet worden. 1926 wurde die Kirche in die volle Autonomie entlassen. 2018 zählte die Presbyterian Church of Ghana 947.015 Mitglieder.

Einweihung der Christian Koelle Memorial Chapel, Sra 28.August 2005 mit Pfarrern der Pesbyterian Church of Ghana, Kölle-Enkeln und -Urenkeln; eigene Aufnahme

In Sra Somanya, wo Christian einst am Dachstuhl der Kapelle mitarbeitete, wurde 100 Jahre später eine größere Kirche benötigt, um die gewachsene Zahl der Christengemeinde aufzunehmen. Die Christen im Krobo-Gebiet pflegen die Erinnerung an die Basler Missionare, die die Presbyterianische Kirche begründet hatten, und halten auch Christian Kölle in Ehren. Daher wurde die neue Kirche 2005 auf den Namen *Christian Kölle Memorial Chapel* eingeweiht. In der Bauphase besuchten Ruth als einzige noch lebende Tochter und andere Familienmitglieder die Gemeinde, die den Kirchenbau auch mit Spendengeldern aus Europa finanzierten, zur Eröffnung waren Enkel und Urenkel von Christian eingeladen.

Teil II

Einführung

Im zweiten Teil möchte ich den zeithistorischen Hintergrund der Biografie von Christian Kölle skizzieren und eine Ahnung davon vermitteln, in welchem Kontext sein Leben und Wirken stand und zu verstehen ist. In der Beschäftigung mit seiner Geschichte wurde mir immer deutlicher, wie völlig anders damals die geopolitischen Verhältnisse, die pädagogischen und ideologischen Anschauungen, die kulturellen und familiären Verhaltensweisen im Vergleich zu heute waren, und dass mit unserem heutigen Blick vieles völlig unverständlich bleibt.

Um der Person Christian Kölle gerecht zu werden, ist es also notwendig, ihn in seinem historischen Umfeld zu betrachten. Je mehr ich mich bei der Arbeit an seiner Biografie in diese historischen Themen vertiefte, desto mehr Interesse fand ich daran, diese Zeit genauer zu erfassen, da das Verhalten der europäischen Kolonialmächte anhaltend negative Folgen bis in die heutige Zeit für die Entwicklung Afrikas und für die Beziehungen zwischen Europa und Afrika mit sich brachte. Der heutige Flüchtlingszustrom nach Europa ist untrennbar verbunden mit den Turbulenzen, die das europäische Kolonialsystem in Afrika und vielen weiteren Weltregionen hinterlassen hat. Bei der Beschreibung historischer und aktueller Fakten zu Afrika erhebe ich keinen Anspruch auf eine umfassende Darstellung und Analyse einer komplexen Situation und möchte den Leser zur weiteren Beschäftigung mit den Themen anregen.

Die Aufarbeitung der lange wenig beachteten Geschichte des deutschen Kolonialreiches in der öffentlichen Debatte steht erst an ihrem Anfang. Der Diskurs über kolonialen Genozid, Gewalt und sexuelle Übergriffe in den Kolonien und den Raub von Kunstwerken fremder Völker, über die Forderung nach Reparationen und Rückgabe enteigneter Kulturschätze ist endlich in Gang gekommen. Trotzdem ist das Wissen über diesen dunklen Teil unserer Geschichte wenig verbreitet und sollte aus meiner Sicht zum Allgemeingut werden, in den deutschen Schulbüchern, im Schulunterricht und in die deutsche Erinnerungskultur Eingang finden.

Natürlich darf man sich fragen: sind wir schuldig an den Untaten unserer Vorfahren? Können oder müssen wir uns mit den Tätern, mit dem Aggressor identifizieren? Üben wir uns damit im katholischen Ritus der *mea maxima culpa*, Asche auf mein Haupt? Wir sind Deutsche, und als Deutsche dürfen wir stolz sein auf das großartige Deutschland mit seinen künstlerischen, philosophischen, wissenschaftlichen, technischen, sportlichen, historischen … Errungenschaften, auf „unsere" Leistungen, die wir nicht selbst erbracht haben. Ebenso sind wir gegenüber den Völkern, denen unsere Vorfahren Unrecht angetan haben, auch verantwortlich für diese Untaten, für „unsere" deutschen Verbrechen. Oder können wir uns nur mit den historischen Leistungen der Deutschen identifizieren und zugleich verleugnen, dass Deutschsein auch finstere Seiten beinhaltet? Der Blick auf unsere kollektiven Schattenseiten soll nicht den Blick auf Deutschlands Größe verstellen, vielmehr zu seiner Weiterentwicklung beitragen, indem wir Verantwortung übernehmen, das Leid der Anderen anerkennen, und aus unseren Fehlern lernen, damit sie sich **nie wieder** wiederholen.

Auch andere westliche Nationen tragen Verantwortung für Kriegsverbrechen und Genozide im Lauf der Geschichte der letzten Jahrhunderte. Deutschland hat vergleichsweise schon zu einer vorbildlichen Haltung im Umgang mit historischer Verantwortung gefunden. Aleida Assmann weist auf den *„deutsche*[n] *Sonderweg einer neuen Form von Erinnerungskultur"* hin: *„Während andere Staaten damit befasst waren, ihre Geschichte so umzuerzählen, dass beschämende Episoden aus ihr verschwanden, galt für Deutschland das genaue Gegenteil: Hier wurde die nationale Geschichtserzählung auf das unumstößliche Faktum des Holocaust gegründet."* (74)

Die Debatte über die deutsche Kolonialgeschichte noch mehr ins öffentliche Bewusstsein zu heben könnte uns auch dabei helfen, das Entstehen und die Besonderheit des Nationalsozialismus besser zu verstehen. Die während der Nazi-Zeit begangenen Verbrechen in der Welt waren so groß, dass die deutsche Kolonialzeit demgegenüber in der deutschen öffentlichen Erinnerung lange Zeit im Hintergrund stand. Selbstverständlich geht es hier nicht darum, ein Gräuel-Regime gegen das andere aufzuwiegen, doch steht eines fest: Zwischen der kaiserlichen Kolonialzeit und dem Nationalsozialismus besteht zwar keine unmittelbare Kontinuität, doch lassen sich trotzdem historische Verbindungslinien zwischen beiden ziehen. Der Rassismus des deutschen Kaiserreichs sowie der jahrhundertealte Antisemitismus waren Vorläufer, die in die Ideologie des Naziregimes eingemündet sind. Das rassistische Denken, in dem Menschen in Afrika, Asien und der Südsee der Status als Menschen zweiter Klasse zugedacht war, über deren Leib und Leben die deutschen

„Herrenmenschen" frei verfügen konnten, die für sie als Sklaven arbeiten mussten, fand seine Fortsetzung bei den Nazis, die ihre kolonialen Projekte nicht mehr in Übersee, sondern im Zweiten Weltkrieg in Osteuropa verfolgten. Während jedoch der Völkermord an den Herero und Nama vor allem der Stabilisierung der kolonialen Herrschaft diente, ist und bleibt der Völkermord an den Juden historisch einzigartig, weil Juden allein deswegen umgebracht wurden, weil sie Juden waren, akribisch von höchster Stelle geplanter, industrieller Massenmord. Vorausgegangen war, dass Deutsche, zum Teil hochverdiente Kriegsveteranen, wegen ihrer ethnisch-religiösen Zugehörigkeit zu Feinden erklärt, rassistisch ausgegrenzt, Schritt für Schritt entrechtet und terrorisiert wurden.

Hier ein kurzer Überblick zum zweiten Teil: Das erste Kapitel beschreibt das rassistische Menschenbild, wie es im deutschen Kaiserreich bezüglich der Afrikaner vorherrschte. Diese menschenverachtende Ideologie war seit Jahrhunderten die Voraussetzung für die brutale Eroberungs- und Ausbeutungspolitik Europas in aller Welt.
Obwohl Christians Arbeitsfeld Goldküste eine britische Kronkolonie war, möchte ich im zweiten Kapitel, „Am deutschen Wesen soll Afrika genesen?" einen historischen Ausflug in die Geschichte des deutschen Kolonialismus in Afrika vornehmen (die deutschen Kolonien in Asien und im Pazifik bleiben unberücksichtigt). Dass ich mich ausschließlich mit dem deutschen Kolonialismus beschäftige, heißt nicht, dass die anderen europäischen Kolonialmächte keine Verbrechen an den indigenen Völkern zu verantworten haben. Aber erst einmal geht es darum, vor der eigenen Haustür zu

kehren, bevor man auf andere zeigt.

Im dritten Kapitel wird die Rolle der christlichen Missionen im kolonialen Unterdrückungssystem beleuchtet, die manchmal die Kolonisierung vorbereiteten, zum Teil aber erst nach der kolonialen Eroberung tätig werden konnten und häufig mit dem kolonialen Regierungssystem kollaborierten. Andererseits bezogen jedoch auch einzelne Missionare oder Missionsgesellschaften gegen besonders barbarische Auswüchse Stellung und standen damit im Widerspruch zum Kolonialsystem. Außerdem wird die Rolle der Missionen im Erziehungswesen und im Wirtschaftssystem beleuchtet und kritisch hinterfragt.

Es folgen im vierten Kapitel Ausblicke auf heutige ökonomische und politische Beziehungen zwischen Industrieländern und den afrikanischen Staaten, wobei ich die Aufmerksamkeit auf das Fortbestehen von Ausbeutungsstrukturen, Eurozentrismus und imperialem Lebensstil der Menschen im Globalen Norden auf Kosten des Südens lenken möchte, die als mitverursachend für die heutige Migrationsbewegung zu sehen sind.

Schließlich möchte ich im letzten Kapitel Abstand von einer eurozentristischen Betrachtung nehmen und im Sinne eines Perspektivwechsels hervorragende Protagonisten der antikolonialen Bewegung zu Wort kommen lassen sowie moderne afrikanische Autoren, die sich auf das kulturelle Erbe Afrikas beziehen und dessen Wert für die Zukunft Afrikas und der globalen Völkergemeinschaft herausarbeiten.

1. Das weiße Bild vom Afrikaner

„Folgende Wahrheiten erachten wir für selbstverständlich: Dass alle Menschen gleich geschaffen sind; dass sie von ihrem Schöpfer mit gewissen unveräußerlichen Rechten begabt sind; dass dazu Leben, Freiheit und Streben nach Glück gehören." (Amerikanische Unabhängigkeitserklärung vom 4. Juli 1776)

In diametralem Gegensatz steht Carl Peters: *„Der Neger ist der geborene Sklave, dem sein Despot nötig ist wie dem Opiumraucher seine Pfeife, und es fehlt ihm auch jeder vornehme Zug. Er ist verlogen, diebisch, falsch und hinterlistig* […]" (35, S. 51).
An dieser Aussage wird der eigentliche Zweck der rassistischen Entwertung anderer Völker und Kulturen offenkundig: Die „Anderen" sind „von Natur aus" minderwertig und primitiv, d. h. unfähig zu solchen kulturellen Leistungen wie die Europäer, unfähig, sich selbst zu regieren und „Geschichte zu machen". Ihnen wurde das Lebensrecht abgesprochen und „höheren", sprich den europäischen Kulturen, wiederum das Recht zugesprochen, diese „Anderen" auszurotten, zu versklaven oder über sie zu herrschen. Die systematische Entwertung außereuropäischer Kulturen war und ist eine in Europa seit Jahrhunderten wohl geübte Praxis. Schon bei der Eroberung Amerikas, der „Neuen Welt" (die nur

für die Eroberer, nicht aber für die dort seit mindestens zehntausend Jahren lebenden Menschen „neu" war), hielten sich die aus Europa stammenden Konquistadoren und Kolonisten für Vertreter der höchsten Stufe menschlicher Zivilisation und für berechtigt, die indigenen Kulturen zu auszurotten. Es wurde eine Hierarchie unter den Völkern konstruiert, die später zunehmend auch „rassisch" konnotiert war, was im Verlauf des 19. Jahrhunderts zur Herausbildung eines rassistischen Weltbildes führte, für das man emsig „wissenschaftliche" Belege zu finden versuchte, die weiten Teilen der Bevölkerung in Europa als so gesichert und unumstößlich galten wie das Gesetz der Schwerkraft. Auch hochgeschätzte deutsche Philosophen wie Immanuel Kant und Georg Wilhelm Friedrich Hegel waren Kinder ihrer Zeit, also nicht frei von rassistischen Denkschemata. Sie webten an diesem Diskurs mit und äußerten sich entsprechend.

Seit den 1870er Jahren wurden in sogenannten „Völkerschauen" Menschen aus außereuropäischen Gegenden der Welt in Gehegen ausgestellt. In der Kulisse eines „Negerdorfs" mit Hütten, exotischen Tieren und Pflanzen wurden Afrikaner wie seltene Tierarten vorgeführt, Frauen ließ man öffentlich gebären, die zur Schau Gestellten mussten ihren „typischen" Verrichtungen nachgehen. Allerdings entsprach die zooartige Präsentation dieser Menschen weniger deren wahren Lebensweise als vielmehr den in dieser Hinsicht tief verankerten europäischen Klischees. Feuerländer wurden zum Beispiel als Kannibalen inszeniert und mussten rohes Fleisch verzehren und „wilde" Kämpfe und Kriegstänze vorführen. Carl Hagenbeck war Pionier in Deutschland und

verdiente seit 1874 große Summen mit seinen „Völkerschauen", bevor er 1907 den Hamburger Tiergarten begründete. Ähnliche Menschenzoos gab es in anderen europäischen Ländern, und bis Ausbruch des Ersten Weltkrieges
zogen sie begeisterte Zuschauermassen an. Der Effekt dieser
Schauen war die über alle fünf Sinne ablaufende Bestäti-
gung und Verfestigung vorhandener rassistischer Wahrneh-
mungsmuster gegenüber außereuropäischen Völkern in der
breiten Masse der Bevölkerung.
Gängige Zuschreibungen im Hinblick auf Afrikaner waren
zu dieser Zeit, dass sie unsittlich, kulturlos, primitiv, wild
und faul seien. Der Deutsche Missionswissenschaftler Carl
Mirbt schrieb 1910: „*Die Hauptschwierigkeit besteht nun
darin, dass die Bevölkerung unserer afrikanischen Schutzgebiete größtenteils der Negerrasse angehört, und diese im
allgemeinen die Arbeit nicht sucht, sondern meidet [...].
Zum Teil ist die Arbeitsscheu eine Folge der Entwöhnung
von ernster körperlicher Arbeit. Die Körperkraft ist auch
vielfach nicht entwickelt infolge ungenügender Ernährung
oder schlechter Gesundheitsverhältnisse; auch die erschlaf-
fenden Wirkungen des tropischen Klimas sprechen mit. Dazu kommt die große Bedürfnislosigkeit und Leichtigkeit, das
zum Lebensunterhalt unbedingt Erforderliche zu erwerben;
auch die Sitte, dass die Frau die unvermeidliche Feldarbeit
zu leisten hat.*" (37, S. 310)
Man verstand nicht, dass die „Arbeitsscheu", der die Kolonialisten begegneten, wenn Einheimische nicht in Bergwerken
oder auf den Plantagen der Europäer arbeiten wollten, Ausdruck des Widerstands gegen die Einführung von zuvor unbekannter Lohnarbeit und kapitalistischer Verwertungslo-
gik war, oder man hielt es für ein renitentes Verhalten zu-

rückgebliebener Primitiver, die sich dem „Fortschritt" in den Weg stellten und an ihrer angeblich „unökonomischen" Wirtschaftsweise partout festhalten wollten. Der Historiker Speitkamp bemerkte hierzu: *„Tatsächlich war das Arbeitsethos nicht an individueller Gewinnmaximierung, sondern an der Sicherung von Familie und Gemeinschaft orientiert. Dauerhafte Lohnarbeit war deshalb anfangs kaum durchzusetzen."* (37, S. 273)

In den afrikanischen Agrargesellschaften gab es kein individuelles Eigentum an Grund und Boden: Das Land war Eigentum der Gemeinschaft bzw. einzelner Klane und wurde Familienverbänden zur individuellen Nutzung überlassen, doch konnten diese nicht frei darüber verfügen, also es zum Beispiel nicht verkaufen. Auch lag das Wirtschaftsziel nicht darin, landwirtschaftliche Erzeugnisse für einen Markt zu produzieren und im Austausch dafür Geld oder ein sonstiges Äquivalent zu nehmen, sondern in der Befriedigung des Eigenbedarfs an Nahrungsmitteln im Rahmen der Familien, Klane und der Gemeinschaft (Subsistenzwirtschaft). Nur landwirtschaftliche Produkte, die man nicht konsumierte oder nicht zur Vorratshaltung für Ernteausfälle oder andere kritische Zeiten nutzte, wurden auf Märkten mit Angehörigen anderer Gesellschaften ausgetauscht. Im Rahmen einer „Gabenökonomie" halfen sich nahe Verwandte oder Segmente einer Gesellschaft gegenseitig aus, wenn irgendeine Person oder Gruppe innerhalb dieses sozialen Beziehungsgeflechts einen plötzlichen Bedarf hatte, sei es an Nahrungsmitteln, Geräten oder einer Arbeitsleistung. Von Reicheren wurden insgesamt größere Leistungen erwartet als von Ärmeren, ganz nach dem Motto „Jedem nach seinen Bedürfnissen, jeder nach seinen Fähigkeiten".

Die im Kapitalismus vorherrschende Verherrlichung der (Lohn-)Arbeit, die den Reichtum der Minen- und Plantagenbesitzer begründete, war afrikanischen Gesellschaften also gänzlich unbekannt. Sicherlich schätzte man dort Fleiß und Arbeitsamkeit, aber nicht um ihrer selbst willen, sondern weil dadurch gewährleistet wurde, dass man eigene Bedürfnisse und die anderer im Rahmen einer Gabenökonomie befriedigen konnte. War die dafür erforderliche Arbeit getan, arbeitete man nicht mehr weiter (wozu auch?), sondern verwendete stattdessen die Zeit auf die Sorge für das Gemeinwohl, auf gemeinschaftliches Philosophieren über das Leben, die Planung von Festen und Zeremonien zur Stärkung des sozialen Zusammenhalts, die Fertigung von Schmuck und andere künstlerische Tätigkeiten, kurzum auf soziale Aktivitäten im weitesten Sinne jenseits jeglichen ökonomistischen Kosten-Nutzen-Denkens. Die Missionare und Kolonialherren mit ihrem protestantisch-kapitalistischen (Lohn-)Arbeitsethos interpretierten und diffamierten dieses andere Wirtschaftsethos und die damit verknüpften Vorstellungen eines guten Lebens als „Zeitverschwendung" und „Faulheit".

Einzelne indigene Völker Afrikas, die bei der Ankunft der europäischen Kolonisatoren noch als Jäger und Sammler lebten und früher despektierlich als „Buschleute" bezeichnet wurden (wie die San in Südafrika oder manche Völker im zentralafrikanischen Regenwald, die als Pygmäen bekannt sind) brauchen zur Nahrungsbeschaffung nur um die 2 Stunden pro Tag, die restliche Zeit des Tages nutzen sie für soziale Aktivitäten , was man dann als „primitiv" brandmarkte.

Earl Grey, der Administrator der British South Africa Company, eines britischen Wirtschaftsunternehmens, das Gebiete des heutigen Simbabwe und Sambia wirtschaftlich „erschloss" und verwaltete, trug 1901 auf einer Versammlung der Anteilseigner in London seine Gedanken darüber vor, wie das brachliegende Potential afrikanischer Arbeitskräfte geformt, mobilisiert und für die koloniale Ausbeutung nutzbar gemacht werden könnte: *„Heute leben im südlichen Afrika 400.000 Eingeborene. Die Mehrzahl von ihnen hegt gegenwärtig nicht den Wunsch zu arbeiten. Wir haben die Pflicht, sie vor sich selbst zu beschützen [...]. Welche Schritte können unternommen werden, um sie zur Aufnahme von Arbeit zu bewegen? [...] Sie werden sogleich sagen: ‚Erhöht die Steuern' [...]. Aber wir brauchen mehr dauerhaften Druck [...], und dieser dauerhafte Druck liegt in dem natürlichen und wachsenden Wunsch nach Waren des weißen Mannes. Ich bevorzuge jede Möglichkeit, mit der solche Wünsche geweckt werden können [...]. Dazu gehört die Einrichtung von Läden für Kaffern und ein organisiertes System von Geschenken an die Häuptlinge [...]. Unsere Erfahrung in Nordrhodesien war, dass das Evangelium der Arbeit besonders eindrücklich von den Eingeborenen gepredigt wurde, die aus den Minen in Südrhodesien zurückgekehrt sind."* (38, S. 49)

Die Vorstellung, Afrikaner seien „naturgemäß" unfähig, kulturelle Leistungen hervorzubringen, die mit denen der Europäer vergleichbar wären, diente als Legitimation dafür, die Menschen in Afrika zu kolonialisieren . Die Europäer wiederum attestierten sich selbst eine Wesensart, die sie „von Natur aus" dazu prädestiniert hatte, den Gipfel menschlicher Zivilisation zu repräsentieren. Daraus leiteten sie das ebenso „natürliche Recht" ab, die „Anderen" zu „zivilisieren" und zu beherrschen. Genau in dieses Horn stieß das Brockhaus Konversationslexikon in der Ausgabe von 1908, wenn es dort heißt, der Afrikaner habe *„ein geringes Maß von Fantasie und schöpferischer Kraft"*, bleibe *„früh hinter den Angehörigen der europäischen Kulturvölker zurück und neigt [...] durchaus nicht zu selbstständiger Kulturarbeit."* (39, S. 100)

Die aktuelle Debatte um die Rückgabe kolonialer Raubkunst spricht jedoch für das genaue Gegenteil. Rund 10.000 Kunstgegenstände wurden 1897 im Rahmen einer britischen „Strafexpedition" mit der Zerstörung und Plünderung der Königsstadt Benin City im Süden des heutigen Staates Nigeria geraubt und als Kriegsbeute nach London gebracht. Von dort wurden die Kunstwerke, die für das Volk der Edu nie nur „l'art pour l'art" waren, sondern auch von ritueller Bedeutung sind und gewissermaßen als Träger und Archiv der historischen Erinnerung dienen, in alle Welt weiterverkauft. Ein Bronzekopf aus dieser Beute wurde 2017 im Auktionshaus Sotheby's für 1,9 Millionen Euro versteigert. Seit der Gründung Nigerias 1960 erheben staatliche und andere Stellen dort die Forderung, die sogenannten „Benin-Bronzen" zurückzugeben. 60 Jahre später, als es kaum mehr anders ging, haben deutsche Museen und Einrichtungen sich 2021 grundsätzlich zu einer Rückgabe bereit erklärt haben (das Ethnologische Museum im Berliner Humboldt Forum besitzt 500 Objekte aus Benin City). Scheinbar großzügig hat Deutschland erklärt, beim Aufbau eines Museums in Nigeria zu helfen – wenn Nigeria rückwirkend eine Leihgebühr für die geraubten Schätze erheben würde, bräuchte das Land sicherlich keine Hilfsgelder. Das Britische Museum dagegen weigert sich immer noch – in einer Fortführung kolonialer Raubmentalität –, diese Objekte zurückzugeben oder auch nur, sie nigerianischen Museen als Leihgaben zur Verfügung zu stellen (40).

Ähnliche Verhältnisse finden wir auch für andere afrikanische Länder. Das wissenschaftlich-künstlerische Projekt *Invisible Inventories Programme* erstellte von 2018–2020 eine Datenbank mit bisher 32.321 Kulturgütern aus Kenia, die in Institutionen des globalen Nordens aufbewahrt werden. Im Auftrag des französischen Präsidenten Emmanuel Macron erstellten Felwine Sarre, senegalesischer Schriftsteller, Musiker und Professor für Wirtschaftswissenschaften und die französische Kunsthistorikerin Bénédicte Savoy 2018 den „Bericht zur Restitution des afrikanischen Kulturerbes". Darin lesen wir: „*Die Entwendung und der Transfer von Kunst, Kult- oder einfachen Gebrauchsobjekten begleitet imperiale Unterfangen seit der Antike. Dabei kommen zwei Dynamiken zusammen. Ästhetische, intellektuelle und ökonomische Aneignung fremden Kulturerbes, das nun in den Städten des Siegers, in seinen Häusern, seinen Gelehrtenzirkeln und auf dem Kunstmarkt einen Wert und ein Eigenleben entwickelt, die von seinen Ursprüngen abgeschnitten sind; sowie bewusste Entfremdung und Dekulturation der unterworfenen Bevölkerung, deren psychologisches Gleichgewicht durch den Verlust von identitätsstiftenden, über Generationen weitergegebenen Gegenständen teilweise dauerhaft zerstört wird.*" *(41, S. 21)*

1884 lud der deutsche Reichskanzler Otto von Bismarck 14 europäische Staaten zur sogenannten Kongo-Konferenz in Berlin ein. Hier wurden Voraussetzungen für die Annexion afrikanischer Territorien festgelegt, vor allem eine effektive Verwaltung und Durchsetzung staatlicher Gewalt und die Garantie der Sicherheit für dort anwesende Europäer. Zudem sollte eine Legitimationsgrundlage für die Kolonisierung Afrikas geschaffen, ihr ein moralisches Deckmäntelchen umgehängt werden: Erstens wolle man dem vor allem von Sansibar aus operierenden „arabischen" Sklavenhandel ein Ende bereiten und zweitens die materielle und „sittliche" Situation der in Afrika lebenden Bevölkerungen verbessern. Und so eröffnete Bismarck die Konferenz denn auch mit den Worten: *„Unsere Regierungen teilen den Wunsch, den Eingeborenen Afrikas den Anschluss an die Zivilisation zu ermöglichen"* Dafür müsse *„das Innere dieses Kontinents für Handel und Bildung erschlossen und der Sklaverei ein Ende bereitet"* werden (36, S. 99).

Kongokonferenz 1884 in Berlin: Europa organisiert den „Wettlauf um Afrika"; Quelle: Wikipedia, siehe Abbildungsnachweise im Anhang

Mit der Einrichtung von sogenannten „Schutzgebieten" in Ost-, West- und Südwestafrika durch das Deutsche Reich etablierten sich dort Kolonialregimes, deren Vertreter anfangs häufig aus stramm rechtsnational eingestellten Abenteurern und Glücksjägern wie Carl Peters („Reichskommandeur am Kilimandscharo") bestand. Mit großer Grausamkeit wüteten Leute seines Schlages unter den einheimischen Bevölkerungen, weil sie der Auffassung waren, dass diese „Primitiven" nur die Sprache der Peitsche verstünden. Das sorgte zunehmend für Empörung in der deutschen Öffentlichkeit und strafte das vorgebliche Ziel der „Kulturmission" Lügen. Der Sozialdemokrat August Bebel brachte es im Reichstag 1894 auf den Nenner: *„Was bedeutet in Wahrheit diese ganze sogenannte christliche Zivilisation in Afrika? Äußerlich Christentum, innerlich und in Wahrheit Prügelstrafe, Weibermisshandlung, Schnapspest, Niedermetzelung mit Feuer und Schwert, mit Säbel und Flinte. Das ist ihre Kultur [...]. Es handelt sich um gemeine materielle Interessen, um Geschäftemachen und um nichts weiter."* (42, S. 120) Julius Scharlach, als Rechtsanwalt Verteidiger von Carl Peters, Unternehmer in Kamerun und Südwestafrika und Mitbegründer der Kolonialschule Witzenhausen (heute: Deutsches Institut für tropische und subtropische Landwirtschaft) wiederum rechtfertigte die in den Kolonien ausgeübte Gewalt mit folgenden Worten: *„Kolonisieren, das zeigt die Geschichte aller Kolonien, bedeutet nicht, die Eingeborenen zivilisieren, sondern sie zurückdrängen und schließlich vernichten. Der Wilde verträgt die Kultur nicht [...]. Wo immer ein mächtiges Herrenvolk auf ein Sklavenvolk trifft und die Herrschaft über dasselbe erwirbt, ist das letztere dem Untergang geweiht."* (Hamburger Nachrichten 1899)

2. Am deutschen Wesen soll Afrika genesen?

„Verdammt seien die Deutschen. Gott! Ich flehe dich an, höre meinen letzten Willen, dass dieser Boden niemals mehr von Deutschen betreten werde." (Manga Bell, Kamerun 1914)

Die kenianische Schriftstellerin Yvonne Adhiambo Owuor (geb. 1968) forderte auf der Konferenz „Die (Re-)Konstruktion der Welt" (medico international Feb. 2021) die Europäer auf, sich den während der Kolonialzeit begangenen Gräueltaten zu stellen, da die Wunden der Afrikaner noch nicht verheilt seien und anerkannt und gewürdigt werden müssten. Angesichts von 400 Jahren Ausbeutung Afrikas durch Europa stellte sie fest, dass nicht etwa afrikanische Länder den europäischen etwas schuldeten (etwa aufgrund von Krediten oder Handelsdefiziten), sondern dass Europa in der Schuld Afrikas stehe.

Seit den letzten beiden Jahrzehnten wird die in Deutschland lange verdrängte Kolonialgeschichte zunehmend thematisiert. Nach dem Zweiten Weltkrieg waren andere europäische Länder mit der Niederschlagung antikolonialer Aufstände und dem Kampf gegen antikoloniale Befreiungsbewegungen beschäftigt und mussten nach und nach ihre direkte Herrschaft über die Kolonien abgeben. In der deutschen kollektiven Erinnerung war die Kolonialzeit seit 1919 vorbei, im Vordergrund stand zunächst die Auseinandersetzung mit den Verbrechen des Nationalsozialismus. Als sich die Nachfahren der Opfer des in Deutsch Südwestafrika begangenen Völkermords an den Nama und Herero unüberhörbar zu Wort meldeten, so 2002 mit einer juristischen Klage vor einem US-Gericht, begann man sich in Deutschland endlich des düsteren Kapitels der eigenen Kolonialherrschaft anzunehmen. Inzwischen haben Parlament und Bundesregierung den Völkermord an Nama und Herero anerkannt und mit dem Staat Namibia ein Abkommen über deutsche Geldleistungen getroffen.

Doch das heutige Namibia ist kein Einzelfall. In allen Kolonien des Deutschen Reichs wurden abscheuliche Verbrechen begangen. Dass Deutschland auch in der Südsee oder in Kiautschou (China) Kolonien besaß, ist weithin immer noch unbekannt. Auch darüber müssen Debatten geführt und ähnliche Konsequenzen gezogen werden wie bezüglich Namibia, wir stehen erst ganz am Anfang der Auseinandersetzung mit diesem dunklen Kapitel. In den nächsten Abschnitten werde ich beispielhaft auf Unrecht eingehen, das von Deutschen oder im Namen des Deutschen Reichs in den Kolonien Kamerun, Deutsch-Ostafrika und Deutsch-Südwestafrika begangen wurde.

2.1 Kamerun

Über das Vorgehen bei der Inbesitznahme von Kolonien schreibt der Historiker Winfried Speitkamp: *„Bei den Schutz- und Kaufverträgen handelte es sich dagegen um extrem ungleiche Verträge. Die Deutschen demonstrierten mit Solda-*

ten oder Kanonenbooten ihre Stärke und ließen dem Gegenüber wenig Entscheidungsfreiheit. Die Schutzverträge offerierten dem heimischen Herrscher gegen die Abtretung der Hoheit lediglich einen nicht näher definierten Schutz. Die Kaufverträge übertrugen große Gebiete gegen aus westlicher Sicht wertlose Waren auf die neuen Eigentümer." (30, S. 28)

1884 schlossen die Deutschen mit den Chiefs Bell, Akwa und Dido der Volksgruppe der Duala einen Schutzvertrag ab, der die Kolonie Kamerun begründete. Mit den vertraglichen Rechten der Einheimischen nahmen es die Deutschen nicht so genau: „Ohnehin begründete der Vertrag nach Ansicht der Deutschen eher einen Rechtsanspruch auf koloniale Besitzergreifung gegenüber anderen europäischen Mächten [...] als die Legitimation der Herrschaft gegenüber der afrikanischen Bevölkerung. Deshalb fühlten sich die Deutschen von Anfang an nicht an den Vertrag gebunden und schoben ihn beiseite, sobald es ihnen möglich war." (43, S. 8)

In deutschen Wirtshausgesängen wurden die Einheimischen verspottet:

> „King Akwa und der König Bell
> Sagten unlängst ‚very well'
> Schenkten für sechs Pullen Rum
> Uns ihr ganzes Köngtum
> Jupheidi, jupheida [...]" (44, S. 127)

Deutsche Handelshäuser schlossen in Kamerun ungleiche Handelsverträge ab, in denen Landabtretungen zum Spottpreis vereinbart waren. Die „Kronlandverordnung" von

1896 erklärte das Siedlungsgebiet der Einheimischen zu „herrenlosem Land", womit Enteignung von Land ohne Entschädigung und die nachfolgende Vertreibung legitimiert wurde. Den Einheimischen wurden pro Familie nicht einmal 2 ha zugestanden.

„Als du hierherkamst, hatten wir das Land und du hattest die Bibel. Jetzt haben wir die Bibel und du hast das Land", sagt ein afrikanisches Sprichwort, das im gesamten südlichen Afrika verbreitet ist (45, S. 82).

Zur Rekrutierung von Plantagenarbeitern griffen die Pflanzungsgesellschaften zu rabiaten Mitteln. Kaufleute berichteten, *„dass ganze Strecken, besonders im Rio del Rey-Gebiet, von Männern vollständig entblößt sind, und dass im Edea-Bezirk die Leute einfach wie Sklaven weggefangen und mit Stricken zusammen gekoppelt auf die Plantagen gebracht würden, und dass dadurch eine vollständige Flucht der Eingeborenen in den Busch entstanden sei."* (46, S. 170) Die WAPV (Westafrikanische Pflanzungsgesellschaft Victoria), die bis zu 20.000 Arbeiter beschäftigte, verfügte 1904 über 20.000 ha besten Bodens im Wohngebiet der Bakwiri und konnte den Aktionären dank einer gnadenlosen Ausbeutung eine Dividende von 20 % ausschütten. 1913 besaßen die Pflanzungsgesellschaften in Kamerun insgesamt 115.000 ha Boden (60, S. 141 f). Gouverneur Puttkamer war an der WAPV persönlich beteiligt. Auf deren riesigen Plantagen schufteten Lohnsklaven sich zu Tode; die Sterblichkeitsziffern stiegen durch extrem harte Arbeit, brutale Behandlung und katastrophale Hygienebedingungen auf bis zu 30 %. Auf der Tiko-Pflanzung sollen sogar 50–75 % der Arbeiter innerhalb von sechs Monaten verstorben sein (45, S. 47). Eine solche „Vernichtung durch Arbeit" wurde auch

30 Jahre später in den KZs des Mutterlandes wieder praktiziert.

Deutsche Beamte in den Kolonien, Politiker und „Wissenschaftler" begriffen aber zu Beginn des 20. Jahrhunderts immer mehr, dass die pure Gewaltstrategie dem Ziel, die einheimische Ressource Arbeitskraft bestmöglich auszubeuten, abträglich und ökonomisch unsinnig war. Nach mehreren Skandalen aufgrund von Gewaltexzessen gegenüber der einheimischen Bevölkerung in verschiedenen deutschen Kolonien wurde 1907 der politisch dem (national-)liberalen Flügel zuzuordnende Bankier und Unternehmer Bernhard Dernburg zum Staatssekretär des Reichskolonialamtes ernannt, der sich angesichts der hohen Sterblichkeit auf den Plantagen für eine „negererhaltende Politik" einsetzte (43, S. 109). Der Arzt Dr. Ludwig Külz plädierte 1910 für eine bessere ärztliche Versorgung in den Kolonien mit den Worten: „*Der Eingeborene ist das wertvollste Wirtschaftskapital unserer Kolonien [...]. Ein kleines Rechenexempel: nehmen wir an, dass in Kamerun abgesehen von allen Kriegs- und Seuchenverlusten, jährlich 1000 Menschenleben vergeudet werden (ein niedrig gegriffener Satz!), setzen wir den Kapitalwert eines schwarzen Arbeiters auf jährlich nur 100 Mk. fest, und nehmen wir ferner an, dass die Gestorbenen durchschnittlich noch zehn Jahre länger gelebt hätten, wenn die vis major [größere Gewalt] der europäischen Kultur nicht dazwischen getreten wäre, so gibt es für unser Schutzgebiet einen Jahresverlust von 1 Million. Dafür lohnte es sich wohl, einige Ärzte mehr ins Land zu holen.*" (45, S. 55)

Von 1895–1907 war Jesko Albert Eugen von Puttkamer, ein Adliger aus Pommern, Gouverneur der Kolonie. Der Journalist Bartholomäus Grill urteilt über ihn in seinem Buch „Wir Herrenmenschen": *„Mittelmäßige Männer wie er, die es in der politischen Elite des Kaiserreiches zu wenig Ansehen gebracht hatten, konnten in den Kolonien deutsche Allmachtsfantasien ausleben und mit tyrannischen Methoden ihre eigenen Staatsgebilde formen."* (44, S. 133) Er nahm seine Geliebte aus Deutschland unter falschem Namen mit nach Kamerun und gab sie als seine Cousine aus, die angeblich seinen Haushalt führte. Er selbst stellte ihr eigenhändig einen falschen Pass aus. Nach seiner Trennung von der angeblichen Freifrau und Cousine lebte er mit einer Einheimischen zusammen, mit der er eine Tochter hatte. Das Liebesleben Puttkamers, die Grausamkeit seiner Amtsführung, seine Verschwendungssucht und Unterschlagungen von Steuergeldern führten schließlich zu einem Skandal in Deutschland, über den im Berliner Reichstag verhandelt wurde. August Bebel klagte *„das Huren- und Schlemmerleben auf Kosten des deutschen Volkes"* der hohen Beamten in Kamerun an (43, S. 99). Die Urkundenfälschung war es schließlich, die den Gouverneur zu Fall brachte.

Verbindungen weißer Kolonisten mit einheimischen Frauen waren nicht selten, da es in den Kolonien wenige deutsche Frauen gab. Dr. med. Max Buchner, interimistischer Vertreter des Deutschen Reichs in Kamerun, hatte den deutschen Männern solche Verbindungen sogar direkt empfohlen: *„Was aber den freien Umgang mit den Töchtern des Landes betrifft, so ist darin mehr eine Förderung als eine Schädigung der Gesundheit zu erblicken. Das ewig Weibliche ist auch unter der dunklen Haut ein vortrefflicher Fetisch gegen die Verkümmerung des Gemütes, der man in afrikanischer Einsamkeit zu leicht verfällt."* (45, S. 129)

Der „freie Umgang mit den Töchtern des Landes" war ein Euphemismus für die überall installierte Prostitution und die herrschende sexuelle Gewalt deutscher Kolonisten gegen einheimische Frauen. Nur in seltenen Fällen wurden entsprechende Beziehungen durch Heirat legitimiert. In der Reichstagsdebatte über die „Mischehenfrage" 1912 stellte der Zentrumsabgeordnete Erzberger fest, dass 99 % der „Mischlinge" außerehelichem Geschlechtsverkehr entstammten. Das Problem *„bestand nämlich darin, dass die Frauen der Kolonialvölker vergewaltigt, als Prostituierte, in ehe-ähnlichen Verhältnissen mit weißen Männern freiwillig oder gezwungen lebten, von denen sie meist nach kurzer Zeit verlassen wurden, ohne dass die Männer irgendeine Art von Vorsorge für die Frauen oder die gemeinsamen Kinder getroffen hatten."* (45, S. 128)

In Südwestafrika wurden 1905 Ehen zwischen Europäern und Afrikanerinnen verboten, weil, so heißt es in einer Gedenkschrift des Gouverneurs Friedrich von Lindequist (1906), *„in Südafrika die weiße Minderheit sich durch die Reinhaltung ihrer Rasse in ihrer Herrschaft über die Farbigen behaupten muss."* (45, S. 125) Verhindert werden sollte mit diesem Verbot auch, dass Kinder weißer Väter aus Beziehungen mit einheimischen Frauen entsprechend dem deutschen Staatsbürgerrecht deutsche Staatsbürger wurden, und damit auch deren Staatsbürgerrechte erhalten. Diese Form von Apartheid wurde in vielen afrikanischen Ländern den Einheimischen aufgezwungen und das Verbot von sogenannten „Mischehen" zwischen „Schwarz" und „Weiß" existierte in den USA in 16 Bundesstaaten bis 1967, in Südafrika sogar bis 1985.

Im Blaubuch der britischen Regierung 1918 wird das Fehlverhalten der Deutschen in deren Kolonien dokumentiert, was dazu beitrug, dass Deutschland im Friedensvertrag von Versailles seine Kolonien abgeben musste. Darin wird als Beispiel 5 das „Zeugnis des Johannes Kruger" angeführt: „*Die meisten Buschmänner haben nur eine Frau. Sie lieben ihre Frauen sehr und behandeln sie gut. Die Deutschen begannen, ihre Frauen wegzunehmen und machten Konkubinen aus ihnen. Der ganze Distrikt ist voll von diesen Deutsch-Buschfrauen-Mischlingen. Dieses Benehmen der Deutschen ärgerte und störte die Buschleute mehr als irgendetwas sonst. Sie hassten es tief; ich erhielt viele Beschwerden von ihnen […].Wenn ein Einheimischer Einspruch erhob und sich beschwerte, wurde er wegen Anmaßung ausgepeitscht. Das war in Friedenszeiten. In Kriegszeiten kannten die Deutschen keine Gnade für Männer, Frauen oder Kinder.*" (45, S. 122) Oder im Beispiel 8, Auszüge aus den Gerichtsakten, ist zu lesen: „*Verhandlung vom 10. und 11. Oktober 1916: Angeklagt war Max Willi Frenzel, am 2. April 1916 ein etwa siebenjähriges Hottentotten-Mädchen vergewaltigt zu haben. Der Angeklagte wurde freigesprochen. Bemerkung eines Zeugen zu diesem Fall: dass eine kleine Angelegenheit wie diese nicht wert sei, sich aufzuregen.*" (45, S.124) In der Leipziger Volkszeitung von 1896 konnte man lesen, dass deutsche Angestellte „*zur Befriedigung ihrer Lust Sklavenfrauen in ihren Besitz bringen, die sie dann für die Zeit ihres Dortseins als ihre ‚Frauen' haben und nach ihrem Weggang in Besitz anderer ‚übergehen' lassen.*" (45, S. 130) Die Einführung der Prostitution in den Kolonien gehörte ebenso zu den „Segnungen der Zivilisation" wie die Überschwemmung der Kolonien mit Alkohol. Branntwein, Rum und Genèver waren Exportschlager des Hamburger Handelshauses C. Woermann in die Kolonien und *„gehörten quasi zum Eroberungsprogramm der Kolonisatoren."* (44, S. 125) Großhändler und Reeder Adolph Woermann erklärte vor dem Reichstag: *„Ich meine, dass es, wo man Zivilisation schaffen will, hier und da eines scharfen Reizmittels bedarf, und dass scharfe Reizmittel der Zivilisation sehr wenig schaden. Wenn die schwarzen Arbeiter etwas Tüchtiges leisten sollen, da hilft nichts besser zur Arbeit, als wenn sie abends ein Gläschen Branntwein bekommen."* (42, S. 109) Ein Basler Missionar sah das mit dem „Gläschen" etwas anders und schrieb1898 an seine Zentrale: *„Das ganze Leben ist hier gewissermaßen vom Branntwein durchtränkt."* (44, S. 125) Der Branntweinimport erreichte 1904 in Togo mit 16.229 Hektoliter einen Anteil von über 25 % des Gesamtimports. In Kamerun erreichte der Import 1894 mit 16.813 hl seinen Höchstwert (46, S. 146), was rund 80 Milliarden „Gläschen" pro Jahr ausmachte.

Von der Zivilisation in Form der deutschen Rechtsordnung blieben die Einheimischen allerdings ausgeschlossen. In seinem Buch über den deutschen Justizmord an Manga Bell schreibt Christian Bommarius über die Haltung des Bankiers Dernburg, der 1907 zum Staatssekretär und Leiter des neu gegründeten Reichskolonialamtes ernannt wurde: *„Für deutsche Kolonialbeamte gilt deutsches Strafrecht, wird aber in Konflikten mit Afrikanern nur selten angewandt, für Afrikaner gilt hingegen das ‚Eingeborenenrecht', das nicht gesetzlich verankert ist und willkürlich gehandhabt wird."* (43, S. 110)
Seit 1910 gab es konkrete Pläne, die Duala von ihren angestammten Wohngebieten am Flussufer zu vertreiben gegen

eine Entschädigung von 0,40 Reichsmark pro Quadratmeter, bei einem ortsüblichen Quadratmeterpreis von 20 RM. Gegen diese Enteignungspläne schlossen sich die zunächst deutschfreundlichen Duala-Chiefs zusammen und protestierten dagegen wiederholt in Petitionen an die Kolonialregierung und den Reichstag. Die Eingabe von 28 Chiefs vom 19. Juni 1905 enthielt in der Anlage 24 Beschwerdepunkte wegen Landraub, Steuerzwang, ungerechtfertigten Bestrafungen, exzessiven Auspeitschungen und fortgesetzten Verletzungen des Schutzvertrages.

Rudolf Duala Manga Bell, Enkel des Duala-Königs King Bell, der den Schutzvertrag 1884 mit unterzeichnet hatte, erhielt seine Ausbildung an einem Gymnasium in Deutschland, sprach gutes Deutsch und schätzte die deutsche Kultur. Er wurde Christ, war, anders als viele Duala, nur mit einer Frau verheiratet und verhielt sich loyal gegenüber Kaiser und Reich, bis er durch die Tyrannei in „Putt-Kamerun" sein Vertrauen in die Deutschen verlor.

Als Chef des Bell-Klans setzte er sich an die Spitze des friedlichen Protestes der Duala, als die Deutschen diese in Duala, der damaligen Hauptstadt Kameruns, von deren angestammten Wohnsitzen vertreiben wollten. Als er die Einhaltung der Schutzverträge einforderte und andernfalls mit deren Kündigung drohte, wurde er mithilfe der üblichen Willkürjustiz für Einheimische verfolgt und verurteilt. Nach dem Schutzgebietsgesetz von 1886 galten die deutschen Gesetze für die „Eingeborenen" in deutschen Kolonien nicht. In einem Schnellgerichtsverfahren wurde das Urteil gefällt: Tod durch den Strang wegen Hochverrats! Ungeachtet von Protesten der Missionen wurde Manga Bell mit seinem Mitstreiter Adolf Ngoso Din am 8. August 1914 hingerichtet

– zwei Justizmorde der Kolonialverwaltung, deren Opfer bis heute nicht rehabilitiert sind. Noch im selben Monat wurden etwa 200 weitere Widerstandskämpfer von der Kolonialverwaltung getötet.

Rudolf Duala Manga Bell; Quelle Wikipedia

Stolz und Würde konnten die Henker von Manga Bell diesem jedoch nicht nehmen. Es gibt verschiedene Überlieferungen zu Manga Bells Abschiedsworten; laut einem Augenzeugen, so berichtete sein Rechtsanwalt Paul Levi, waren seine letzten Worte: „*Unschuldiges Blut hängt ihr auf. Umsonst tötet ihr mich. Aber die Folge davon wird die größte sein. Ich scheide jetzt von meinen Leuten ab. Aber verdammt seien die Deutschen. Gott! Ich flehe dich an, höre meinen letzten Willen, dass dieser Boden niemals mehr von Deutschen betreten werde!*" (43, S. 164)

Den Leichnam Manga Bells ließ die deutsche Kolonialverwaltung zur Abschreckung öffentlich drei Tage am Galgen hängen. Es sollte nicht mehr lange dauern, bis sein letzter Wunsch in Erfüllung ging. Nach dem Ende des Ersten Weltkrieges wurde die Kolonie Kamerun den Deutschen entzogen und in Völkerrechtsmandate für England und Frankreich umgewandelt.

Das koloniale Strafrecht war ein wichtiges Mittel, um Ordnung und Disziplin im Sinne des deutschen Kolonialregimes aufrechtzuerhalten, die Bevölkerung entsprechend zu erziehen und die deutsche Herrschaft abzusichern. In den Kolonien gab es Strafen, die im deutschen Recht nicht vorgesehen waren wie Verbannung, Kettenhaft und körperliche Züchtigung. Die Prügelstrafe wurde in Afrika mit der Nilpferdpeitsche oder mit einem Tauende durchgeführt. Erfüllten Einheimische das erdrückende Arbeitspensum nicht oder spurten sie nicht so, wie es von ihnen erwartet wurde, wurden sie von Plantagenbesitzern oder Aufsehern, die in anderen kolonialen Betrieben oder im Rahmen kolonialer, auf Zwangsarbeit beruhender Infrastrukturprojekte wie dem Eisenbahnbau beschäftigt waren, nach deren willkürlichem Ermessen ausgepeitscht.

Der Historiker Wilfried Speitkamp urteilte: „*Die Prügelstrafe wurde immer wieder unkontrolliert und über das vor-*

geschriebene Maß hinaus angewendet [...]. Die Prügel wurden zum ständigen Instrument kolonialer Autoritätssicherung.“ (30, S. 70 f)

Puttkamers Stellvertreter Heinrich Leist ordnete exzessive Auspeitschungen an. *„Manchmal sah er bei deren Vollstreckung lustvoll zu. Einmal soll er sich daran ergötzt haben, wie einheimische Hilfssoldaten angeblich arbeitsunwillige Frauen mit Rhinozerospeitschen traktierten, jeweils zehn Hiebe auf das nackte Hinterteil.“* (44, S. 132) Daraufhin kam es zu einer Meuterei der afrikanischen Polizeitruppe, die die Demütigung und Misshandlung ihrer eigenen Frauen ohnmächtig mit ansehen mussten. Diese Prügelexzesse riefen sogar im fernen Deutschland Empörung hervor, wo ja Gewalt gegen Einheimische als legitimes und probates Mittel der kolonialen Herrschaftsausübung angesehen wurde. Wie sehr Leist den Bogen überspannt und auch abgebrühte Gemüter in Wallung gebracht haben muss, zeigte sich darin, dass es zu einem Verfahren vor dem Disziplinargerichtshof in Potsdam kam. Zusätzlich wurde er der Vergewaltigung beschuldigt. Leist erhielt eine lächerlich geringe Bestrafung: Strafversetzung ohne Rangverlust und Kürzung des Gehalts um 20 %. Die Revisionsverhandlung in Leipzig führte zur Dienstentlassung (30, S. 69,138).

Der grausamste Adjutant Puttkamers war Hans Dominik, über den jener sagte: *„Er hatte gegenüber den Negern das einzig richtige Prinzip im Sinn: Sie müssen zu spüren bekommen, dass ich ihr Herr und der Stärkere bin“*. Das sah dann so aus: *„Leutnant Dominik ließ sich gerne die abgeschlagenen Köpfe von Aufständischen vor die Füße legen, er befahl, Gefangenen die Geschlechtsteile abzuschneiden und Kinder zu ersäufen.“* (44, S. 133 f)

Am 26. Januar 1889 kritisierte der SPD-Abgeordnete August Bebel im Reichstag die Nilpferdpeitschen ironisch als *„Kulturwerkzeuge"* und die Prügelstrafe als *„Produkt der sogenannten europäischen Zivilisation"* (43, S. 42). *„Im Grunde genommen ist das Wesen aller Kolonialpolitik die Ausbeutung einer fremden Bevölkerung in der höchsten Potenz. Wo immer wir die Geschichte der Kolonialpolitik in den letzten drei Jahrhunderten aufschlagen, überall begegnen wir Gewalttätigkeiten und der Unterdrückung der betreffenden Völkerschaften, die nicht selten schließlich in deren vollständiger Ausrottung endet. Und das treibende Motiv ist immer Gold, Gold und wieder nur Gold zu erwerben [...] Man gewöhnt sich zu leicht, in dem Schwarzen einen Menschen inferiorer Rasse zu sehen, gegen den man sich alles erlauben dürfe, gegenüber dem es in der Behandlung gar keine andere Grenze gebe als die des eigenen persönlichen Nutzens, des größten Vorteils für den Unternehmer."* (46, S. 80)

2.2 Deutsch-Ostafrika

Für manche Leserin, manchen Leser mag hier ein Punkt erreicht sein, an dem sie oder er sich nicht weiter mit von Deutschen in anderen afrikanischen Kolonien begangenen Gräueltaten beschäftigen möchte, weil sie allein im Falle Kameruns so immens sind, dass man sie erst einmal verkraften und verarbeiten muss. Es steht mir fern, hier jemanden zu überfordern oder einen Widerwillen auszulösen, sich mit dem Thema weiter auseinanderzusetzen. Vielleicht mag die eine oder der andere auch der Auffassung sein, dass das Beispiel Kamerun bereits genügt habe, um die Muster deutscher Koloni-alherrschaft deutlich zu machen, und es von daher unnötig sei, auch noch auf die deutschen Regimes in anderen Kolonien einzugehen, weil sie sich dort nur, wenn auch regional abgewandelt, wiederholten. Warum also dieses schreckliche Kapitel der Geschichte weiter auswalzen?

Hier kann jedoch nicht etwas übergangen werden, nur weil wir uns in unserer Fähigkeit, das Leid anderer aufzunehmen, womöglich begrenzt fühlen. Der Maßstab kann hier nicht unsere Befindlichkeit sein, denn auch in Tansania, Ruanda, Burundi, Namibia oder anderswo leben heute Nachfahren von Menschen, die von Deutschen brutal misshandelt, ausgebeutet oder ermordet wurden und die ein Anrecht darauf haben, dass wir als Nachkommen der Täter ihr Leid zur Kenntnis nehmen und anerkennen. Charlotte Wiedemann konstatiert: *„Das Kriterium, wie lange ein Unrecht zurückliegt, hat in jenem Moment seine einschüchternde Relevanz verloren, da sich das moralische Prinzip durchsetzt, dass kein Unrecht je vergangen ist, solange es nicht von seinen Verursachern anerkannt wird."* (47, S. 216)

In Deutsch-Ostafrika wütete der Pfarrerssohn Dr. Carl Peters als rücksichtsloser Eroberer und seit 1891 als Reichskommissar für das Kilimandscharo-Gebiet. Reichskanzler Bismarck spottete über Peters' Raubzüge: *„Der Erwerb von Land ist in Ostafrika sehr leicht. Für ein paar Flinten besorgt man sich ein Papier mit einigen Negerkreuzen."* (44, S. 35) Dennoch empfahl er dem Kaiser 1885, einen Schutzbrief für das von Peters zusammengeraubte Gebiet zu unterzeichnen.

Peters war vom Rassismus tief durchdrungen und infolgedessen ein äußerst grausamer Kolonialherr. So ließ er seinen Diener von einem Kriegsgericht zum Tode verurteilen und hängen, als er entdeckte, dass dieser mit seiner einheimischen Geliebten Jagodia ein Verhältnis hatte. Daraufhin ergriff Jagodia die Flucht, doch ließ Peters sie einfangen und ebenfalls hängen. August Bebel brachte auch diesen Fall im Reichstag zur Sprache, woraufhin Peters in der Presse als „Hänge-Peters" tituliert wurde. In der sozialdemokratischen Zeitung „Vorwärts" hieß es 1899, Peters sei ein *„grimmiger Arier, der alle Juden vertilgen will und in Ermangelung von Juden drüben in Afrika Neger totschießt wie Spatzen."* (47, S. 233) Seine Schandtaten und gewalttätigen Exzesse führten zu so großer öffentlicher Empörung, dass er 1897 unehrenhaft aus dem Reichsdienst unter Verlust seines Titels und seiner Pensionsansprüche entlassen wurde.

1888/89 wurde von den Deutschen im Bereich der ostafrikanischen Küste der „Araberaufstand" niedergeworfen, dann erfolgte die Vereinnahmung des Hinterlandes. Allein zwischen 1891 und 1897 wurden 61 größere „Strafexpeditionen" und Unterwerfungsfeldzüge geführt (46, S. 173). 1905 erhob sich im Süden Deutsch-Ostafrikas im sogenannten Maji-Maji-Aufstand eine breite Allianz von rund 20 verschiedenen afrikanischen Volksgruppen gegen die deutschen Kolonialherren. Dieser Aufstand dauerte zwei Jahre und wuchs sich zu einem der größten Kolonialkriege auf dem afrikanischen Kontinent aus. Seine Ursachen lagen in der Einführung der Kopfsteuer und ihrer rücksichtslosen Eintreibung, die dazu führten, dass viele Einheimische ihre Rinder und Ziegen verkaufen mussten, oder zur Zwangsarbeit verpflichtet wurden. Dadurch war die Bevölkerung gezwungen, in die Plantagengebiete umzusiedeln und sich einem repressiven Lohn- und Zwangsarbeitssystem unterzuordnen. Wer diese verweigerte, dessen Vieh wurde beschlagnahmt und sein Haus verbrannt (46, S. 178). Die Willkür der afrikanischen Söldner (Askari) in den Kolonialtruppen, Jagdverbote und viele weitere Repressionen taten ihr Übriges. Der Gouverneur Gustav Adolf von Götzen hielt in diesem Krieg gegen die aufständischen *„unzivilisierten Völkerschaften"* eine *„Vernichtungstaktik"* für notwendig, und *„die planmäßige Schädigung der feindlichen Bevölkerung an Hab und Gut* [sei] *unerlässlich."* (39, S. 92) Durch die systematische Plünderung der Dörfer und ihrer Vorräte und die Zerstörung von landwirtschaftlichen Nutzflächen und Plantagen starben zahlreiche Menschen den Hungertod. Geschätzte 300.000 einheimische Todesopfer waren nach diesem zweijährigen Vernichtungskrieg insgesamt zu beklagen (30, S. 133).

Der Befehlshaber der Schutztruppe von Deutsch Ostafrika, Paul von Lettow-Vorbeck, führte während des Ersten Weltkriegs seine überwiegend aus afrikanischen Soldaten bestehende Armee 1914–1917 gegen Briten und Belgier in einen Guerilla-Krieg von Deutsch-Ostafrika über das heutige Mosambik bis nach Nordrhodesien, der unter der afrikanischen Bevölkerung nach Schätzungen ca. 650.000 Tote forderte. *„Nimmt man den sinnlosen und überaus blutigen Feldzug zur Verteidigung der ostafrikanischen Kolonie im Ersten Weltkrieg hinzu, dann haben die Deutschen in Afrika schätzungsweise eine Million Tote hinterlassen."* (47, S. 201) Die Verantwortlichen für all diese Verbrechen wurden nie zur Rechenschaft gezogen, und bis heute gibt es vonseiten des deutschen Staates keine Schuldanerkenntnis, geschweige denn dass Reparationen gezahlt worden wären. Lettow-

Vorbeck erhielt 1916 den höchsten preußischen Militärorden Pour le Mérite und wurde zum Generalmajor befördert. Nach Deutschland zurückgekehrt, wurde er als Held gefeiert und beteiligte sich im März 1920 am von Teilen des Militärs und von Freikorps durchgeführten Kapp-Putsch, mit dem die Weimarer Republik zu Fall gebracht werden sollte. Die einheimischen Soldaten der deutschen Schutztruppen erhielten im Vergleich zu anderen Verdienstmöglichkeiten einen hohen Sold und wurden zu erbarmungslosem Kadavergehorsam erzogen. Ihre Aufgabe war die Unterdrückung der eigenen Landsleute, und im Kampf gegen die konkurrierenden imperialistischen Mächte wurden sie verheizt. Im Vergleich zu den deutschen Soldaten waren die Askaris Menschen zweiter Klasse, wurden rassistisch unterdrückt, schlechter bezahlt, ausgerüstet und verpflegt. Karl Liebknecht schrieb 1907: *„Die Kolonialarmee ist das bestialischste, abscheulichste aller Werkzeug unserer kapitalistischen Staaten. Es gibt kaum ein Verbrechen, das der koloniale Militarismus und der in ihm geradezu gezüchtete Tropenkoller nicht gezeitigt hätten."* (42, S. 118)

Auch andere europäische Nationen waren beim Regieren ihrer Kolonien wenig zimperlich. Zu einem Sinnbild für die Abscheulichkeit europäischer Kolonialherrschaft in Afrika sind die sogenannten Kongogräuel geworden, die ungefähr der Hälfte der damals dort lebenden Menschen das Leben kostete. Der auf Bismarcks Berliner Konferenz „legitimierte" sogenannte „Freistaat Kongo" war zwischen 1886 und 1908 eine Art Privatkolonie des belgischen Königs Leopold II. zur Ausbeutung von Kautschuk. Durch Massaker nach Aufständen oder im Rahmen von Zwangsarbeit und Sklaverei starben täglich Tausende Afrikaner an Hunger, Erschöpfung oder Krankheiten, schätzungsweise insgesamt 8 bis 10 Millionen Menschen (75). Kindern und Erwachsenen wurden, wenn sie nicht genug Kautschuk sammelten, zur Strafe die Hände abgehackt. In derselben Zeit steigerte der Kautschukboom den Aktienwert der belgischen Eisenbahngesellschaft im Kongo (CCFC) von 320 um 890% auf 2850 belgische Franken (43, S. 57).

Karl Marx führte aus: *„Die tiefe Heuchelei der bürgerlichen Zivilisation und die von ihr nicht zu trennende Barbarei liegen unverschleiert vor unseren Augen, sobald wir den Blick von ihrer Heimat, in der sie unter respektablen Formen auftritt, nach den Kolonien wenden, wo sie sich in ihrer ganzen Nacktheit zeigen."* (nach 45, S. 119)

2.3 Deutsch-Südwestafrika

„Den Toten kann man begraben, doch nicht seine Worte."
(Sprichwort aus Ghana)

Die Geschichte des Völkermords an Herero und Nama durch die deutschen Kolonialtruppen ist in den letzten Jahren immer wieder in der Öffentlichkeit benannt worden. Über 100 Jahre hat es gedauert, bis Deutschland 2016 die Schuld an diesem ersten Genozid des 20. Jahrhunderts anerkannt hat. Nach über fünf Jahren Verhandlungen haben sich 2021 die Delegationen der Bundesregierung und Namibias auf ein Abkommen geeinigt, in dem Deutschland offiziell um Vergebung bittet für den Völkermord und sich zu einer Zahlung von 1,1 Milliarden im Laufe von 30 Jahren an Namibia vor allem für Projekte in den Siedlungsgebieten von Nama und Herero verpflichtet. Verweigert hat die Bundesregierung die Zahlung von Reparationen, wie es von Namibia gefordert wurde, und betont, dass es keinen Rechtsanspruch auf Entschädigung für die Nachfahren der Genozidopfer gibt. Verschiedene Vertreter von Organisationen der beiden Völker kritisierten dieses Abkommen und erkennen es nicht an. Mutjinde Katjiua und Israel Kaunatjik kritisierten vor allem, dass nicht alle Herero- und Nama-Organisationen in die Verhandlungen eingebunden waren und befürchten, dass die Gelder von der namibischen Regierung missbraucht würden (48). Die Wunden, die den Nama und Herero geschlagen wurden, sind nicht verheilt und klagen an.

Erster Reichskommissar von Deutsch-Südwestafrika wurde Heinrich Ernst Göring, Vater des nationalsozialistischen Reichsmarschalls Hermann Göring. Was in dieser Kolonie an Barbarei geschah, fand seine Fortsetzung in den Verbrechen der Nazizeit. In allen deutschen Afrikakolonien wurde eine ähnlich menschenfeindliche Rassenpolitik verfolgt, die offensichtlich System hatte.

Generalleutnant Adrian Dietrich Lothar von Trotha war bereits erfahren in der Aufstandsbekämpfung, so bei der Niederschlagung der Aufstände der Hehe 1894–96 in Ostafrika und der Boxer in China (1900), bevor er 1904 als Gouverneur und Oberbefehlshaber der Kaiserlichen Schutztruppe in Südwestafrika eingesetzt wurde. Dort bekannte er sich unverhohlen zu einer Politik der Vernichtung und des Völkermordes: *„Gewalt mit krassem Terrorismus, selbst mit Grausamkeit auszuüben, war und ist meine Politik [...]. Ich vernichte die aufständischen Stämme mit Strömen von Blut* *und Strömen von Geld.*" (36, S. 113)

1904 erhoben sich die Herero gegen die deutschen Kolonialherren, 1905 schlossen sich auch die Nama an. Vorausgegangen war eine Verarmung der Herero durch eine große
Rinderpest 1897 sowie Heuschreckeneinfall und eine Dür-
reperiode. Dazu kamen Landraub durch Siedler und Bergbaugesellschaften, Ausbeutung durch betrügerische Ge-
schäftspraktiken der Händler, die rohen Sitten und brutale
Rücksichtslosigkeit der europäischen Siedler, massive Repressionen durch Prügelstrafen und Ungleichbehandlung der
Einheimischen durch die Justiz (46, S. 128). Nachdem sich
immer mehr Siedler als Viehzüchter niederließen, fürchteten
die Einheimischen zwangsläufig um Weiden und Wasser.
Schlussendlich kam es für beide Völker zur Katastrophe.
Nach der mörderischen Schlacht am Waterberg am 11. August 1904 wurden aufgegriffene Männer erschossen, ebenso
wie zahlreiche Frauen und Kinder. Die Fliehenden wurden
verfolgt und in die Sandwüste Omaheke getrieben. Der Ge-
neralstabsbericht lobte das Vorgehen der Soldaten: „*Keine
Mühen, keine Entbehrungen wurden gescheut, um dem Feinde den letzten Rest seiner Widerstandskraft zu rauben; wie
ein halb zu Tode gehetztes Wild war er von Wasserstelle zu
Wasserstelle gescheucht, bis er schließlich willenlos ein Opfer der Natur seines eigenen Landes wurde. Die wasserlose
Omaheke sollte vollenden, was die deutschen Waffen begonnen hatten: die Vernichtung des Hererovolkes.*" (49, S. 65)

Am 2. Oktober 1904 erteilte Generalleutnant von Trotha mit
seinem berüchtigten Schießbefehl den Befehl zum Genozid:
„*Die Herero sind nicht mehr deutsche Untertanen [...], das
Volk der Herero muss das Land verlassen. Wenn das Volk*

dies nicht tut, so werde ich es mit dem Groot Rohr dazu zwingen. Innerhalb der deutschen Grenze wird jeder Herero mit oder ohne Gewehr, mit oder ohne Vieh erschossen; ich nehme keine Weiber und Kinder mehr auf, treibe sie zu ihrem Volk zurück oder lasse auch auf sie schießen." (46, S. 133)

Kriegsgefangene wurden in Konzentrationslager gesperrt, wo sie in Ketten Zwangsarbeit leisten mussten, hungerten und misshandelt wurden. Viele starben an Entkräftung, von rund 17.000 Gefangenen überlebten nur 7682 ihre Haft.

Gefangene Herero-Krieger in Ketten; Quelle: Wikipedia

Der erste deutsche Genozid des 20. Jahrhunderts kostete nach Schätzungen 80 % der Herero und mindestens 50 % der Nama das Leben, insgesamt starben etwa 80.000 Menschen. Trothas Schießbefehl wurde im Dezember 1904 durch die Reichsregierung aufgehoben, er selbst im November 1905 seines Kommandos enthoben. Dennoch wurde er vom deutschen Generalstab offiziell gewürdigt und erhielt den Orden Pour le Mérite vom deutschen Kaiser.

Nachdem die Herero als Machtfaktor bereits ausgeschaltet waren, erklärte Kapitein Hendrik Witbooi, der Führer des mit den Nama kulturell und sprachlich eng verwandten Volkes der Orlam, im Oktober 1904 dem deutschen Kolonialregime den Krieg, der sich ein ganzes Jahr hinzog. Er starb im Oktober 1905 nach einem Gefecht mit den Deutschen. Danach traten neue Führer an die Spitze, zuletzt Jakob Morenga, der in einem Gefecht am 19. September 1907 ums Leben kam. Hendrik Witbooi hielt in seinen Tagebüchern die Grausamkeiten der deutschen Kriegsführung und seine Visionen eines neuen Afrikas in poetischer Sprache fest. 1990 wurde er zum Nationalhelden Namibias erklärt, 2005 wurden seine Tagebücher in die Liste des Weltdokumentenerbes aufgenommen.

Bis heute ist der größte Teil des in der Kolonialzeit geraubten fruchtbaren Bodens der Nama und Herero in weißem Besitz, obwohl die Nachfahren deutscher Siedler nur ein Prozent der Bevölkerung ausmachen (50). In Deutschland gibt es 2022, also nach mehr als 100 Jahren, immer noch eine Von-Trotha-Straße in Dortmund und in Oberhausen. In der militärischen Traditionspflege wurde von Trotha noch bis 2014 geehrt als Namensgeber eines Wohnheims, in dem Studenten der Hamburger Bundeswehrhochschule wohnten. Umbennungen sind allerdings nur ein erster Schritt, folgen muss auch ein Umdenken im kollektiven Geschichtsbewusstsein.

3. Zur Rolle der Mission im Kolonialsystem, im Erziehungswesen und in der Wirtschaft

In Zeiten der Globalisierung sind Völker und Kulturen näher zusammengerückt. 1949 wurde in der Allgemeinen Erklärung der Menschenrechte die Gleichheit aller Menschen weltweit verkündet. Die Weltkultur-Organisation UNESCO hat es sich zur Aufgabe gemacht, die kulturelle Vielfalt der Völker und die Einzigartigkeit jeder Kultur als unersetzbaren Reichtum des Menschheitserbes zu schützen.

Wie konnten Europäer sich die Idee anmaßen, sie seien außereuropäischen Völkern überlegen („supremacy") und berechtigt, deren indigene Kulturen und Lebensweisen zu zerstören? Warum konnten sie diese Völker nicht unbehelligt in ihrer eigenen Kultur leben lassen, mit all ihren Licht- und Schattenseiten? Wieso sollte der christliche Glaube allen anderen Religionen überlegen sein? Wurde am 6. Tag der biblischen Schöpfung nur der weiße Mensch erschaffen?

Seit der Kolonisierung Amerikas war der Rassismus der Europäer gegenüber anderen Völkern die ideologische Voraussetzung dafür, diese erbarmungslos niederzumetzeln, zu versklaven, auszubeuten und ihre Kulturen zu zerstören, getrieben von der grenzenlosen Gier nach Reichtum und Herrschaft. Die katholische Kirche hat lange Zeit ihren Segen dazu erteilt.

Bei der Bewertung der Rolle der missionarischen Arbeit in den

Kolonien gibt es unterschiedliche Auffassungen. Von manchen wird die Rolle der Missionen im Bildungswesen und in der wirtschaftlichen Entwicklung positiv hervorgehoben. Dazu zählt auch Peter A. Schweizer, der von 1996 bis 2002 Botschafter der Schweiz in Ghana war. In seinem Buch über die Basler Mission setzte er sich mit der Aussage des Historikers Paul Jenkins, Dozent der Universität Basel und von 1972 bis 2003 Leiter des Basler Missionsarchivs, auseinander, dass das missionarische Sendungsbewusstsein während einer langen Anlaufzeit an *„fortwährender interkultureller Blindheit"* gelitten habe. Er hielt ihm entgegen, dass ihm in Ghana kein Einheimischer begegnet sei, der sich pauschal ablehnend zur Arbeit der Missionen geäußert habe. Vielmehr rühmte er in seinem Resümee die „Erfolge" pietistischer Pioniere und führte sie auf mehrere Ursachen zurück: die Bereitschaft, lange Jahre in einem definierten Einsatzgebiet zuzubringen in unmittelbarem sozialen Kontakt mit der Bevölkerung und dabei junge Menschen in den Schulen heranzuziehen, die als Mittler zwischen den unterschiedlichen Kulturen dienten. Durch Versuch und Irrtum hätten sie zum Beispiel in der Landwirtschaft funktionierende Modelle entwickelt, die durch Erfolg überzeugten. Die Inspiration durch hohe Ideale habe eine hohe Bereitschaft erzeugt, sich auf das lebensgefährliche ungesunde Klima einzulassen und mit unermüdlicher Energie allen Widerständen zu trotzen (4, S. 153). Bleibt die Frage: Erfolg für wen?

Die christlichen Missionen des 19. Jahrhunderts hatten religiöse und philanthropische Motive, waren jedoch auch eingebunden in das rassistische Denken ihrer Zeit. Sie beriefen sich auf den Missionsbefehl im Matthäus-Evangelium, der von Pietisten als persönlicher Auftrag für die Missionierung verstanden wurde:

„Mir ist alle Macht gegeben, im Himmel und auf Erden. Darum geht hin und macht alle Völker zu Jüngern: tauft sie auf den Namen des Vaters und des Sohnes und des Heiligen Geistes, und lehrt sie, alles zu halten, was ich euch befohlen habe. Und siehe, ich bin bei euch alle Tage bis ans Ende der Welt." (Mt. 28,19–20)

Auf dem Deutschen Kolonialkongress 1910 im Reichstag äußerte sich Rechtsanwalt Stieve zu seinem Verständnis der christlichen Mission: *„Der Heiland hat für alle Menschen sein kostbares Blut vergossen, auch für den Neger. Wir sind im Besitz des Christentums, und da der Welterlöser will, dass alle Menschen selig werden und zur Erkenntnis der Wahrheit gelangen, hatten wir die Verpflichtung, als wir die Negerländer in Besitz nahmen, ihnen das Christentum zu bringen."* (42, S. 112)

Zum Bekehrungswillen gesellten sich auch „zivilisatorische" Motive, man wollte „den" Afrikanern Bildung und praktische Kenntnisse vermitteln und ihnen damit etwas Gutes zu tun. Das hatte natürlich zur Voraussetzung, dass man afrikanische Kulturen in jeder Hinsicht als defizitär wahrnahm. So hatten sie angeblich ein solch niedriges „sittlich-moralisches" Niveau, dass man sich das Recht herausnahm, Einheimische von ihrer traditionellen Religion zum Christentum zu bekehren und damit ihrer eigenen Kultur zu entfremden.

Im Allgemeinen tendierten die Missionsleitungen eher dazu, das Kolonialsystem mitzutragen und von dessen Herrschaftsstrukturen zu profitieren. Manchmal waren die Missionare vor den Kolonisatoren da. So begann die Rheinische

Missionsgesellschaft 1842/43 ihre Arbeit in Südwestafrika bei den Nama und Herero und bereitete dort den Kolonisatoren den Boden. Wegen zunehmender kriegerischer Konflikte bat sie 1868 zunächst um Schutz durch Großbritannien, das in Südafrika militärisch präsent war (37, S. 92). Der Inspektor der Rheinischen Mission Friedrich Fabri propagierte 1879 leidenschaftlich die Errichtung einer deutschen Kolonie in Südwestafrika. Durch Vermittlung der Missionare der Rheinischen Missionsgesellschaft kam 1884 schließlich der „Schutz-und Freundschaftsvertrag" des Deutschen Reichs mit den Nama zustande. So ist wohl die Aussage zu verstehen, die Karlheinz Graudenz zitiert: *Wir schulden den Missionaren in Südwestafrika Dank, denn sie hielten mit ihrer überlegenen Kenntnis des Charakters der Eingeborenen in der kritischen Zeit vor der Besitzergreifung der Deutschen den Trumpf in der Hand, gegen den die Konkurrenten nichts auszuspielen hatten."* (49, S. 52)
Hier zeigt sich, wie sehr die Missionen Teil des kolonialen Herrschaftssystems wurden. 1913 waren die Rheinische Mission und die katholische Mission mit zusammen 270 000 ha Land die größten Grundeigentümer der Kolonie. „*Auch die Missionen waren an der Verdrängung einheimischer Grundnutzer beteiligt, so in Südwestafrika, sie finanzierten ihre Landkäufe ebenfalls durch überhöhte Zinsen für Pachtland, das sie an Einheimische ausgaben, und sie trugen auf ihren Plantagen dazu bei, kapitalistische Methoden und Lohnarbeit durchzusetzen.*" (30, S. 94)
Es gab jedoch auch den umgekehrten Fall, dass erst die militärische Eroberung erfolgte, bevor die Missionare ins Land kommen konnten. So leistete das Asante-Reich im Gebiet des heutigen Ghana den englischen Truppen erbitterten Wi-

derstand fast durch das gesamte 19. Jahrhundert hindurch, bis die Engländer 1896 König Prempeh I entführten und 1901 den Widerstand schließlich endgültig militärisch niederschlugen. Erst danach konnte sich die Basler Mission dort niederlassen, nachdem sie vorher erfolglos versucht hatte, in diesem Gebiet Fuß zu fassen.

Gleichzeitig klagten die Missionen Missstände der europäischen Kolonialherrschaft an, ob es sich nun um Waffen- und Alkoholimporte, Exzesse kolonialer Gewalt oder sexuelle Übergriffe auf einheimische Frauen handelte, weshalb sie von den Instanzen des Kolonialsystems auch als Störfaktor wahrgenommen wurden, so zum Beispiel in Kamerun, wo die Kolonialisten eine besonders expansive Politik der Landenteignung zugunsten der Plantagengesellschaften verfolgten. Zunächst unterstützte die Basler Mission dieses Vorgehen und lobte in diesem Zusammenhang 1891 eine deutsche Strafexpedition gegen die Bakwiri und deren *„sehr verdiente und unvermeidliche Züchtigung"*. Die Missionare hofften, dass dieses widerspenstige Volk durch eine solche Demütigung *„für das Wort Gottes empfänglicher"* würde (60, S. 140). Im Gegenzug behandelte die deutsche Kolonialverwaltung die schweizerische Basler Mission wie eine reichsdeutsche Institution und übertrug ihr hoheitliche Aufgaben wie das Standesamt und gerichtliche Funktionen wie das Schiedsmandat.

Die Basler Mission unterstützte in der Bodenfrage die Herrschaftsideologie, nach der die deutschen Kolonisten einen höheren Rechtsanspruch auf sog. „freies Land" hätten als die Afrikaner. In der Kronlandverordnung von 1896 wurde alles „herrenlose Land" als „Kronland" deklariert. *„Gleiches gilt für die Frage, welches Land trotz Nutzung und Be-*

wirtschaftung als Niemandsland anzusehen war, als terra nullius. *Auch hier verblieb die Deutungsmacht bei den Europäer*innen. Auf diese Weise trugen die sich herausbildenden Grundsätze des internationalen Rechts dazu bei, dass die Gewalt und Willkür der Kolonisierung formell legitimiert und als Unrecht ,unsichtbar' wurde.*" (61, S. 12)

Erst als Puttkamer der Basler Mission das Recht auf Landerwerb streitig machte und die Westafrikanische Pflanzungsgesellschaft Victoria (WAPV) Anspruch auf Land der Mission erhob, kam es 1898 zum offenen Streit und Protest der Basler Mission, dem sich der Ausschuss der Deutschen evangelischen Mission anschloss. Diese Auseinandersetzung wurde in der deutschen Öffentlichkeit wahrgenommen, und am Ende konnte die Mission einen Teilerfolg verbuchen. Basler Missionare kritisierten auch die Kinderarbeit auf den Plantagen und die rücksichtslose Behandlung der Plantagenarbeiter als *„eine neue Art der Sklaverei"* und die behördliche Anwerbung von Arbeitskräften als *„Staatssklaverei"* (46, S. 170).

Missionen traten also einerseits als Fürsprecher der Einheimischen auf und sorgten für eine partielle Humanisierung des Kolonialregimes, andererseits waren sie ein Teil von ihm und stützten es. Auch unter den Missionen und innerhalb von ihnen gab es unterschiedliche Standpunkte und Sichtweisen bezüglich kolonialer Gewalt.

In seinem Buch „Christliche Mission und deutscher Imperialismus" schrieb Horst Gründer im Bezug auf den Herero-Nama-Aufstand 1904/07:

„Zweifellos waren die Missionare an einer Besserung der Situation der Eingeborenen und an einer weniger harten Be-

handlung durch Verwaltungsbeamte, Soldaten und Siedler interessiert und setzten sich im Einzelfall für sie ein. Sie erkannten wohl auch, dass die Ursachen für die Unzufriedenheit und die Angst vor den Deutschen in einzelnen Methoden und Zielen des kolonialen Systems lagen, ohne dass sie freilich dessen Legitimität im ganzen je infrage gestellt hätten. Widerstand, war er auch gegen noch so eindeutige Missstände gerichtet, konnten sie daher nicht akzeptieren, ja sie definierten ihn als Missachtung der – von Gott eingesetzten – ‚Obrigkeit‘, als unchristlichen ‚Hochmut‘ oder, aus dem Superioritätsgefühl der weißen Rasse, als Ausfluss der naturgegebenen ‚Unzuverlässigkeit der Schwarzen‘." (60, S. 124) Und weiter: „*Als Beweis, dass ‚wir unsere patriotische Stellung nicht etwa erst einer Revision unterzogen haben‘, übersandte sie* [die Missionsleitung der Rheinischen Mission] *einen genau am 9. Mai 1904 ausgefertigten ‚Hirtenbrief‘ an die Herero, indem die Aufrührer ermahnt wurden, ihr Unrecht einzusehen und sich zu unterwerfen. Die Missionsgesellschaft betonte also nicht nur die patriotische Gesinnung ihrer Missionare, sie gab auch den Herero die Hauptschuld an dem Aufstand. Und nicht nur, dass sie in der kriegerischen Aktion eine ‚Empörung gegen die von Gott gegebene Regierung‘ sah, die Missionsleitung vertrat sogar die Auffassung, dass die ‚stolzen Herero‘ schon längst einmal eine ‚Lektion‘ nötig gehabt hätten und gedemütigt werden müssten. Auch im Fall der Nama wurden weniger Fehler des Kolonialregimes für den Aufstand verantwortlich gemacht als ihre ‚Widerspenstigkeit‘, sich ihren weißen Herren zu unterwerfen* [...] *Die Unterdrückung des Aufstandes und die ‚Bestrafung der Schuldigsten‘ war daher für Missionsinspektor Haußleiter, nicht nur eine politische, sondern auch eine sittliche Pflicht'.*" (60, S. 128)

Dagegen trat der Basler Missionar Konrad Walther für die Rechte der Einheimischen ein und berichtete mehrfach über die Brutalitäten und sexuelle Ausschweifungen der deutschen Kolonialbeamten Leist, Preuss und Wehlan in Kamerun. Seine hieb- und stichfesten Anschuldigungen wurden von der Missionsleitung allerdings nicht an die zuständigen Behörden weitergeleitet, stattdessen entließ man Walther wegen „Bitterkeit und Unstimmigkeit mit den Brüdern" aus dem Missionsdienst. *„Besonders parteiische ‚Anwälte der Eingeborenen' wurden – wie das Beispiel zeigt – meist geräuschlos aus den Kolonien entfernt. Dies gelang in der Regel umso leichter, als die Missionsoberen und -Leitungen ernstliche Konflikte mit der Kolonialregierung ‚mit Blick auf das Ganze' scheuten und sich nur bis zu einem gewissen Grad hinter ihre Untergebenen stellten."* (60, S. 157 ff)

In ihrer Grundhaltung schien die Basler Mission gänzlich mit Apostel Paulus übereinzustimmen, der an die Römer schrieb: *„Jedermann soll sich denen unterordnen, die die Regierungsgewalt ausüben. Denn es gibt keine staatliche Gewalt, die nicht von Gott kommt; die bestehenden Gewalten sind von Gott eingesetzt. Wer sich also der staatlichen Gewalt widersetzt, der widerstrebt der Anordnung Gottes. [...] Darum ist es notwendig, sich unterzuordnen, nicht nur um der Strafe, sondern auch um des Gewissens willen."* (Römer 13,1–5)

Anders als Walther verhielt sich der Basler Missionar Heinrich Bohner, der zunächst auf der Goldküste wirkte und später zum Präses (Vorsitzenden) der Mission in Kamerun aufstieg. In seinem Buch „Die Hauptaufgaben einer westafrikanischen Kolonialregierung" (Basel 1889) stellte er fest: *„Die* beste Strafart für die Neger ist unserer Ansicht nach die Zwangsarbeit." (45, S. 48) Er verteidigte mit Billigung des Missionskomitees in einer Eingabe an den Reichskanzler den in Kamerun tätigen berüchtigten Assessor und Richter Wehlan, gegen den ein Disziplinarverfahren wegen roher Verhörmethoden und Strafexpeditionen im Gange war, und bescheinigte ihm, dass er die *„zur Zeit noch nicht entbehrbare Prügelstrafe"* keineswegs über das übliche Maß hinaus handhabe. Nach Wehlans Verurteilung zu einer Geldstrafe und dessen Strafversetzung bedauerte er, dass *„so tüchtige Männer wie Herr Wehlan nicht mehr ihre Verwendung in der Kolonie finden dürften."* (60, S. 156)

Zum Teil gegen den Widerstand oder die Missbilligung ihrer Missionszentralen hielten die Missionare vor Ort Prügel für eine absolute pädagogische Notwendigkeit.

„Die Missionare verglichen die Afrikaner grundsätzlich mit ‚Kindern', denen sie als strenger, aber gerechter Vater gegenüberzutreten hätten." (60, S. 340) Missionare der Rheinischen Mission kamen 1905 zu dem Ergebnis, dass der Fortfall der Prügelstrafe *„eine ganz verkehrte Humanität wäre".* Der Afrikaner war nach ihrer Auffassung *„zu einer Gleichberechtigung mit dem Europäer noch nicht reif; und jede Konzession, die wir ihm in dieser Richtung machen, würde ihn nur zum Hochmut verleiten."* (60, S. 340)

Ein Zusammenspiel von Missionen und Kolonialpolitik gab es 1913 im deutschen Mutterland bei der sog. „Kaiserspende", wo im ganzen Reich Geld für die Missionsarbeit gesammelt und zugleich der Kolonialgedanke und die nationale Bedeutung der Missionen für die Kolonien propagiert wurde. Fast 5 Millionen Mark kamen zusammen, die auf die Missionen verteilt wurden und zum Teil der Stiftung Deutsche evangelische Missionshilfe zugutekam. Diese widmete sich der Propagierung des Kolonialgedankens, die Missionsinspektor Faber auf ihrer Gründungsversammlung als Voraussetzung dafür bezeichnete, dass einst *„unsere Söhne und Enkel als Angehörige eines Herrenvolkes über die Erde schreiten.“* (60, S. 110)

Die Erziehung zu Disziplin, Fleiß und Pünktlichkeit, die man den Einheimischen in den Missionsschulen angedeihen ließ, hatte einen spürbaren Nutzen für die europäischen Ausbeuter. Der „faule Afrikaner“ musste erst zu einem disziplinierten Lohnarbeiter erzogen werden, damit man ihn später auf die Plantagen oder in die Minen schicken konnte. Auch die Zerstörung der hergebrachten Wirtschaft und Gesellschaft mit ihren kulturellen und religiösen Traditionen und Praktiken diente diesem Ziel. Die Erhebung von Kopfsteuern in Form von Geld und das gezielte Wecken des Bedürfnisses nach europäischen Konsumgütern zwangen oder lockten Menschen in die Lohnarbeit, um in den Besitz von Bargeld zu kommen.

Die „Deutsche Kolonialzeitung“ beschrieb 1895 das Zusammenspiel von Missionierung und Eroberung und bekannte freimütig, das Christentum sei *„nur einer der Kraftfaktoren, welche wir auf das Negertum spielen lassen [...]. Also eine mittlere Dosis Humanität, ziemlich viel Prügel, die nötige Beigabe von Christentum, und dann mag die weiße Rasse die herrschende in Afrika werden.“* (60, S. 111)
Der Regierungsarzt Dr. Külz äußerte auf dem deutschen Kolonialkongress 1910: *„Einig sind wir uns alle darüber, auch die Missionen, dass die Negerseele nicht so ist, wie wir sie*

haben wollen und brauchen können. Denn nur aus dieser Überzeugung leitet sich ja unsere Berechtigung her, die Negerseele zu beeinflussen und von ihrem bisherigen Entwicklungsgange abzudrängen." (42, S. 115)

Der Missionswissenschaftler Joseph Schmidlin schrieb 1913 über das Bündnis von Mission und Kolonisation: „*Durch ihre kulturelle Tätigkeit namentlich wird die katholische Mission nicht nur zu einer Kulturträgerin ersten Ranges, sondern auch zu einer hervorragenden Mitarbeiterin und Bundesgenossin der kolonialen Bestrebungen. [...] Die Mission ist in erster Linie befähigt und berufen, die Eingeborenen in ihrer individuellen wie sozialen Haltung seelisch umzugestalten und auf ein höheres sittlich-religiöses Niveau zu erheben. [...] Die Mission ist es, die unsere Kolonien geistig erobert und innerlich assimiliert. [...] Durch Strafen und Gesetze kann der Staat den physischen Gehorsam erzwingen, die seelische Unterwürfigkeit der Eingeborenen bringt die Mission zustande.*" (46, S. 75)

Eine der seltenen Ausnahmen in dem Reigen rassistischer Apologeten deutscher Kolonialherrschaft in Afrika war der Bremer Missionsinspektor F. M. Zahn, der sich 1897 wie folgt äußerte: „*Ich würde nicht den Mut haben, den Ewe* [in Togo] *zu sagen, die Deutschen sind eure rechtmäßige Obrigkeit, welcher ihr gehorchen sollt. [...] Wenn einmal die Afrikaner aufstehen und vertreiben die Fremden, so haben sie meines Erachtens ebenso viel Recht als die Väter, welche sich gegen Napoleon erhoben. In jedem Falle gefällt es mir nicht, dass wir der Regierung sagen: wir liefern Dir auch gehorsame Untertanen.*" (60, S. 331)

Bezüglich der Sklaverei hatten die Missionen unterschiedliche Standpunkte, und bis in die 1860er Jahre hinein hielten auch Missionsangehörige Sklaven. In Afrika gab es damals die weitverbreitete Form der Haussklaverei, in die Afrikaner als Kriegsgefangene, durch Selbstverkauf in Notzeiten, durch Verschuldung (Schuldknechtschaft) oder kriminelle Handlungen geraten konnten, die aber nie mit der völligen Entrechtung verbunden war, wie sie im europäischen System des Sklavenhandels und der Arbeitssklaven üblich war. Die Basler Mission übte prinzipielle Kritik am Sklavenhandel, hatte jedoch durchaus Handlungsbedarf in den eigenen Reihen. So wurde der Missionar Riis in den 1840er Jahren von Basel gemaßregelt, nachdem er sich eine Plantage und Sklaven gekauft hatte, die das Grundstück bewirtschaften sollten. Die Leitung der Basler Mission beschloss, auf ihren Missionsfeldern alle Sklaven uneingeschränkt freizulassen und Sklavenbesitzer aus den Gemeinden auszuschließen. Dies konnte jedoch nicht so leicht durchgesetzt werden, insbesondere unter den eigenen afrikanischen Katechisten, die selbst Sklaven hielten und ausbeuteten. Eine von der Basler Missionsleitung 1860 initiierte Untersuchung ergab, dass 23 Missionsangehörige in Westafrika insgesamt 242 Sklaven besaßen (dabei ist in der unten angegebenen Quelle nicht ersichtlich, wie weit es sich um Haussklaven oder Arbeitssklaven in den Plantagen handelte). Die Kompromisslösung von 1862 sah vor, dass Sklaven innerhalb von zwei Jahren freigelassen und die Besitzer dafür entschädigt werden müssen. Da die Mission dafür nicht aufkommen wollte, mussten die meisten Sklaven noch vier bis fünf Jahre weiter arbeiten, um dadurch ihren eigenen Kaufpreis einzuarbeiten (62). Dagegen beschloss die protestantische Deutsch-ostafrikanische Missionskonferenz noch 1911, als die Sklaverei längst geächtet war, dass auch ein Sklavenhalter getauft werden dürfe.

Bereits auf dem Wiener Kongress 1814/15 war der Sklavenhandel geächtet worden. In England wurde der transatlantische Sklavenhandel 1808 verboten. In den Folgejahren blühte der Schmuggel mit Sklaven auf. Zum 1. August 1834 wurden die Sklaven im gesamten englischen Kolonialreich für frei erklärt, blieben aber noch einige Jahre als Lohnarbeiter an ihre ehemaligen Besitzer gebunden, bis sie sich freikaufen konnten.

Sklaventransport; BMA QQ-30.005.0076

Die Versklavung von Afrikanern hat eine lange Geschichte.

Die Zahl der von arabisch-muslimischen Händlern versklavten Afrikaner vom 7. bis zum Ende des 19. Jahrhunderts wird auf 18 Millionen Menschen geschätzt, die von Europäern vom 16. bis zum 19. Jahrhundert nach Amerika verschleppten afrikanischen Sklaven auf 10 bis 30 Millionen (63, S. 87). Und der Albtraum von Menschenhandel, Zwangsarbeit und hemmungsloser Ausbeutung ist noch nicht zu Ende: Laut *global slavery index* von 2014 lebten weltweit 35,8 Millionen Menschen in Versklavung oder sklavenähnlichen Verhältnissen, darunter 10.000 bis 11.000 in Deutschland (63, S. 9).

Welche Rolle spielten die Missionsschulen im Rahmen des Kolonialsystems? In den deutschen „Schutzgebieten" verfügten die protestantischen und katholischen Missionen bis 1914 faktisch über ein Monopol bei der Vermittlung europäischer Bildung, da die Kolonialverwaltungen in der Regel auf die Einrichtung von Regierungsschulen verzichteten. Etwa 6 % der afrikanischen Jugend in den deutschen Kolonien zwischen 6 und 14 Jahren besuchten zu dieser Zeit eine Missionsschule (60, S. 365).

Das Ziel, den Einheimischen europäische Schulbildung zukommen zu lassen, wurde aus Sicht der Kolonisatoren als „zivilisatorische Mission" und damit als eine Berechtigung dafür verstanden, warum man überhaupt dort war und über die Menschen herrschen durfte. Ein Zweck in sich war die Schulbildung allerdings nie, vielmehr sollten die Einheimischen durch sie im Sinne des Kolonialsystems abgerichtet, also zum willigen Lohnarbeiter erzogen werden, der bereit war, seinen Beitrag zum weiteren Erstarken des deutschen Kaiserreichs oder des britischen Empires zu leisten.

Das hieß aber auch, dass man den Einheimischen nicht zu viel Schulbildung verabreichen durfte, denn dann kämen sie womöglich auf „dumme Gedanken" und stellten gar den weißen Herrschaftsanspruch in Frage.

Deshalb blieb das Schulniveau meist niedrig, weil man sonst befürchten müsste, wie es in einem Gutachten der Rheinischen Missionsgesellschaft formuliert wurde, „*dass eine eingeborene Bevölkerung, die das Ziel unserer deutschen Volksschule erreicht hat, mit Fug und Recht die vollkommene soziale und politische Gleichstellung mit den Weißen fordern kann.*" (60, S. 366) Insofern war die angebliche „zivilisatorische Bildungsmission" von Anfang an scheinheilig.

In diesem Zusammenhang ist auch die vom Missionstheoretiker Martin Schunk zitierte Aussage des französischen Kolonialpolitikers Jules Harmand erhellend: „*Überall, in Indien, Ägypten, auf den Philippinen waren es die auf englischen, französischen, spanischen Akademien erzogenen Eingeborenen, welche den Geist der Revolte in ihre tropische Heimat trugen. Man ist sich gegenwärtig darüber einig, dass bei der Erziehung der Eingeborenen alles aus dem Unterricht auszuschalten ist, was mit sozialen, philosophischen, klassischen, politischen und religiösen Studien und Spekulationen zusammenhängt.*" (60, S. 366)

Koloniale Unternehmer standen einem Schulbesuch von Kindern und Jugendlichen eher ablehnend gegenüber, da diese während der Unterrichtsstunden ja nicht mehr als Arbeitskräfte zur Verfügung stehen konnten. So forderte der Pflanzungsleiter der Deutsch-westafrikanischen Handelsgesellschaft, Kinder aus den Missionsschulen fernzuhalten, da „*für bestimmte Arbeiten gerade die Eingeborenen im Alter von 7 bis 15 Jahren die besten, willigsten und fleißigsten Ar-*

beiter sind, bei denen auch Krankheit und Sterben nur ver-
einzelt zu verzeichnen sind.“ (43, S. 54)

Ziel der missionarischen Pädagogik war in erster Linie die
Erziehung zu „christlichem“ Gehorsam, Disziplin und Anerkennung der Obrigkeit und erst nachrangig die intellektuelle Bildung. Der Herrnhuter Missionsdirektor P. O. Hennig
referierte 1910 über die evangelischen Erziehungsgrundsät-
ze und führte aus, dass eine „*Volksschulbildung zweiter
Klasse*“ für Afrikaner ausreichend sei und diese den „*besten
Schutz gegen falsche Emanzipationsbestrebungen*“ darstelle
(60, S. 366).

Der durch Alphabetisierung und Schulbildung ermöglichte Zugang zum Schrifttum aus aller Welt barg die Gefahr
in sich, dass die Schüler oder Studenten über den von der
Mission gesteckten geistigen Rahmen hinausdachten und
emanzipatorisches Gedankengut in sich aufnahmen und
weiterentwickelten. Genau deswegen kritisierten europäische Siedler die Missionsschulen, weil sie so etwas absolut
nicht wollten.

Allerdings war von den meisten Absolventen der durch die
Missionen betriebenen Bildungsreinrichtungen in dieser
Hinsicht erst einmal nicht viel zu befürchten. Diese sahen
durch das Erreichen entsprechender Abschlüsse die Chance,
sich im Rahmen der begrenzten Möglichkeiten als koloniale Untertanen etwas nach oben zu arbeiten, ein finanziell
gesichertes Auskommen zu haben und dem Schicksal eines
mühsamen ländlichen Lebens zu entkommen. Nach Leh-
rer- oder Priesterseminaren arbeiteten sie für die jeweilige
Mission oder als Fachkräfte in der kolonialen Wirtschaft
und Verwaltung. Der Weg nach oben erforderte eine ge-

wisse „Europäisierung" in Lebensstil und Mentalität, die manchen im Lauf der Zeit bis zu einem gewissen Grad auch in Fleisch und Blut übergangen sein mag. Auf der anderen Seite entsprangen dieser sich formierenden einheimischen Bildungselite später Führer und Intellektuelle antikolonialer Freiheitsbewegungen, die ihre Nationen in die Unabhängigkeit führen sollten, wie z. B. Léopold Sédar Senghor (Senegal), Julius Nyerere (Tansania) oder Jomo Kenyatta (Kenia).

Aus afrikanischen Perspektiven gibt es unterschiedliche Anschauungen zur Rolle der Missionsschulen. Julius Nyerere, von 1962 bis 1985 Staatspräsident von Tansania, stellte in Bezug auf die koloniale Schulbildung kritisch fest: Sie „*übermittelte nicht die Kenntnisse und Werte der Gesellschaft Tansanias von einer Generation auf die andere, sondern war der bewusste Versuch, diese Werte zu ändern und das traditionelle Wissen durch das Wissen einer andersartigen Gesellschaft zu ersetzen.*" In allen Kolonien sollte die Vermittlung von Qualifikationen „*die Werte der Kolonialgesellschaft einprägen und sie* [die Afrikaner] *für den Dienst am Kolonialstaat ausbilden.*" (35, S. 57)
Der nigerianische Musikwissenschaftler Akin Euba betonte: „*Der Kolonialismus führte nicht nur zur Unterwerfung Afrikas, sondern auch zur Negation aller afrikanischen kulturellen Werte. Ihm ging es nicht nur um die Übernahme der politischen Kontrolle und den Abtransport des materiellen Reichtums des Kontinents. Der Kolonialismus zeichnete auch aktiv verantwortlich für die Unterdrückung und Zerstörung zahlloser kultureller Werte Afrikas.*" (19, S. 156)
Daneben räumte er auch positive Aspekte ein wie die Einführung des Schulwesens und der europäischen Sprachen.

„Das machte die Afrikaner nicht nur zweisprachig oder sogar dreisprachig, sondern schuf auch eine gewisse sprachliche Einheit. Leute die einander vorher nie verstanden hatten, konnten nun eine gemeinsame europäische Sprache benutzen, die viele verstanden." (19, S. 157) Allerdings war die sprachliche Verständigung auch im vorkolonialen Afrika möglich.

Die Basler Mission war auf der Goldküste nicht nur im Schul-, sondern auch im Gesundheitswesen tätig. Nachdem der erste Missionsarzt Dr. Heinze 1832 sechs Wochen nach seiner Ankunft einer Tropenkrankheit erlag, wurde erst 50 Jahre später erneut ein Arzt zur Sondierung der Lage auf die Goldküste geschickt. Der 1885 ausgesandte Dr. Rudolf Fisch begründete ein kleines Hospital in Aburi mit acht Krankenzimmern für das Missionspersonal, und 1900 folgte eine eigene Klinik für die Behandlung von Einheimischen. Im Kampf gegen den Alkoholmissbrauch gründete er die Aburi Temperance Society und führte öffentliche Aufklärungsveranstaltungen durch. 1928 schließlich wurde mit Basler Geldern das Presbyterian Hospital in Agogo (Asante-Gebiet) mit 60 Betten begründet, in der die operative Behandlung von Katarakt und anderen Augenerkrankungen möglich war, ebenso eine Schwesternschule. Von 1952–1973 wurde das Krankenhaus vom Schaffhauser Chirurgen Dr. Hans Meister geleitet, dessen Schwester Veronika Meister die Ehefrau von Christians Sohn Adolf war.
Wirtschaftlich war die Basler Mission mit der 1859 in Basel gegründeten Missions-Handlungs-Gesellschaft AG aktiv, die europäische Produkte auf die Goldküste exportierte, insbesondere Textilien, Nahrungsmittel, Haushaltsartikel, Bau-

materialien, Fahrräder und Nähmaschinen, später auch Motorfahrzeuge. Der Handel mit Waffen, Schießpulver und Alkohol war aus einer christlichen Geschäftsethik heraus in den Läden der Basel Mission Trade Company (B.M.T.C.) untersagt. Für den Export nach Europa wurden in eigenen Faktoreien (Handelsniederlassungen mit Lagerhallen) die Rohprodukte der Goldküste verpackt. Dazu zählten Palmöl, Baumwolle, Gummi, Tabak, Kaffee und später auch Kakao. Man legte Wert auf einen fairen Handel, um den Produzenten ein angemessenes Einkommen zu ermöglichen, das sie wiederum in die Lage versetzen sollte, importierte Güter zu erwerben.

Frauen tragen Kakao-Ballen zum Meer; BMA D-30.22.052, 1900–1911

In Zusammenarbeit mit den Missionsstationen wuchs und

floriert die B.M.T.C. „*Wie sich erwies, machte die Gesellschaft so gute Geschäfte, dass die den Aktionären ausgeschütteten ‚Superdividenden' im ersten Jahrzehnt einen Investitionsgewinn von 12,5 % erbrachten.*" (4, S. 135)

Auch die Basler Mission schöpfte einen Teil der Gewinne der Handelsgesellschaft ab und finanzierte daraus den Aufbau und Ausbau von Missionsstationen. Bereits 1866 kaufte sich die B.M.T.C. einen eigenen Hochseefrachter, das Segelschiff Palme. 1904 erwarb sie einen ersten motorisierten Lastwagen. 1911 beschäftigte sie neben 34 Europäern auch 566 einheimische Angestellte. Während des Ersten Weltkrieges wurde ihr Vermögen von der englischen Kolonialverwaltung konfisziert. 1921 gründete der Präsident der Missions-Handels-Gesellschaft die von der Basler Mission rechtlich unabhängige Union Trading Company (U.T.C.), die die Faktoreien der B.M.T.C. übernahm und deren Nachfolge antrat (4, S. 149)

4. Die neokoloniale Plünderung

Seit Ende der 1950er Jahre wurden sämtliche afrikanischen Kolonien in die politische Unabhängigkeit entlassen – die Goldküste wurde gemeinsam mit Britisch-Togo als erste afrikanische Kolonie am 6.März 1957 in Form des Staates Ghana unabhängig. Doch blieb diese Unabhängigkeit bis heute nur formell. Die Kontrolle über die Ressourcen und Warenmärkte dieser Länder wird weiterhin von den jeweiligen ehemaligen Kolonialmächten ausgeübt. Über die Vergabe bzw. Nichtvergabe von Krediten sowie die Gestaltung der Rahmenbedingungen des Welthandels mittels des Internationalen Währungsfonds (IWF), der Weltbank (WB) und der Welthandelsorganisation (WTO) haben die ehemaligen Kolonialmächte ihren Einfluss in den betreffenden Ländern behalten und üben ihn in ihrem Sinne auch aus. Die Form der direkten Kolonialherrschaft wurde in eine Form der indirekten überführt, die kritische Sozial-, Politik- und Kulturwissenschaftler unter den Begriff des „Neokolonialismus" fassen.

Der senegalesische Schriftsteller, Musiker und Professor für Wirtschaftswissenschaften Felwine Sarr schreibt hierzu:

„Die formelle Unabhängigkeit wurde bewilligt als Gegenleistung für die Verstetigung eines Systems politischer, wirtschaftlicher und kultureller Abhängigkeit mit dem Ziel, die Verfügung über die Ressourcen des afrikanischen Kontinents

zu erhalten. Die Plünderung dieser Ressourcen wird heute fortgesetzt mittels unausgewogener Verträge über Rohstoffnutzung, mittels ungleichem Tausch und illegaler Kapitalflüsse, deren Volumen dem der Auslandsdirektinvestitionen und Entwicklungshilferückzahlungen entspricht, die den Kontinent verlassen, aber auch mittels einer wirtschaftlichen Rekolonisierung der Länder durch ihre ehemaligen Kolonialmächte." (78, S. 58)

Gegen Ende des 19. Jahrhunderts wurden im Wettlauf um koloniale Besitzungen in Afrika von den Europäern willkürlich Grenzen gezogen. Früher gab es eine regionale politische Vielfalt, die von Königtümern bis zu herrschaftsfreien, nicht staatlich organisierten Gesellschaften reichte, die in der Ethnologie als „akephale Gesellschaften" oder „regulierte Anarchien" bezeichnet werden. Nach der Unabhängigkeit mussten sich die Bevölkerungen dem Herrschaftsapparat des jeweils errichteten Staates fügen, dessen Grenzen mit denen des kolonialen Territoriums übereinstimmte. Bei der Grenzziehung hatten die Europäer nicht auf ethnische und historische Gegebenheiten geachtet, so dass Ethnien auf verschiedene Staaten verteilt, Familien getrennt und Handelsrouten unterbrochen wurden. Der somalische Schriftsteller Naruddin Farah stellt hierzu fest: *„Durch das willkürliche Ziehen von Herrschaftsgrenzen schaffen die Erbauer eines Imperiums ein Netzwerk politischer und wirtschaftlicher Spannungen mit einer so explosiven wie implosiven Hinterlassenschaft. [...] Die Hoheit, Trennlinien mitten durch Völker zu ziehen, diese Befugnisse lagen in der Hand der Europäer, die unsere Identität lange Zeit definierten."* (79, S. 117)

Diese willkürliche Grenzziehung hat sicherlich zu Konflikten in Afrika beigetragen, wie auch weitere vom Globalen

Norden hauptsächlich zu verantwortende Faktoren wie die Klimakrise und die neokoloniale Schwächung der Staaten in Afrika, die zu Auseinandersetzungen innerhalb und zwischen den einzelnen Staaten geführt und Flucht oder Migration aus diesen Ländern ausgelöst haben.

Auf Druck der antikolonialen Bewegungen in Afrika und der immer geringer werdenden Akzeptanz der Kolonialherrschaft in der öffentlichen Meinung der jeweiligen „Mutterländer" entließen die europäischen Kolonialmächte nach dem Zweiten Weltkrieg nach und nach ihre Kolonien in die Unabhängigkeit – aber nicht ohne sich vorher dort ihren politischen Einfluss zu sichern, wie Jean Ziegler betont:
„Doch bevor sie – auf Druck und gezwungenermaßen – die Souveränität auf die ehemals Beherrschten übertrugen, führten ihre Geheimdienste umfangreiche Säuberungen durch und ermordeten reihenweise gezielt Personen, um die wichtigsten Anführer nationalistischer Bewegungen physisch zu beseitigen." (80, S. 190)
Patrice Lumumba, erster im Jahre 1960 gewählter Ministerpräsident der Demokratischen Republik Kongo, wurde von Mobutu 1961 in einem mit den USA abgesprochenen Militärputsch gestürzt, weil er reiche Bergbau- und Plantagen-Gesellschaften verstaatlichen wollte. Am Ende wurde Lumumba unter Beteiligung belgischer Polizeikommissare hingerichtet, sein Leichnam zerstückelt und in Salzsäure aufgelöst. Nachdem er auf diese Weise aus dem Weg geräumt worden war, setzte Mobutu eine grausame Diktatur mit einem bizarren Personenkult ins Werk, die während des Kalten Kriegs vom Westen als Bollwerk gegen sowjetische Ambitionen in Afrika unterstützt und hofiert wurde.

Das portugiesische Militär versuchte mehrmals den kapverdischen Intellektuellen und Politiker Amílcar Cabral, der für die politische Unabhängigkeit Guinea-Bissaus und Kap Verdes (bis 1973 bzw. 1975 portugiesische Kolonien) kämpfte, zu töten; 1973 wurde er von einem Offizier der guineabissauischen Armee, die zuvor einen Putschversuch unternommen hatte, erschossen.

Kwame Nkrumah, der erste Präsident Ghanas und populärer Verfechter des Panafrikanismus, wurde 1966 in einem Militärputsch, der von der CIA und dem englischen Geheimdienst angefeuert und unterstützt wurde, gestürzt.

Bis heute hat sich an der Praxis, Regime zu unterstützen oder zu installieren, die den Interessen der ehemaligen kolonialen „Mutterländer", des „Westens" oder multinationaler Konzerne dienen, und andere zu stürzen, die ihnen nicht genehm oder willfährig sind, bekanntlich nichts geändert. Die Invasionen im Irak und in Afghanistan standen, obwohl man ihnen ein humanitäres Mäntelchen umgehängt hatte, ganz in dieser Linie. 2010 sprach der deutsche Bundespräsident Horst Köhler in einem Interview davon, dass *„im Zweifel, im Notfall auch militärischer Einsatz notwendig ist, um unsere Interessen zu wahren, zum Beispiel freie Handelswege, zum Beispiel ganze regionale Instabilitäten zu verhindern, die mit Sicherheit dann auch auf unsere Chancen zurückschlagen, negativ durch Handel, Arbeitsplätze und Einkommen."* (81, grammatikalische Schwächen im Original)

Welches politische, soziale und wirtschaftliche Chaos und Elend durch eine solche Politik militärischer Invasionen dort angerichtet wurde, ist bekannt, abgesehen davon, dass man durch sie islamistischen Terror und den IS („Islamischer

Staat") regelrecht herangezüchtet hat.

Gemessen an seinen Bodenschätzen ist Afrika ein reicher Kontinent: 15 % der weltweit bekannten Erdölreserven, 40 % des Goldes und 80 % der Platinvorkommen ruhen in seinem Boden. Zugleich *„hat Afrika heute die höchste Hungerrate der Welt: 35,2 % seiner Bevölkerung sind permanent schwerstens unterernährt. Afrika ist ein Bettler, der auf einem Goldberg sitzt."* (80, S. 207)
Tom Burgis, Auslandsreporter für die Financial Times, nennt dies den „Ressourcen-Fluch": *„Die Einkünfte, die die Regierungen aus den Ressourcen ihrer Länder beziehen, werden nicht verdient: die Staaten tun nichts weiter als ausländischen Unternehmen die Lizenz zur Förderung von Öl oder dem Schürfen nach Erzen zu geben. Diese Sorte Einkommen wird als ‚wirtschaftliche Rente' bezeichnet und führt selten zu gutem Management. Aber es ist eine Geldgrube für die, die die Kontrolle über den Staat ausüben."* (82, S. 16)

Aus der Entkolonisierung ging eine afrikanische „Kompradorenbourgeoisie" hervor, die ihr Geld aus dem Pakt mit den multinationalen Konzernen bezieht. Zum Teil entwickelten sich aus ehemaligen Befreiungsbewegungen heraus korrupte und kriminelle Regierungen wie in Zimbabwe oder Angola, deren Angehörige in die eigene Tasche wirtschaften und ihren Reichtum auf ausländischen Konten horten. Nach einer Studie der Afrikanischen Entwicklungsbank und der US-amerikanischen NGO Global Financial Integrity (2013) hatte Afrika in den vorausgegangenen drei Jahrzehnten bis zu 1,4 Billionen US-Dollar durch illegale Kapitaltransfers verloren. Jährlichen Kapitalabflüssen in Höhe von $50 Milliarden standen staatliche Entwicklungshilfen in Höhe von weniger als $30 Milliarden gegenüber. „*Zum schmutzigen Geld zählen vor allem illegal abgezweigte Beträge aus den Erlösen von Bodenschatzexporten, aber auch zur Steuerhierziehung ins Ausland geschleuste Mittel oder auch Schwarzgeld aus Korruptionszahlungen und kriminellen Aktivitäten. ‚Wenn man über diese Geldströme staunt, sollte man nicht vergessen, dass sie nicht zuletzt auch von westlichen Banken und Steuerparadiesen ermöglicht werden‘, sagte Global Financial Integrity (GFI)-Sprecher Clark Gascoigne.*“ (83)

Der Ressourcenreichtum Afrikas schafft Begehrlichkeiten in Europa, den USA, Russland und China, die um die Förderungs- und Ausbeutungsrechte konkurrieren: „*Diese Plünderungsmaschine wurde modernisiert. Wo einst gewaltsam aufgezwungene Verträge Afrikaner um ihr Geld, ihr Gold und ihre Diamanten brachten, zwingen heute Heerscharen von Anwälten der Öl- und Bergbaugesellschaften mit hunderten von Milliarden Dollar Jahresumsatz afrikanischen Regierungen groteske Bedingungen auf und nutzen dann Steuerlöcher, um die mittellosen Länder um ihre Einnahmen zu betrügen. An die Stelle der alten Imperien sind verborgene Netze von multinationalen Unternehmen, Zwischenhändlern und afrikanischen Potentaten getreten.*“ (82, S. 20)

Doch nicht nur korrupte Regierungen, ein von diesen betriebenes Steuerdumping und die üblichen üblen Tricks multinationaler Konzerne zur Steuervermeidung sorgen dafür, dass die Menschen nichts von dem in ihren Ländern geschürften Reichtümern sehen. Wesentlich gehemmt wird die Entwicklung afrikanischer Volkswirtschaften durch das neoliberale Diktat von IWF und Weltbank, die zur Verarmung weiter Bevölkerungskreise beiträgt. Die kreditnehmenden Staaten werden zu entsprechenden Strukturanpassungsmaßnahmen gezwungen wie z. B. Reduzierung der öffentlichen Staatsausgaben zugunsten des Schuldendienstes, Privatisierung von Staatseigentum, Abbau von Preis- und Handelskontrollen und Schaffung von wirtschaftlichen Rahmenbedingungen, die auf die Bedürfnisse internationaler Konzerne zugeschnitten sind.

Kleinbäuerliche Wirtschaftsweisen wurden mit dieser Politik zerstört und die betreffenden Menschen dazu gezwungen, in die städtischen Slums abzuwandern, wo sie als Tagelöhner oder Arbeitslose ihr Dasein fristen. Joseph E. Stiglitz, früherer Chefvolkswirt der Weltbank, urteilte: *„Der IWF hat wirtschaftspolitische Maßnahmen erzwungen, die zur Vernichtung von Arbeitsplätzen führte, bevor die wichtigsten Voraussetzungen für die Schaffung neuer Arbeitsplätze erfüllt waren."* (79, S. 146)

Die Länder des globalen Südens sind so hoch verschuldet, dass die Geldabflüsse allein für Zinsen und Tilgung um ein vieles die Zahlungen an Entwicklungshilfe übersteigen. Für wichtige Investitionen im Bereich von Gesundheitswesen, Bildung oder Strukturförderung fehlt deshalb das nötige Geld. Regierungen zahlen nicht selten Zinssätze von über 10 % für Kredite privater Gläubiger. Wiederholte Initiativen für einen Schuldenerlass wurden von den Industriestaaten in der UN-Generalversammlung bislang blockiert. Das Umschuldungsrahmenwerk der G20 von 2020 enthält bisher nur Absichtserklärungen, unverbindliche Forderungen an private Gläubiger, sich zu beteiligen und gilt bisher erst für die 73 ärmsten Länder, während weltweit auch zahlreiche Nationen mit mittlerem Einkommen von der Schuldenlast erdrückt werden. Angola zum Beispiel ist 2021 nur knapp dem Staatsbankrott entgangen; die öffentliche Verschuldung stieg auf mehr als 130 % des Bruttoinlandsproduktes. Zwar konnte ein Aufschub des Schuldendienstes bis 2023 vereinbart werden, danach müssen allerdings über 80 % der Staatseinnahmen für den öffentlichen Schuldendienst aufgewendet werden. Der Schuldenreport 2022 von erlassjahr. de und Misereor zeigt, dass sich durch Corona die globale Schuldenkrise dramatisch zugespitzt hat (84). Die Coronakrise macht *„die Erfolge bei der Armutsbekämpfung des letzten Jahrzehnts zunichte und* [führt] *zu einem weiteren Auseinanderdriften von Nord und Süd."* (85)

Der Ausverkauf der Länder des globalen Südens findet auch in der Form von Landnahmen durch multinationale (Agrar-) Konzerne statt. Die internationale Bodenspekulation hat laut Berechnungen von Oxfam seit 2001 in den Entwicklungsländern zum Verkauf von 230 Millionen ha Land geführt, das entspricht der Fläche von Westeuropa. Am stärksten betroffen vom „Landgrabbing" durch Großinvestoren ist Afrika mit bislang etwa 130 Millionen ha verkauftem oder verpachtetem Land. Als deutsche Akteure sind unter anderem die Münchener Rück, die KFW-Tochter DEG oder die Ärzte-Pensionskasse Westfalen-Lippe beteiligt. Laut Weltagrarbericht werden auf diesen Flächen überwiegend Futtermittel, Pflanzen für Biosprit, Fasern und Genussmittel produziert und nur zu 10% Lebensmittel (79, S. 161 f.). In einer Studie des Hilfswerks Misereor wurde festgestellt, dass nur 11 % der untersuchten Flächen, die Kleinbauern an Investoren verloren, überhaupt landwirtschaftlich genutzt werden und der Rest hauptsächlich der Spekulation mit Boden und Wasser dient. Während die Kleinbauern überwiegend für den Eigenbedarf produzieren, geht die Ernte von Großbetrieben überwiegend in den Export. Außerdem kam die Studie zu dem Ergebnis, dass die Erträge großflächiger monokultureller Landwirtschaft trotz hohem Kapitaleinsatz pro Hektar geringer ausfielen als im arbeitsintensiven kleinbäuerlichen Bodenbau mit wechselnden Anbaupflanzen für den eigenen Bedarf (86).

Dabei sind nicht nur landwirtschaftliche Nutzflächen, sondern auch Nahrungsmittel heute der Börsenspekulation ausgeliefert, denn *„Agrar und Ernährung sind für Anleger besonders attraktive Sektoren, weil sich das weltweit abzeichnende Nahrungsmitteldefizit kein kurzfristiges Phänomen ist."* (79, S. 169)

Hinzu kommen Klimakrise und Umweltzerstörung, die hauptsächlich auf den Ressourcenverbrauch der reichen Länder zurückgehen, aber von denen die armen Länder Afrikas in Form von Dürren und Flutkatastrophen besonders heftig betroffen sind.

Die durch den „Westen" geschaffenen postkolonialen Zusammenhänge, die oben skizziert wurden, tragen weiter zur Verarmung und Vertiefung der sozialen Ungleichheit sowie zu inneren (auch kriegerischen) Konflikten auf dem afrikanischen Kontinent bei, so dass viele Menschen ihr einziges Heil in Flucht und Migration sehen. Allerdings gelangt nur eine kleine Minderheit von ihnen nach Europa,

16 Millionen Flüchtlinge leben derzeit südlich der Sahara. Die Abschottung Europas kostete 31 000 Menschenleben von Migranten, die allein zwischen 2001 und 2013 im Mittelmeer ertranken. Die Verwicklung der FRONTEX in illegale

Pushbacks von Asylsuchenden, die Zusammenarbeit mit faschistischen Regimes wie der Türkei und mit Warlords in Libyen, wo Folter und Mord in Flüchtlingslagern an der Tagesordnung sind, sind ein Verrat am Recht auf Asyl und an der Charta der Menschenrechte. Die Rede von „europäischen Werten" entlarvt sich als blanker Zynismus.

Die Auseinandersetzung mit der kolonialen Vergangenheit und den dadurch verursachten, bis heute nachwirkenden Verwerfungen, steht in Deutschland erst an ihrem Anfang, ebenso wie die Bereitschaft, sich für die geschichtlichen Erinnerungen und Perspektiven der Nachkommen in den betreffenden Ländern zu interessieren, sich auf sie wirklich einzulassen und unsere herkömmlichen Sichtweisen kritisch zu hinterfragen. Eine solche Auseinandersetzung heißt aber auch, dass wir die Verantwortung für Gegenwart und Zukunft übernehmen müssen, die sich nicht in der Rückgabe geraubter Kulturgüter erschöpfen kann, sondern ganz konkret darin besteht, die soziale und ökonomische Situation in diesen Ländern zu verbessern. Als Stichworte dazu seien genannt: Aufhebung des Patentschutzes unentbehrlicher Impfstoffstoffe und Arzneimittel, Zustimmung zu einem Schuldenerlass, Reparationsleistungen für die von deutschen Konquistadoren begangenen Raube und Verbrechen, Bekämpfung des Klimawandels, der vor allem die armen Länder trifft, sowie genereller Abbau des sozialen Gefälles zwischen Nord und Süd.

5. Afrikanische Perspektiven und Visionen

„Es gilt, den tiefgreifenden Humanismus der afrikanischen Kulturen zutage zu fördern und zu erneuern. Die Revolution, die es auf den Weg zu bringen gilt, ist eine spirituelle. […] Am Tag der Revolution wird Afrika, wie zur Zeit der ersten Morgenanbrüche, wieder das spirituelle Zentrum der Welt sein." (Felwine Sarr 2016)

Afrikaner waren der sie umgebenden Welt stets zugewandt und setzten sich im Zuge dessen auch mit fremden Wissensformen und -inhalten auseinander, adaptierten sie und zogen daraus ihre eigenen Schlussfolgerungen. Als sie der europäischen Welt begegneten, war das nicht anders. Die Geschichte kennt aus vorkolonialer Zeit eindrucksvolle afrikanische Persönlichkeiten, die einen Wissensdurst nach europäischer Bildung hatten und als „Hofmohren" eine herausragende Position erreichten, wie zum Beispiel Abraham Petrowitsch Hannibal, der, aus Eritrea oder Kamerun stammend, 1704 als junger Sklave nach Moskau kam und von Zar Peter I. unter die Fittiche genommen wurde. „Hof-" oder „Kammermohren" dienten weltlichen oder kirchlichen Herrschern oder wohlhabenden Kaufleuten als exotisches Prestigeobjekt und Statussymbol, das den eigenen Reichtum, aber auch die weltweiten Fernhandels- und Machtbeziehungen zur Schau stellen sollte.

Abraham Petrowitsch Hannibal studierte Mathematik und Militärwissenschaft, wurde ein enger Berater des Zaren und zum russischen Generalmajor und Gouverneur von Reval ernannt. Mütterlicherseits war er der Urgroßvater von Alexander Sergejewitsch Puschkin, der in Russland als einer der Nationaldichter gilt.

In Deutschland bekannt wurde der Philosoph Anton Wilhelm Amo Afer, der als Kind 1707 von Menschenhändlern im heutigen Ghana entführt wurde. Er gelangte an den Hof des Herzogs Anton Ulrich von Braunschweig-Wolfenbüttel, wurde dort erzogen und studierte an der Universität Halle Philosophie. Schon als Student kritisierte er in seiner Abhandlung „*De jure Maurorum in Europa*" („Über die Rechtsstellung der Mohren in Europa") die Entrechtung der Sklaven in Europa und bekannte sich zu den Ideen der frühen Aufklärung. In anthropologisch-menschenrechtlicher Hinsicht war er damaligen deutschen Philosophen weit voraus, sprach doch noch Jahrzehnte später Kant den Afrikanern jegliche Form von Intelligenz ab und nannte Hegel die Afrikaner „*Bewohner eines Kinderlandes, das jenseits des Tages der selbstbewussten Geschichte in die schwarze Farbe der Nacht gehüllt ist.*" (76, S. 207)

In der ersten Hälfte des 20. Jahrhunderts besannen sich europäisch gebildete Afrikaner im Kampf gegen den Kolonialismus und den damit verbundenen Rassismus zunehmend auf ihre Wurzeln und den Wert afrikanischer Kulturen. Afrikanische Denker und Intellektuelle fordern seitdem von den Europäern, ihren Eurozentrismus beim Blick auf Afrika aufzugeben und sich für die Perspektiven und Sichtweisen von Afrikanern zu interessieren, wenn es um das Thema europäische Kolonisation geht.

Eine dieser Stimmen war der afrokaribische Dichter und Abgeordnete der französischen Nationalversammlung aus Martinique Aimé Césaire, der 1950 die Streitschrift „*Über den Kolonialismus*" verfasste. Dort heißt es,

„*dass der Kolonisator, der sich, um ein gutes Gewissen zu haben, daran gewöhnt, im Anderen* das Tier *zu sehen, und sich darin übt, ihn als Tier zu behandeln, objektiv die Neigung entwickelt, sich selbst* in ein Tier *zu verwandeln. […] Ich […] rede von um ihre Identität gebrachten Gesellschaften, von niedergetrampelten Kulturen, von ausgehöhlten Institutionen, von konfisziertem Land, von ausgelöschten Religionen, von vernichtetem künstlerischen Glanz, von vereitelten großen* Möglichkeiten." (75, S. 36 ff) Er fährt dann fort, „*dass unser Unglück es wollte, dass wir auf unserem Weg ausgerechnet diesem Europa begegnet sind, und dass Europa vor der menschlichen Gesellschaft Rechenschaft abzulegen hat für den größten Leichenberg der Geschichte.*" (77, S. 41, Hervorhebungen im Original)

Einem Europa, das sich auf dem Gipfel menschenmöglicher Zivilisation wähnt, schreibt er Folgendes ins Stammbuch:

„*Eine Zivilisation, die sich unfähig zeigt, die Probleme zu lösen, die durch ihr Wirken entstanden sind, ist eine dekadente Zivilisation. Eine Zivilisation, die beschließt, vor ihren brennendsten Problemen die Augen schließen, ist eine kranke Zivilisation. Eine Zivilisation, die mit ihren eigenen Grundsätzen ihr Spiel treibt, ist eine im Sterben liegende Zivilisation.*

Tatsache ist, dass die so genannte ‚europäische', die so genannte ‚westliche' Zivilisation, so wie zwei Jahrhunderte bürgerlicher Herrschaft sie geformt haben, unfähig ist, die

beiden Hauptprobleme zu lösen, die durch ihre Existenz entstanden sind: das Problem des Proletariats und das koloniale Problem; dass dieses Europa, vor die Schranken der ‚Vernunft' wie vor die Schranken des ‚Gewissens' gestellt, außerstande ist, sich zu rechtfertigen; und dass es sich mehr und mehr in eine Heuchelei flüchtet, die umso abscheulicher wird, je weniger Aussicht sie hat, hinters Licht führen. Europa ist unhaltbar." (77, S. 23, Hervorhebung im Original)

70 Jahre nach der Streitschrift von Aimé Césaire verrät Europa angesichts der Flüchtlingsströme der Welt fortgesetzt seine eigenen Grundsätze der Menschenrechte und des Asylrechts und zeigt damit, um seine Worte zu gebrauchen, das Gesicht einer *sterbenden Zivilisation*.

Was eine Zivilisation, die andere Völker zu Sklaven degradiert, dabei auch mit sich selbst macht, davon spricht der kamerunische Sozialphilosoph Fabien Eboussi Boulaga. In Anlehnung an Hegels zentralem Motiv von Herrschaft und Knechtschaft zeigt er die Problematik auf, dass die Kolonialherrschaft ein Verhältnis wechselseitiger Abhängigkeit zwischen Herrschern und Beherrschten schuf: Der Knecht ist zwar aufgrund der erzwungenen Unterordnung Knecht, doch kann der Herr seinen Status nur aufrechterhalten, wenn er vom Knecht auch als Herr anerkannt wird, womit er er sich wiederum in ein Abhängigkeitsverhältnis zum Knecht begibt:

„Man muss sich vom Eroberer verführen lassen oder sich ihm unterwerfen; in beiden Fällen ist unsere letztendliche Zustimmung notwendige Bedingung; eine notwendige Zutat. Hierin liegt eine unausweichliche Wahrheit in G. W. F. Hegels Dialektik zwischen Herr und Knecht. Nur der Sklave, der erkennt dass er selbst für seine Versklavung verantwort-

lich ist, ist zur Befreiung fähig und ihrer würdig. Dieselbe Herr-Knecht-Dialektik Hegels fordert die Herrschaft heraus, die auf Sklaverei beruht und von ihr abhängig ist. Man kann keine Sklaven halten, ohne selbst Sklave seiner Sklaven zu werden." (64, S. 116)

Der schwarze, ebenfalls in Martinique geborene Psychiater und Politiker Frantz Fanon dachte in seinem Buch *Schwarze Haut, weiße Masken* (1952) über rassistische Einstellungsmuster von Europäern gegenüber „Schwarzen" und deren mögliche Reaktion darauf nach: *„Wir werden kein Mitleid haben mit den alten Regierungen, den alten Missionaren. Für uns ist derjenige, der die Neger vergöttert, ebenso ‚krank' wie derjenige, der sie verabscheut. Umgekehrt ist der Schwarze, der seine Rasse weiß machen will, ebenso unglücklich wie derjenige, der den Hass auf den Weißen predigt."* (87, S. 8) Seine Diagnose lautet: *„Der Neger, Sklave seiner Minderwertigkeit, und der Weiße, Sklave seiner Überlegenheit, verhalten sich beide neurotisch."* (87, S. 52) Der Leser mag sich vielleicht darüber wundern, warum Fanon hier heute als eindeutig rassistisch geltende Begriffe wie „N..." und „Rasse" übernimmt. Das ist darauf zurückzuführen, dass Fanon der rassistisch organisierten Gesellschaft Martiniques entstammte, in der dem willkürlichen Merkmal der Hautfarbe eine Bedeutung zugeschrieben wurde, die für die jeweilige als „weiß" oder „schwarz" definierte Gruppe ganz konkrete, jeweils unterschiedliche Folgen im sozialen und politischen Alltag zeitigte. Die eine Gruppe war (und ist) auf Martinique in puncto gesellschaftlicher Chancen privilegiert und die andere unterprivilegiert. Weil Fanon gegen die rassistische Entrechtung der „Schwarzen" und für deren gesellschaftliche und politische Emanzipation kämpfen wollte, musste er sich zwangsläufig selbst auch als einen solchen sehen und definieren. Mit anderen Worten: Die Entstehung der Selbstwahrnehmung, mit allen „Schwarzen" über ethnische und kontinentale Grenzen hinweg eine Gemeinsamkeit zu haben, ist dem Kolonialismus und Rassismus geschuldet. Sich so sehen, erhielt ja erst einen Sinn, weil die „Weißen" aufgrund ihrer Hautfarbe entsprechende Herrschaftsansprüche anmeldeten und auch in die Tat umsetzten. Wenn man sich als „Schwarzer" dagegen wehren wollte, musste man das zwangsläufig auf der Basis dieser aufgezwungenen Kategorisierung tun. Hierin liegen auch die Wurzeln dessen, was man später als „Panafrikanismus" bezeichnete. Hinzugefügt sei, dass Fanon den essentialistischen Tendenzen der Négritude, einer literarisch-philosophischen politischen Strömung frankophoner Intellektueller afrikanischer Herkunft in den 1930er Jahren, zu deren Wortführern die bereits erwähnten Léopold S. Senghor und Aimé Césaire zählten, äußerst kritisch gegenüberstand. Er lehnte es ab, dass alle „Schwarzen" oder „Afrikaner" ein bestimmtes Wesen hätten, das sie von den Europäern grundsätzlich unterscheide.

In seinem Buch „*Die Verdammten dieser Erde*", einem Manifest des Antikolonialismus, führte Fanon zu den Auswirkungen weißer christlicher Mission in Afrika 1961 aus: *„Die triumphierenden Kommuniqués der Missionen geben in Wirklichkeit über die Stärke der Entfremdungsfermente Auskunft, die man in das kolonisierte Volk eingeführt hat. Ich spreche von der christlichen Religion, und kein Mensch hat das Recht, sich darüber zu verwundern. Die Kirche in den Kolonien ist eine Kirche von Weißen, eine Kirche von Aus-*

ländern. Sie ruft den kolonisierten Menschen nicht auf den Weg Gottes, sondern auf den Weg des Weißen, auf den Weg des Herren, auf den Weg des Unterdrückers." (88, S. 32)

Jean Paul Sartre schrieb das Vorwort zu diesem Manifest und führte dort aus, inwiefern Europa von der Ausbeutung Afrikas profitiert: *„Ihr* [Afrikaner] *wisst genau, dass wir Ausbeuter sind. Ihr wisst genau, dass wir erst das Gold und die Metalle und dann das Erdöl der ,neuen Kontinente' genommen und in unsere alten Mutterländer gebracht haben. Nicht ohne ausgezeichnete Ergebnisse: Paläste, Kathedralen, Industriestädte. Und dann, als die Krise drohte, waren die Kolonialmärkte da, um sie zu drosseln oder abzulenken. Das mit Reichtümern gemästete Europa billigte allen seinen Einwohnern* de jure *den Status von Menschen zu. Ein Mensch, das heißt bei uns: ein Komplize, weil wir* alle *von der kolonialen Ausbeutung profitiert haben.* [...] *Dieses Geschwätz von Freiheit, Gleichheit, Brüderlichkeit, Liebe, Ehre, Vaterland, was weiß ich. Das hinderte uns nicht daran, gleichzeitig rassistische Reden zu halten: dreckiger Neger, dreckiger Jude, dreckiger Araber. Liberale und zarte gute Seelen – mit anderen Worten, Neokolonialisten – gaben sich schockiert über diese Inkonsequenz. Ob aus Irrtum oder schlechtem Gewissen: Nichts ist bei uns konsequenter als rassistischer Humanismus, weil der Europäer nur dadurch sich zum Menschen hat machen können, dass er Sklaven und Monster hervorbrachte."* (88, S. 21, Hervorhebungen im Original)

Sartre sprach von einem Europa, das mit geraubten Reichtümern aus den Kolonien seit Jahrhunderten gemästet war. Wie in Kapitel 4 gezeigt, sind wir auch heute noch *Kompli-*

zen, die von *neo*kolonialer Ausbeutung profitieren. Wir nennen das den *imperialen Lebensstil*.

Afrikanische Intellektuelle haben sich in Vergangenheit und Gegenwart nicht allein auf die Kritik an der europäischen Fremdherrschaft beschränkt, sondern sich auch auf traditionelle afrikanische Werte, Lebensweisen und Kulturen mit ihren Licht- und Schattenseiten besonnen und sich die Frage gestellt, woran es sich lohnt anzuknüpfen und welche Zukunftsimpulse für die Gestaltung Afrikas und der Welt daraus zu gewinnen sind.

Der kamerunische Wissenschaftler Achille Mbembe konstatiertin seinem Buch „*Kritik der schwarzen Vernunft*", dass Europa heute *nicht mehr das Gravitationszentrum der Welt* darstellt. Nach der Phase der organisierten Entmenschlichung im transatlantischen Sklavenhandel habe die Phase begonnen, da die Afrikaner schreiben und sich in eigener Sprache auszudrücken konnten und *„den Status von vollwertigen Subjekten der Menschenwelt einforderten."* (89, S. 14)

Beispiel dafür ist die haitianische Revolution der schwarzen Sklaven in der französischen Kolonie Saint Domingue ab 1791, die eine halbe Million Menschen aus der Sklaverei befreite, die erste militärische Niederlage Napoleons herbeiführte und 1804 den ersten unabhängigen Staat in Südamerika, die erste schwarzen Republik der Welt begründete.

Dies hatte allerdings einen hohen Preis. Frankreich forderte unter Androhung militärischer Maßnahmen Entschädigung, die zunächst abgelehnt, vom späteren Präsidenten Haitis jedoch akzeptiert wurde. Die Zahlung von 90 Millionen Goldfrancs, nach heutigem Wert ca. 20 Milliarden €, wurde mit Krediten bezahlt, an deren Rückzahlungen Haiti von 1825 bis 1947 finanziell ausblutete. Der Schuldendienst verschlang bis zu 80 % des Staatshaushaltes (88). Kein Wunder, dass Haiti heute zu den ärmsten Ländern der Welt gerechnet wird.

Es folgte nach Achille Mbembe die dritte Phase des 21. Jahrhunderts, das Zeitalter des Neoliberalismus, die zur Globalisierung der Ausbeutung führte, zum *„Universalismus der conditio nigra mit der Entstehung bisher unbekannter imperialer Praktiken. Diese Praktiken orientieren sich am Vorbild der Sklavenlogiken des Fangens und Erbeutens, ebenso wie an den kolonialen Logiken der Besetzung und Ausbeutung, also der Bürgerkriege oder Raubzüge früherer Zeitalter [...] Zum ersten Mal in der Geschichte der Menschheit verweist der Name Neger nicht mehr nur auf die Lage, in die man die Menschen afrikanischer Herkunft in der Epoche des Frühkapitalismus brachte (Enteignungen unterschiedlicher Art, Beraubung jeglicher Möglichkeit der Selbstbestimmung und vor allem der Zukunft und der Zeit, dieser beiden Matrizen des Möglichen). Diese neue Fungibilität, diese Löslichkeit, deren Institutionalisierung als neue Daseinsnorm, und ihre Generalisierung für den gesamten Planeten meinen wir, wenn wir sagen, die Welt werde schwarz."* (89, S. 18 ff, Hervorhebung im Original)

Mit Blick auf die gemeinsame Welt der Zukunft stellt er fest: *„Es gibt nur eine Welt, und auf die haben wir alle ein Anrecht. Diese Welt gehört uns allen gleichermaßen, und wir alle sind ihre Miterben, auch wenn wir nicht in derselben Weise darin leben – daher ja gerade die reale Vielfalt der Kulturen und Lebensweisen [...] Diese uns allen gemeinsame Welt zu schaffen, müssen wir jenen, die in der Geschichte* *einen Prozess der Abstraktion und Verdinglichung erfahren haben, den ihnen geraubten Teil an Menschlichkeit zurückerstatten. Unter diesem Blickwinkel verweist der Begriff der Reparation, der Wiedergutmachung und Entschädigung im ökonomischen Sinne, auf den Prozess des erneuten Zusammenfügens der amputierten Teile, der Reparatur der zerrissenen Bande, der Wiederaufnahme des Wechselspiels der Reziprozität, ohne den es keinen Aufstieg zur Menschheit geben kann [...] Die Ethik der Restitution und Reparation impliziert also die Anerkennung dessen, was man den Anteil des Anderen nennen könnte, der nicht der meinige ist und dessen Garant ich dennoch bin, ob ich es nun will oder nicht [...] Reparation im Übrigen, weil die Geschichte Verletzungen und Wunden hinterlassen hat."* (89, S. 329 f)

Hören wir noch einmal Aimé Césaire zum Geist des Gemeinsinns in der traditionellen afrikanischen Gesellschaft: *„Ich aber rede von um ihre Identität gebrachten Gesellschaften, von niedergetrampelten Kulturen, von ausgehöhlten Institutionen, von konfisziertem Land, von ausgelöschten Religionen, von vernichtetem künstlerischen Glanz, von vereitelten großen Möglichkeiten. [...] Ich aber rede von natürlichen Ökonomien, von harmonischen und lebensfähigen Ökonomien, von auf die Eingeborenen zugeschnittenen Ökonomien, die man zerrüttet hat, von zerstörten Nahrungsmittelkulturen. [...] Auch ich rede von Übelständen, aber um zu sagen, dass man auf die alten – sehr realen – Übelstände andere – sehr verabscheuungswürdige – gesetzt hat. [...] Es waren an der Gemeinschaft aller orientierte Gesellschaften, niemals solche, wo alle für wenige da sind. Es waren nicht nur, wie man sie genannt hat vor-, sondern*

auch antikapitalistische *Gesellschaften. Es waren demokratische Gesellschaften – immer. Es waren genossenschaftliche, brüderliche Gesellschaften. Ich bin ein systematischer Verfechter der vom Imperialismus zerstörten Gesellschaften. Sie waren das Faktum, sie erhoben keinerlei Anspruch, die Idee zu sein, sie waren trotz ihrer Unzulänglichkeiten weder hassenswert noch verdammungswürdig. Es genügte ihnen, zu sein.*" (77, S. 38 ff., Hervorhebung im Original)
Ein Beispiel für diese *brüderlichen Gesellschaften* ist die Lebensphilosophie Ubuntu, die im südlichen Afrika ab den 1950er Jahren entwickelt wurde, die auf mündlichen Überlieferungen vor allem der Xhosa und Zulu beruht. Der einzelne Mensch wird darin als untrennbarer Teil eines Ganzen gesehen, in dem er sich überhaupt erst als Person entfalten kann. Angestrebt wird eine harmonische und friedliche Gesellschaft, in der der Respekt vor dem anderen, die Achtung der Menschenwürde und ein Zusammenleben im Geiste des Gemeinsinns und des Miteinanderteilens wesentliche Prinzipien sind. Der Politikwissenschaftler Joshua Kwesi Aikins (Wissenschaftlicher Mitarbeiter der Universität Kassel) bringt Ubuntu auf die Kurzformel: *„Ich bin, weil wir sind"*. Das westliche Modell von Entwicklung und Fortschritt sei gescheitert, es gebe andere Ideen vom guten Leben wie eben die Philosophie Ubuntu, und folgert: *„Afrika ist nicht die Vergangenheit, sondern die Zukunft des Westens."* (91)
Cheikh Hamidou Kane, Politiker und Schriftsteller aus dem Senegal, schrieb über die gemeinschaftliche Organisation und Orientierung der traditionellen Landwirtschaft der Fulbe: *„Die Nutzung von Grund und Boden war vor der Kolonialzeit eine Angelegenheit, die vom König und seinen Mitarbeitern gemeinsam entschieden wurde. Man sagte: das*

wird bebaut, das lässt man brachliegen. Grund und Boden gehörten der Gemeinschaft und nicht Einzelnen. Wie in einer Art Kommune wurde der Boden in seiner Gesamtheit zum Nutzen aller verwaltet, genutzt und bebaut. Auch hier glaube ich, dass es also etwas gibt, worauf man aufbauen und zurückgreifen könnte." (19, S. 155)
Er ermutigte die Afrikaner, aus den Quellen der traditionellen Werte zu schöpfen: *„Die Religiosität, das Schamgefühl, die Achtung vor etablierten Autoritäten, das Stehen zum gegebenen Wort, ein gewisser Kollektivismus, werden als das Spezifische der afrikanischen Kulturen ausgegeben."* (19, S. 136)

Der senegalesische Schriftsteller und Wirtschaftswissenschaftler Felwine Sarr beschreibt in *„Afrotopia"* seine Zukunftsvision für Afrika folgendermaßen:
„Afrika muss gegenüber niemandem aufholen. Es hat nicht mehr auf jenen Pfaden zu laufen, die man ihm zuweist, sondern sollte zügig den Weg gehen, den es selbst gewählt hat. Sein Status als Erstgeborener der Menschheit verlangt von ihm, dass es sich aus der Konkurrenz zurückzieht, aus dem Wettstreit jenes Kindesalters, in dem die Nationen sich verächtlich anschauen, um zu ermessen, wer am meisten Wohlstand angehäuft hat, am meisten technische Gadgets, die stärksten Gefühle und die ausgeprägteste Fähigkeit, die Güter und Freuden dieser Welt zu genießen, und sei es, dass dieses zügel- und verantwortungslose Vorgehen die gesellschaftlichen und ökonomischen Voraussetzungen menschlichen Lebens aufs Spiel setzt. [...] Dringlich ist einzig, dass sich Afrika auf der Höhe seines Potenzials bewegt, und dass es dieses Potenzial vollständig verwirklicht, in allen Berei-

chen, zunächst für sich selbst und dann für die übrige Welt
[…]
In 35 Jahren wird Afrika ein Viertel der Weltbevölkerung
stellen. Es wird die Lebenskraft der Menschheit verkörpern,
denn es wird den höchsten Anteil an Einwohnern im Alter
zwischen 15 und 45 Jahren aufweisen.

Felwine Sarr; Quelle: Wikipedia

Dieses demographische Gewicht und diese Vitalität werden
das gesellschaftliche, politische, wirtschaftliche und kulturel-
le Gleichgewicht des Planeten verschieben. Damit es zu die-
ser treibenden, positiven, den Dingen ihre Richtung weisen-
den Kraft im Sinne des Aufstiegs zum Menschsein werden

kann, bedarf Afrika einer tiefgreifenden Kulturrevolution.
[...] Der Kontinent muss sich vor allem auch an der Ent-
wicklung der Menschheit beteiligen, durch den Aufbau ei-
ner verantwortungsvollen Zivilisation, die besser für die Um-
welt sorgt, das Gleichgewicht zwischen den verschiedenen
Ordnungen wahrt, sich der kommenden Generationen, des
Gemeinwohls und der Menschenwürde annimmt: eine poe-
tische Zivilisation." (78, S. 15)

Weiter führt er aus:
"*Afrika muss die Rolle seiner Kultur neu überdenken. Kul-*
tur als Suche nach Zwecken, nach Zielen und Gründen,
überhaupt zu leben, als Verfahren, um dem menschlichen
Abenteuer einen Sinn zu verleihen. Um Kultur in diesem
Sinn zu verwirklichen, bedarf es der radikalen Kritik all des-
sen, was in den heutigen afrikanischen Kulturen die Mensch-
heit und die Menschlichkeit eindämmt, behindert, begrenzt
oder herabsetzt. Zugleich müssen aber bestimmte afrikani-
sche Werte rehabilitiert werden: jom *(Würde),* Gemein-
schaftlichkeit, teraanga *(Gastfreundschaft),* kersa *(Beschei-*
denheit, Gründlichkeit), ngor *(Ehrgefühl). Es gilt, den tief-*
greifenden Humanismus der afrikanischen Kulturen zutage
zu fördern und zu erneuern. Die Revolution, die es auf den
Weg zu bringen gilt, ist eine spirituelle. Und es scheint uns,
dass die Zukunft der Menschheit von ihr abhängt.
Am Tag der Revolution wird Afrika, wie zur Zeit der ersten
Morgenanbrüche, wieder das spirituelle Zentrum der Welt
sein." (78, S. 156, Hervorhebungen im Original)

Epilog

„*Afrika hoch*" – dieser Begrüßungsruf von Tante Ruths Graupapagei Jakob gibt die Stimmung sehr gut wieder, die ich als Kind aus Vaters Erzählungen über den Großvater auf der Goldküste aufnahm: wie er mithalf, die Bibel in die Sprache der Einheimischen zu übersetzen, oder wie er sich im Urwald verirrte und von einheimischen Suchtrupps wiedergefunden wurde. Immer wieder saßen Afrikaner an unserem Mittagstisch und sorgten für einen Flair ferner Länder und Exotik. In unserer Wohnung hingen afrikanische Masken oder Zierkalebassen an den Wänden, im Flur stand eine große Trommel. Angesichts der Debatte um Raubkunst kann man sich heute fragen, auf welche Weise diese Objekte erworben wurden.

So sehr ich als Kind von meinem unbekannten Großvater fasziniert war, der bei meiner Geburt 87 Jahre alt gewesen wäre und bereits 15 Jahre vorher gestorben war, so sehr begann ich mich als Erwachsener über ihn zu empören. Die Arbeit an diesem Buch begann mit einem fingierten Briefwechsel zwischen mir und meinem Großvater, in dem ich ihm in bösen Worten meine Wut entgegen schleuderte. Daraus entstand allmählich mit kritischer Begleitung und Unterstützung unserer Schreibgruppe unter Leitung von Liane Dirks dieser Lebensbericht. Welche persönlichen Motive mich dazu veranlassten, ihn zu schreiben, möchte ich im Folgenden darlegen

Der Ausgangspunkt dafür, dass ich mich als Erwachsener

mit dem Leben des Großvaters beschäftigte, war ganz persönlicher Natur: die Suche nach generationenübergreifenden Verhaltens- und Einstellungsmustern in der Familie angesichts eigener traumatischer Kindheitserfahrungen. Meine Erfahrungen bei der Leitung von Familienaufstellungen haben vielfach bestätigt, wie stark Lebensumstände nicht nur der Eltern bei ihren Kinder, sondern auch der Großeltern bei Enkel oder Urenkeln nachwirken können. Die fundamentalreligiöse Erziehung durch meinen Vater, der seinem Vater in den Missionarsberuf gefolgt war, brachte mich und meine Geschwister früh in Opposition zu einem Glauben, der die Liebe gegenüber dem Nächsten als höchstes Ziel predigte, sich aber in meiner eigenen Erfahrung vor allem durch Verbote und die Unterwerfung unter einen alles überwachenden, strafenden Gott auszeichnete. Erst später fand ich angemessene Begriffe für seine Art von Religion, wie Dogmatismus, Sexual- und Leibfeindlichkeit, Unterdrückung kindlicher Lebensfreude. Und über die Biografie meines Vaters kam ich dann zum Studium meines Großvaters.

Pubertäre Wut und die antiautoritäre Jugendrevolte der 1968er Jahre waren der Boden, auf dem meine radikale Kritik am Christentum, an der bestehenden Gesellschaftsordnung, an der Ausbeutung anderer Völker durch den Globalen Norden und am imperialistischen Vietnamkrieg gedieh. Die christliche Missionierung der Länder des Globalen Südens, an der mein Großvater beteiligt war, erschien mir zunehmend als ideologische Unterstützung für den Kolonialismus.

In dieser Zeit fielen mir die „Neuen Bestimmungen der Tischgesellschaft des Hauses Kölle" von 1892 in die Hände. In 12 Paragrafen waren die Strafen für zu spätes oder ungewaschenes Erscheinen bei Tisch geregelt: 2 oder 10 Pfennig in den „Nick-N...". Das war eine Spendendose der Mission mit der Figur eines Afrikaners, die nach Einwurf einer Spende für die Missionierung der „Heiden" zum Dank mit dem Kopf nickte. Lehnte man sich gegen diese Bestrafung auf oder hatte man nicht das nötige Kleingeld, wurde der Ausschluss aus der Tischgesellschaft angedroht. Drei Paragrafen widmeten sich allein möglichen Verfehlungen der Köchin, die während der Jahre auf der Goldküste sicherlich eine Afrikanerin war. Diese Tischordnung war für uns Enkel 80 Jahre später der Inbegriff absurder Regeln, die ich als Student respektlos und höhnisch im Klo aufhängte.

Im Alter von 30 Jahren begann ich infolge einer schwerwiegenden Erkrankung den Blick nach innen zu richten, mich mit meiner eigenen Geschichte zu befassen und für die Familiengeschichte zu interessieren. Ich durchstöberte die schwere Schublade in Mutters Sekretär und las alte Briefe, Gedichte, Lebenserinnerungen und persönliche Dokumente aus den Familien beider Eltern. Großvater Christian hatte viele – für mich damals meist unlesbare, weil in Sütterlin-Schrift verfasste – handschriftliche Briefe hinterlassen, einiges war mit Schreibmaschine getippt.
Bei dieser Lektüre wurden mir manche Zusammenhänge klarer. Mein Vater war in einer Familie aufgewachsen, in der fünf von sieben Kindern im Kleinkindalter von der Familie getrennt und ins Kinderheim abgegeben wurden, damit der Großvater den wahren Glauben auf der Goldküste verbreiten konnte. In einer Familie, in der die Kinder bei Tisch nur sprechen durften, wenn sie dazu aufgefordert wurden. In einer Familie, in der es eine erschütternde Ignoranz oder

Unbewusstheit darüber gab, wie ein Kind sich fühlen musste, wenn es mit körperlicher Gewalt bestraft wurde.

Als ich dann auf Dagmar Konrads Buch über die Basler Missionsbräute stieß, erfuhr ich erstmals von den Basler Heiratsregeln und dem Missionars-Zölibat. Die während der
Missionarsausbildung und der ersten zwei Berufsjahre auf-
erlegte, insgesamt achtjährige sexuelle Abstinenz während
der besten Manneszeit – bei meinem Vater wurde sie durch
die englische Kriegsgefangenschaft um weitere sechs Jahre
verlängert – ließ eine Ahnung in mir aufkommen, welche
massive Verbissenheit diese Männer aufbringen mussten,
um ihre natürlichen sexuellen Bedürfnisse zu unterdrücken,
die aus traditionell-christlicher Leibfeindlichkeit als sündige
Fleischeslust gebrandmarkt wurden. Mir erschien das wie eine erzwungene seelische Selbstverletzung. Meine kindliche
Neugier bei harmlosen Doktorspielen im Alter von drei bis
vier Jahren bewertete mein Vater als ein Machwerk des Teufels – und wie überzeugt er mir den Teufel austreiben wollte,
das konnte ich dann am eigenen Hintern spüren.

In seinem Aufsatz über die an der Knabenschule Bana Hill
praktizierte Pädagogik qualifizierte Veit Arlt die pietistische
Erziehung zu Disziplin und Gehorsam als eine Form des
preußisch-militaristischen Drills. Die zentrale Stelle war für
mich die Szene, in der ein Schüler vor den Augen der gesamten Schülerschaft einer Prügelstrafe unterzogen wurde –
was in mir eigene alte Gefühle von ohnmächtiger Verletzung, Demütigung und Beschämung, aber auch Wut wach-
rief. Zum Glück hatte ich zu jener Zeit mit professioneller
Hilfe schon so weit an meiner seelischen Verletzung gearbeitet, dass mich das nicht mehr paralysieren konnte. Veit Arlt
hatte zahlreiche handschriftliche Quartalsberichte aus dem

Basler Missionsarchiv transkribiert, die der Großvater nach Basel geschickt hatte, und sie als Quellen für seine Arbeiten über die Geschichte der Krobo genutzt.

Horst Gründers Buch „Christliche Mission und deutscher Imperialismus" warf ein differenziertes Licht auf die Rolle der Mission, die in grundlegenden Fragen mit der Kolonialverwaltung kooperierte, jedoch auch eigene Interessen verfolgte und im Einzelfall auch in Konflikt mit der menschenfeindlichen Kolonialpolitik stand. Als ich mich weiter in das Studium der deutschen Kolonialgeschichte vertiefte, gewann ich ein immer schärferes Bild von dem in den deutschen Kolonien wütenden krassen Rassismus, der Verachtung, mit der man den Einheimischen begegnete, deren extremer Ausbeutung und den insgesamt mörderischen Praktiken.

Schließlich stieß ich auf afrikanische und afrokaribische Autoren, die aus der Perspektive der Betroffenen ihre Kritik an der europäischen Kolonialpolitik formulierten, und andere, die sich auf die positive Kraft traditioneller afrikanischer Kulturen besannen und deren Ethik des Gemeinsinns, die von den Europäern bekämpft wurde, aber nie völlig ausgelöscht werden konnte. Aus diesen Traditionen entwickelten sie Zukunftsvisionen für Afrika und die gesamte Völkergemeinschaft; ein aktuelles Beispiel dafür ist Felwine Sarrs oben zitiertes Buch „Afrotopia" (Original 2016).

1995 begab ich mich erstmals in Ghana auf die Spuren des Großvaters. Meine Frau und ich begleiteten meine Mutter auf einer Reise zu ihren Freunden in Ghana, während der wir auch das Gebiet der Krobo besuchten. Wir wurden sehr freundlich aufgenommen und eingeladen zu einer Durbar-Feier mit dem Konor (König, Paramout Chief) Kpetekple

Nene Narh Dautey Ologo VI. und den Chiefs von Yilo Krobo, auf der freundliche Begrüßungen ausgetauscht und traditionelle Tänze und Trommelrhythmen dargeboten wurden.
In einer feierlichen Zeremonie erhielten wir von der Queenmother Nana Adjado Korlekurro II. traditionelle Namen:
der erste bezieht sich auf den Wochentag der Geburt und der
zweite auf den Platz in der Geburtsreihenfolge der Geschwister.

Queenmother Nana Adjado Korlekurro II. und Konor Kpetekple Nene Narh
Dautey Ologo VI. (von links) unterwegs zum Durbar, 8.7.1995 in Sra;
eigene Aufnahme

Meine Frau wurde zu „Abla Narkie", meine Mutter zu
„Ladjer", und als „Narh Kwao" gehöre ich seitdem zum
Club der Männer, die an einem Donnerstag als viertes Kind
der Familie geboren wurden.

Zehn Jahre später nahmen wir an der Einweihung der Kölle-Memorial-Kirche zu Ehren von Christian Kölle teil. Wir waren beeindruckt von der Lebendigkeit, mit der die Krobo das Christentum zelebrierten. In einem Geleitzug singender und tanzender Frauen in farbenfrohen Gewändern wurden wir in die Kirche geführt, während der Frauenchor Lieder mit afrikanischen Rhythmen sang. Auch während des Einweihungsgottesdiensts bewegten sich die Gemeindeglieder bei Trommelmusik und Gesang tanzend in einem langen Zug zum Altar, um ihre Gabe in den Opferstock zu legen, und tanzten zurück zu ihrem Platz. Einheimische Traditionen, afrikanische Tanzlust und christliche Elemente hatten sich hier zu einer eindrucksvollen Synthese verbunden.

In meiner vertieften Beschäftigung mit dem Leben des Großvaters veränderte sich mein Bild von ihm. Hatte ich bis dahin vor allem negative Seiten gesehen, konnte ich jetzt auch positive Anteile seiner Persönlichkeit erkennen, wie seinen uneigennützigen Idealismus, der die Gefahren für Gesundheit und Leben in Kauf nahm, die ein Tropeneinsatz damals mit sich brachte. Er war bereit, den Preis dafür zu zahlen, und seine Frau hatte sich freiwillig diesen Herausforderungen gestellt. Die Kinder jedoch mussten ihren Tribut unfreiwillig erbringen. Wenn man Christian nur als herzlosen Vater zu charakterisieren wollte, dem Prinzipien wichtiger waren als das Wohlergehen seiner Kinder, täte man ihm jedoch Unrecht. Ich denke, er hatte auch eine andere Seite, liebte seine Kinder nach seinen Möglichkeiten, indem er sich um ihre materielle Versorgung und eine gute Berufsausbildung kümmerte, soweit die Umstände es zuließen. Führt man sich seine wechselnden Einsatzorte und verschiedenen beruflichen Tätigkeiten als Schreiner, Prediger, Übersetzer, Schulleiter und Handelslehrer vor Augen, so muss er ein agiler, lernfähiger und vielseitig interessierter Geist gewesen sein, der sich an ein verändertes Umfeld gut anpassen konnte. Bei allem was er tat, zeigte er einen unermüdlichen Einsatz, Disziplin und Zuverlässigkeit, und auch ein gewisses interkulturelles Interesse kann man ihm nicht absprechen.

Aus heutiger Sicht muss man nicht nur das Ziel seines Einsatzes hinterfragen, sondern auch seinen schwarzpädagogischen Erziehungsstil, seine rassistische Einstellung gegenüber den „Schwarzen", sein frauenfeindliches, patriarchales Denken, seine Kaisertreue und seine Begeisterung für den Ersten Weltkrieg – in all dem war er damals kein Einzelfall, sondern eben ein Kind seiner Zeit. Nur wenn man sein Leben in die zeitgeschichtlichen Kontexte stellt, kann man ihm einigermaßen gerecht werden.

Das heißt jedoch nicht, dass Christian für seine Irrtümer nicht auch persönlich verantwortlich gewesen wäre. In jeder Epoche gibt es nicht nur *einen* Zeitgeist, sondern mehrere, nie nur einen Standpunkt, sondern viele. So kritisierten auch Zeitgenossen Christians den damaligen Kolonialismus und Rassismus scharf, was meinen Großvater in seiner Sicht auf die Welt aber nicht zu beirren schien. Kritik an der Kolonialpolitik wurde nicht nur in der Presse und im Reichstag, sondern auch unter seinen eigenen Missionsbrüdern geübt. Christan war ein freier, gebildeter Mann, der seine Meinungen hätte überprüfen können. Immerhin konnte er seine Haltung gegenüber den Afrikanern im Lauf der Zeit differenzieren und ging nach anfänglicher Zustimmung zu den neuen Machthabern in Nazideutschland zu diesen auf Distanz, als sie versuchten, die evangelische Kirche gleichzuschalten und in deren Autonomie eingriffen.

Auch gab es zu seinen Lebzeiten durchaus andere Ansätze in der Kindererziehung, so dass ich Christian im Nachhinein schon gerne fragen würde: Hast du das Weggeben deiner Kinder ins Kinderheim oder zu deiner Schwester jemals in Zweifel gezogen? Was hat dein Herz gefühlt, wenn du ein Kind, wenn du *dein* Kind mit Prügeln bestraft hast? Wann überhaupt hast du dein Herz gespürt und auf sein Fühlen und seine Wahrnehmungen achtgegeben? Frage ich, traurig werdend.

Das Schreiben über die Lebensgeschichte meines Großvaters half mir, meinen Blick auf ihn und auch auf mich selbst zu klären und innerlich zur Ruhe zu kommen. Ich konnte Christians Schattenseiten und mit ihnen die familiären Wurzeln eigener Verletzungen anschauen , ebenso wie seine Stärken und Fähigkeiten, von denen über die Erziehung auch einiges bei mir landete. Manches von diesem Erbe gehörte zu meinen ungeliebten Anteilen, anderes war mir in meinem Leben nützlich. Ohne alles zu billigen, was er getan hat, kann ich jetzt seine Verantwortung bei ihm lassen ebenso wie seine Würde, meinen Groll loslassen und Frieden finden.

Meine Recherchen führten mir zugleich vor Augen, wie tief auch meine persönliche Sicht auf die außereuropäischen und indigenen Völker der Welt, trotz offener Türen für Afrikaner und Inder in meinem Elternhaus, durch jahrhundelang gepflegte Denkweisen und praktizierte rassistische Arroganz geprägt war, und so konnte ich beginnen,bewusster damit umzugehen. Mir ist klar geworden, welche historische Last wir auch heute noch mit uns herumschleppen; dass wir die

Brandherde und Konflikte des globalen Südens niemals verstehen können, wenn wir uns nicht mit deren historischen Wurzeln beschäftigen, die im vergangenen Kolonialismus und im bis heute praktizierten Neokolonialismus liegen.

Das Obrigkeitsdenken, wie es bei Großvater und vielen Deutschen bestand, ist seit dem Ende des Zweiten Weltkriegs und infolge der sozialen und kulturellen Umwälzug durch die 68er-Bewegung zwar zurückgedrängt worden, doch gilt das nicht für eurozentrische oder rassistische Sichtweisen und Praktiken aus jener Zeit – die zeigen noch immer eine erstaunliche Kontinuität und Vitalität in allen Bereichen der Gesellschaft. Kinder von Migranten, die in zweiter oder dritter Generation hier geboren wurden und aufgewachsen sind, müssen sich immer noch die Frage gefallen lassen, woher sie denn „eigentlich" kommen – womit in Zweifel gezogen wird, dass sie mittlerweile längst zu unserer Gesellschaft gehören.

Wir leben mittlerweile in einem Gemeinwesen, das aufgrund von Einwanderung und Globalisierung eine Vielheit geworden ist. Dass Menschen aus gewissen Regionen zu uns kommen, hat mit einem internationalen Gefälle zu tun, das auf kolonialen und neokolonialen Beziehungen aufbaut: Das in der Kolonialzeit errichtete System der direkten Herrschaft wurde in ein asymmetrisches neokoloniales Verhältnis überführt, damit zugleich „verschlankt" und profitabler gemacht.

Wenn wir unsere historische Verantwortung auch für die Kolonialverbrechen anerkennen, die aus der Gier nach den Schätzen anderer Völker und der Herrschaft über sie entstanden sind, müssen wir die Verletzungen und Wunden anerkennen, die wir während der Kolonialzeit anderen Völkern zugefügt haben. Die Nachfahren der damaligen Opfer leben auch mitten unter uns. Sie können erst zur Ruhe kommen, wenn wir ihre Erinnerungen endlich zur Kenntnis nehmen und unser kollektives Gedächtnis um diese Perspektiven erweitern. Daraus entsteht die Verpflichtung, alles in unserer Macht Stehende zu tun, das postkoloniale Gefälle abzuschaffen und dadurch die Situation im Globalen Süden zu verbessern. Dazu gehört auch, unseren imperialen Lebensstil zu verändern.

Der Historiker Prof. Jürgen Zimmerer (Universität Hamburg) schreibt dazu: *„Wir wissen um die Klimakrise und die Notwendigkeit der radikalen Änderung im Globalen Norden. Aber die Bürgerinnen und Bürger im Globalen Norden glauben das nicht, weil über 600 Jahre für Europäer:innen das Leben in einer kolonialen Globalisierung ein Leben über die Verhältnisse war [...] Am Teilen, an globaler sozialer Gerechtigkeit führt kein Weg vorbei. Wenn man sich nicht auf ein Niveau des Ressourcenverbrauchs einigt, das jedem und jeder das Gleiche zugesteht, kann das in Gewalt bis zum Genozid enden. Statt zu teilen, schottet man sich ab, werden weltweit Mauern gebaut. Die Folgen des Klimawandels bedeuten damit das Ende Europas, wie wir es kennen. Es gibt nur zwei Möglichkeiten: Entweder wir lassen Menschen aus den unbewohnbar gewordenen Regionen hierher. Damit würde sich die demographische Zusammensetzung ändern, ich kann damit leben. Oder wir errichten ein Grenzregime, das die Werte, die wir angeblich haben, ad absurdum führt. Wir können die Sache drehen und wenden, wie wir wollen: Europa, wie wir es kannten, selbst wenn es nur ein Zerrbild war, ist tot."* (92)

Wir müssen uns von dem Hochmut verabschieden, wir seien der Gipfel menschlicher Zivilisation, der Nabel der Welt und der „Rest" habe sich nach uns zu richten. Wir müssen uns von der Ignoranz gegen die Wirklichkeit anderer Perspektiven verabschieden, die Vielheit der Sichtweisen auf die Welt anerkennen, die sich aus unterschiedlichen kulturellen und historischen Traditionen speist, den Stimmen der anderen Völker Gehör schenken und sie an einem globalen Diskurs über die zukünftige Gestaltung der Welt gleichberechtigt teilhaben lassen, in dem gemeinsame Schnittmengen gesucht, aber auch über unterschiedliche Sichtweisen auf die Welt und die Frage, was zu tun sei, gestritten werden kann. Aus einem solchen Austausch wird jeder Beteiligte anders herauskommen, als er hineingegangen ist.

Die Beschäftigung mit afrikanischen und indigenen Kulturen beim Schreiben dieses Buches öffnete mir den Blick dafür, welche sozialen und geistigen Ressourcen der Kontinent Afrika besitzt und welchen Reichtum an Wissen, Werten und Praktiken eines guten Lebens indigene Völker weltweit hervorgebracht haben. Zu hoffen bleibt, dass wir aus dem Globalen Norden nicht blind und achtlos an diesem Reichtum vorübergehen. Er kann uns eine Quelle der Inspiration sein, wenn es darum geht, die Zukunft der Menschheit zu gestalten und die Welt zu einem lebenswerteren Ort zu machen. In diesem Sinne sage ich mit Jakob: *„Afrika hoch!"*

Danksagung

Mein Dank gilt...

... Liane Dirks, der Leiterin unserer Schreibgruppe, ihren wertschätzenden und hilfreichen Kommentaren und ihrer Ermutigung, bei meinem Schreibprojekt am Ball zu bleiben und es schließlich auch in die Welt bringen. Ebenso bin ich dankbar für die vielfältigen Rückmeldungen aus der Gruppe, denen dies Buch vieles verdankt.

... meiner lieben Frau Erika, die mir oft als erste Leserin gute Hinweise gab, mir immer wieder den Rücken frei gehalten, das Buchprojekt in jeder Hinsicht unterstützt hat und oft ertragen musste, dass ich allzu lange in meinem Schreibzimmer vergraben war; und meinem Sohn Mario, der alle Computerprobleme spielend gelöst hat.

... allen aus der Verwandtschaft, die mir mit Kritik, Erzählungen, Fotos und Informationen zur Familiengeschichte weitergeholfen haben, vor allem meiner Cousine Nelly und meinen Geschwistern, darunter besonders Martin und Heidi, die den gesamten Text abschließend gegengelesen und korrigiert haben.

... meiner Freundin Petra, die das Titelbild gestaltet und die Fotos bearbeitet hat, und Nadine Landsrath für Layout und Satz.

... meinem Weggenossen auf Wanderungen und Fortbildungen Dr. Christoph Wild, der mir wertvolle textliche und verlegerische Rückmeldungen gegeben hat.

... Dr. Veit Arlt, Wissenschaftlicher Mitarbeiter der Philosophisch-Historischen Fakultät der Universität Basel und Geschäftsführer des Zentrums für Afrikastudien Basel, der aufgrund seiner Fachkenntnisse zur Kultur der Krobo und zur Geschichte der Basler Mission wichtige Korrekturen am Text vorgenommen hat und die freundlichen Begrüßungsworte geschrieben hat.

... und nicht zuletzt meinem Lektor Dr. Alexander Kellner, der mit seinem ethnologischen Fachwissen in umfangreicher Kleinarbeit am gesamten Text zahlreiche wertvolle inhaltliche Ergänzungen und Korrekturen sowie und sprachliche Verbesserungen vorgenommen hat.

Ohne sie alle wäre dieser Text nie zustande gekommen.

Quellenachweis der Zitate

1. „Erinnerungen unseres lieben Vaters Christian Kölle", achtseitiges maschinenschriftliches Manuskript, beginnend mit Kindheitserinnerungen von Christian Kölle und endend im Jahr 1919, ergänzt durch zwei weitere Seiten von Tochter Emma, die über das letzte Lebensjahr ihrer Mutter Elise bis zu ihrem Tod berichte. Autobiografische Aufzeichnungen, Familienarchiv.
   Die meisten Texte des Familienarchivs sind im Frobenius-Institut an der Johann Wolfgang Goethe Universität Frankfurt a.M. einsehbar

2. Dagmar Konrad: Missionsbräute – Pietistinnen des 19.Jahrhunderts in der Basler Mission, Waxmann Verlag 2001

3. Charlotte Hofmann-Hege: Der Zeit Flügel geben, Verlag Ernst Kaufmann 2002

4. Peter A. Schweizer, Mission an der Goldküste, Christoph Merian Verlag 2002

5. Adolf Kölle: Erinnerungen eines Alten Afrikaners, Januar 1933, aufgeschrieben nach Erzählungen seines Vaters in den Weihnachtstagen 1932, mit Zitaten aus Christians Dokumenten, Familienarchiv

6. Jojo Cobbbinah: Ghana , Peter Meyer Reiseführer 1993

7. Rose Akua Ampofo in: Ghana, Fakten, Bilder, Aspekte, Hrsg. Evangelisches Missionswerk in Südwestdeutschland (EMS), Januar 1986

8. Sophie Spiess: Kätherle, Autobiografische Aufzeichnungen 1937 (96 S.), und Manuskript: Aus dem Leben von Elisabeth geb. Schmidt, beides Familienarchiv

9. Christian Kölle: Gesammelte Gedichte, Familienarchiv

10. Interner Rundbrief ehemaliger Missionshauskinder, ohne Titel und Datum, vermutlich 2002, Familienarchiv

11. Bernhard Zeller: Hermann Hesse, Rowohlts Monographien 1995

12. Adele Gundert: Marie Hesse, Gundert Verlag 1953
13. Veronika Kölle: Das Bilderbuch der Erinnerung 1991, Familienarchiv
14. Christian Kölle: Quartalsbericht an die Basler Mission, 25.9.1891, Transkription Veit Arlt
15. Susan Arndt/Nadja Ofuatey-Alazard (Hg.): Wie Rassismus aus Wörtern spricht, Unrast 2011
16. Christian Kölle: Der Kopfjäger und sein Sohn, Calw 1936 (93 S.). Das Original liegt ebenso wie die zahlreichen Berichte an die Zentrale der Basler Mission handgeschrieben in Sütterlinschrift vor im Archiv der Basler Mission (BMA), Sign. D-10.2,10. Die Transkription nahm Veit Arlt vor.
17. Christian Kölle: Von Gott, Fetischen, Sünde und Jenseits im Ga-Gebiet (1933), Familienarchiv, Transkription Hannes Kölle (in Zusammenarbeit mit Uwe Bachmann)
18. Veit Arlt: Christianity, Imperialism and Culture, The Expansion of the two Krobo States in Ghana, c.1830 to 1930, Dissertation Basel 2005
19. Dieter Cwienk, Jochen R. Clicker (Hg): Lernen von Afrika, Peter Hammer 1982
20. Marijke Steegstra: A mighty obstacle to the gospel, Journal of Religion in Africa, Vol. 32.2, pp. 200 -230, May 2002
21. Veit Arlt: Come back, when the paramount chief is enstooled, then we will tell the real story; in Sottas, B; Hammer, T; Roost-Vischer, L & Mayor, A (eds): Le forum suisse des africanistes. Werkschau Afrikastudien, S. 128-137 1997
22. Christian Kölle, Sitten und Gebräuche II, BMA D-10.2,10.Transkription Veit Arlt
23. Veröffentlicht in „Der Heidenfreund", Februar 1921 und Juni 1925 und als Sonderdruck.
24. Dr. med. Ernst Haaf: Mit Asche und Wasser. Arzt-Priester und Heiler in Ghana, Begleittext zu einem Diavortrag, Evangelisches Missionswerk in Südwestdeutschland (EMS), Dezember 1978. Text zu Dia 9, Medizinmann
25. Christian Kölle: Bericht über die Außenstationen von Odumase (Beilage zum Jahresbericht), 12.2.1897, Transkription Hannes Kölle

26. Der evangelische Heidenbote, Aug. 1893
27. Christian Kölle: Jahresbericht für 1898, 15.2.1899, Transkription Hannes Kölle
28. Christian Kölle: Jahresbericht für 1899, 12.2.1900, Transkription Veit Arlt
29. Christian Kölle: Vorschläge zur Änderung unserer Missionspraxis im Ga-Gebiet, 8.2.1906
30. Winfried Speitkamp: Deutsche Kolonialgeschichte, Reclam 2014
31. Christian Kölle: Eine Nacht verirrt im Urwald, Abokobi 31.12. 1903, Familienarchiv
32. Uwe Timm: Morenga, dtv 2020
33. Leo Frobenius: Der schwarze Dekameron, Vita 1910
34. Christian Kölle: Negermärchentopf - Märchen, Fabeln, Sagen und Rätsel von der Goldküste, ca. 1934, 244 S., Familienarchiv
35. May Ayim, Katharina Oguntoye, Dagmar Schultz (Hg.): Farbe bekennen, Orlanda 2020
36. Von Herren und Sklaven, Der SPIEGEL, Edition Geschichte 1/2019
37. Winfried Speitkamp: Kleine Geschichte Afrikas. Bundeszentrale für politische Bildung (bpb) Bonn 2009
38. Reimer Gronemeyer (Hg): Der faule Neger, Rowohlt 1991
39. Mark Terkessidis: Wessen Erinnerung zählt? Hoffmann und Campe 2019
40. Isabel Eiser: Eine Rezeptionsgeschichte der „Benin-Bronzen" in APuZ 32-33/2021, Nigeria, bpb
41. Felwine Sarr, Benedicte Savoy: Zurückgeben, bpb Bonn 2020.
42. Detlef Bald u.a.: Die Liebe zum Imperium, Übersee-Museum Bremen 1978
43. Christian Bommarius: Der gute Deutsche, Berenberg 2020
44. Bartholomäus Grill: Wir Herrenmenschen, Siedler 2019
45. Martha Mamozai: Herrenmenschen, Rowohlt 1982
46. Horst Gründer, Geschichte der deutschen Kolonien, utb. 2018
47. Charlotte Wiedemann: Der lange Abschied von der weißen Dominanz, dtv 2019
48. Frankfurter Rundschau 29./30.5.2021: Namibia hätte lieber Reparationen

49. Karlheinz Graudenz: Die deutschen Kolonien, Südwestverlag München 1982
50. Frankfurter Rundschau 12.9.2019: „Die Zäune kamen erst mit den Europäern"
51. Gottlob Josenhans an die Basler Missionszentrale, 21.11.1907, BMAD-1.87_Goldküste_1907_96, Transkription Hannes Kölle
52. Christian Kölle: Jahresbericht der Station Odumase an das Komitee der Basler Mission vom 12.2.1900, Sammlung von Berichten über Manyakpongunor, Familienarchiv
53. Der evangelische Heidenbote , März 1921, Familienarchiv
54. Christian Kölle, Briefe an den Sohn Adolf , Transkription Hannes Kölle, Familienarchiv
55. Christian Kölle: Jahresbericht an die Basler Zentrale vom 15.1.1909, Transkription Veit Arlt
56. Schmidt, K.A., (Hg.): Enzyklopädie des gesamten Erziehungs- und Unterrichtswesens, Bd.10, Gotha 2. Aufl. 1887
57. Veit Arlt: Making Scholars: The Bana Hill Senior Boys Boarding School, in Jürg Schneider u. a. : Werkschau Afrika Studien, Le forum suisse des africanistes 4(2003)
58. Christian Kölle: Jahresbericht der Mittelschule, 10.2.1914, Transkription Veit Arlt
59. Christian Kölle: Jahresbericht der Bana Mittelschule 8.2.1913, Transkription Veit Arlt
60. Horst Gründer, Christliche Mission und deutscher Imperialismus, Ferdinand Schöningh 1982
61. Karina Theurer/Wolfgang Kaleck (Hg.): Dekoloniale Rechtskritik und Rechtspraxis, bpb Bonn 2020
62. Wolfgang Lieneman: Basler Mission und Sklaverei, www.gaebler.info 2.2.2022
63. Martin Schneider, Geschichte der Sklaverei, marixverlag 2015
64. Franziska Dübgen, Stefan Skupien (Hg.): Afrikanische politische Philosophie, Suhrkamp 2016
65. Hanna Wagner: Biografische Einflüsse im Kontext interkulturellen Lernens, Vordiplomarbeit Erziehungswissenschaft, mit Biografie von Ruth Kölle im Anhang, Universität Tübingen, 1998

66. M. G. Büchner's biblische Real- und Verbal- Handkonkordanz, Braunschweig 1859

67. Briefe von Christian Kölle an seinen Sohn Adolf 1930–35, Transkription Uwe Bachmann/ Hannes Kölle, Familienarchiv

68. Lebenslauf von Theodor Kölle, von Maria Kölle nacherzählt 1995, Familienarchiv

69. Lebenserinnerungen von Emma Kölle, Familienarchiv

70. Im Gedenken an unsere Mutter Hedwig (20.10.1988), Familienarchiv

71. Handgeschriebene Erinnerungen von Ruth Kölle, 3 Manuskripte, Familienarchiv

72. Religionen in Ghana, Wikipedia 9.6.2021

73. Fritz Raaflaub: 150 Jahre Missionsarbeit in Ghana, Basilea Verlag 1978

74. Frankfurter Rundschau 29.1.2022: Vergangenheit, die nie vergeht

75. Kongogräuel, Wikipedia 2. 2. 2022

76. Joe Dramiga in: M. Moustapha Diallo (Hg): Visionäre Afrikas, bpb Bonn 2015

77. Aimé Césaire: Über den Kolonialismus, Alexander Verlag Berlin 2017

78. Felwine Sarr: Afrotopia, bpb Bonn 2020

79. Georg Auernheimer: Wie Flüchtlinge gemacht werden, Papyrossa 2018

80. Jean Ziegler: Ändere die Welt! Penguin Verlag 2015

81. Zeit online 27.5.2010: Militäreinsatz für deutsche Wirtschaftsinteressen?

82. Tom Burgis: Der Fluch des Reichtums, bpb Bonn 2017

83. Frankfurter Rundschau 7.6.2013: Afrika zahlt für den Westen

84. Frankfurter Rundschau 27.1.2022: Staaten vor dem Kollaps

85. Frankfurter Rundschau 17.4.2021: Blockade bei der Entschuldung

86. Frankfurter Rundschau 18.6.2021: Produktiver ackern (die Studie ist unter misereor.org zu finden: study-LSLA.pdf)

87. Frantz Fanon: Schwarze Haut, weiße Masken, Verlag Turia + Kant 2016

88. Frantz Fanon: Die Verdammten dieser Erde, Rowohlt 1969

89. Achille Mbembe, Kritik der schwarzen Vernunft, Suhrkamp 2019
90. Frankfurter Rundschau 17.3.2021: Das Kalkül der Kolonialmächte
91. Frankfurter Rundschau 22.9.2015: „Deberlinisiert euch!"
92. medico international Rundschreiben 03/21: Europa ist tot

Abbildungsnachweise

Die meisten Originale der Abbildungen von Christian Kölle und seiner Familie sind im Besitz verschiedener Familienmitglieder und sind jeweils unter den Bildern mit „Familienarchiv" gekennzeichnet. Weitere Fotos sind als „Eigene Aufnahmen" des Autors kenntlich gemacht.

Zahlreiche historische Abbildungen, zumeist aus der Kolonie Goldküste, entstammen dem Bildarchiv der Basler Mission, das unter *www.bmarchives.org* abrufbar und öffentlich zugänglich ist. Sie sind mit der Abkürzung BMA für Basler Missionsarchiv und der entsprechenden Signatur des jeweiligen Bildes gekennzeichnet.

Weitere Abbildungen aus Wikipedia:

Schulische Prügelstrafe in Preußen 1842
Von Theodor Hosemann - Lothar Brieger: Theodor Hosemann : Ein Altmeister Berliner Malerei. Mit einem Katalog der graphischen Werke des Künstlers von Karl Hobrecke. München : Delphin-Verlag, 1920, S. 28, Gemeinfrei, *https://commons.wikimedia.org/w/index.php?curid=-57588131*

Kongokonferenz 1884 in Berlin
Von Adalbert von Rößler (†1922) - Allgemeine Illustrierte Zeitung, S.308; Am 28. April 2006 von Morty in die deutschsprachige Wikipedia geladen, Gemeinfrei, *https://commons.wikimedia.org/w/index.php?curid=4259336*

Rudolf Duala Manga Bell
Von Autor unbekannt - Ausstellung Hey Hamburg, kennst Du Duala Manga Bell? Hamburg 2021 (Website), Gemeinfrei, *https://commons.wikimedia.org/w/index.php?curid=113113670*

Gefangene Herero-Krieger in Ketten
Von Autor unbekannt - Ullstein Bilderdienst, Berlin. Copy found at [1], Gemeinfrei, *https://commons.wikimedia.org/w/index.php?curid=362482*

Felwine Sarr
Von Photograph by Rama, Wikimedia Commons, Cc-by-sa-2.0-fr, CC BY-SA 2.0 fr, *https://commons.wikimedia.org/w/index.php?curid=15122067*

STAMMBÄUME

Christians Herkunftsfamilie

Eltern:

Katharina Stanger 1824 Möttlingen - 1896 Pforzheim (8 Geschwister, davon 2 Missionare)	1854 	**Gottfried Kölle** 1824 Weißenstein - 1913 Pforzheim Goldschmied, Emailleur

Kinder:

1. Johannes Gottfried 1855-1933, Zahnarzt	**2. Gottlieb** 1856-57	**3. Gotthilf** 1858-1918, Buchhalter
4. Luisa Marie 1860-61	**5. Anna Maria** 1861-1946, Haushälterin	**6. Gottfried** 1862-63
7. Christian Adam Friedrich 1864-1936, Missionar	**8. Paul Gottfried** 1866-67	**9. Katharina Magdalena** 1867-1910
10. Immanuel Gottfried 1868-1952, Gymnasialprofessor	**11. Heinrich** Februar-Juni 1870	

Christians Ehen und Kinder

Eltern 1. Ehe:

Christian Adam Friedrich Kölle
8.2.1864 Pforzheim - Missionar
28.2.1936 Calw

1892

Lina Käser
13.5.1864 Niefern - Lehrerin
12.5.1894 Abokobi

Kinder:

1. Erstgeborener ohne Namen
Tot geboren 13.1.1893 Abokobi

2. Lina
1894 -1921,
Kindergärtnerin

Eltern 2. Ehe:

Christian Adam Friedrich Kölle
8.2.1864 Pforzheim-
28.2.1936 Calw

1895

Elisabeth Schmidt
14.5.1871 Rastatt -
8.12.1921 Calw

Kinder:

3. Theodor
1896-1954, vh,
3 Kinder, Kfm. Lehre,
Arbeiter, Verkäufer

4. Gertrud
1899-1990, 2x vh.,
keine Kinder, Kinder-
krankenschwester

5. Emma
1902-1996, ledig,
Lehrerin,
Missionarin

6. Hedwig
1904-1988, vh,
5 Kinder, Kranken-
schwester

7. Ruth
1908-2006, ledig,
Oberschwester

8. Adolf
1911-1973, vh,
6 Kinder, Missionar

Herstellung und Verlag: BoD - Books on Demand, Norderstedt
Copyright: Hannes Kölle 2022
Lektorat: Alexander Kellner
Titelgestaltung: Petra Dübbers (https://duebbers-design.de)
Layout und Satz: Nadine Landsrath
ISBN: 978-3-7562-0917-0